大学受験 スーパーゼミ 徹底攻略 きっちりわかる

超入門
英文解釈の技術60

桑原信淑 著

音声オンライン提供版

桐原書店

［出典］

本書の解説中で取り上げた楽曲の歌詞は，下記の著作者，または著作権者の許可を得て掲載しております。

はじめに

やさしいことをふかく

作家・井上ひさしさんは，好んで色紙に「むずかしいことをやさしくやさしいことをふかく」と書かれました。実際，日本国憲法前文を子どもにもわかるような日本語に書き直されたこともあります。これまで筆者は，井上さんと同じ思いで『英文解釈の技術シリーズ』を世に送り出してきました。そしてシリーズ4冊目となる本書『超入門英文解釈の技術60』では，既刊書も含めてやさしい英文を，もっともふかく解説しました。本書のタイトル，『超入門』の「超」とは，「やさしいことをふかく」に尽きるのです。

本物の英文解釈

本書の特徴を挙げます。「やさしいことをふかく」追求，解説しているのです。

1. 例題は国・公・私立高校の入試問題を中心に採用しました。
2. 例文としてはできるだけ歴史・事実に即した文，また，ノーベル賞受賞者のスピーチや欧米のポピュラー音楽の一部を引用し，それらの文構造を徹底的に解説しました。皆さんには「そういう意味だったのか！」という発見もあるかもしれません。
3. 英文法の解説はできるだけ「英語学」の学説に沿ったものにしてあります。必要に応じて言語学者・英語学者の学説を紹介しています。
4. 文構造の解説は『英文解釈の技術シリーズ』の特徴ですが，「どうしてこのような文構造図になるのか」をできる限り懇切丁寧に解説しました。きっと英文の構造把握力を養成する最善の書となるでしょう。

「聞く・話す」のベースは「読む」

英語を使う上での４技能「読む・聞く・書く・話す」の中で，最近は特に「聞く・話す」が強調されています。大いに歓迎します。

ところで，日本語のスピーチ・ディベートがじょうずな人で，読書もしないし新聞もきちんと読めないという人がいるでしょうか。著者の大学時代のクラスメートには，日本語も英語もきちんと話せるのに日本語も英語も読解力はまるでダメ，などという人はいませんでした。

それが意味することは明瞭です。きちんとした英語を話す力は，きちんとした英文解釈から生まれるのです。英語圏の人々の頭脳にセットされている言語認識装置をコンパクトに体系化したのが「英文法」です。日本語と英語では語順・文構造がまったく違いますから，文法を武器に文構造を認識する力は，話す際にも不可欠です。あとは，日本語・英語を問わず情報をどんどん徹底的に読み・聞くのです。いつでも話せるようになります。

本書が皆さんの実践的英語力習得の礎になると確信します。

2018年9月

桑原信淑

もくじ

第１部　英文解釈の技術 60

基本編

■ 文型の把握

標準編

■ 節の把握

■ 関係詞の把握

■ 準動詞の把握

第 2 部　演習問題 60

●本書の例題解説に登場する言語学者

- Curme（カーム）：C 先生
- Fries（フリーズ）：F 先生
- Jespersen（イェスペルセン）：J 先生
- Kruisinga（クルシンガー）：K 先生
- Onions（オニオンズ）：O 先生
- Quirk（クワーク）：Q 先生
- Sapir（サピア）：S 先生
- Thomson（トムソン）：T 先生

本書の構成と利用法

英文を解釈するためには，その英文の構造が複雑になればなるほど，構造を見抜く力が重要になります。本書では高校入試問題を中心に60の例題を精選し，基礎の基礎から「文構造把握」に必要な知識や方法をていねいに解説しています。この知識や方法を「技術」として身に付ければ，入試対策への基礎準備だけでなく，英文を読んだり，活用するための確実なベースを作ることができます。

本書の効果的な利用法

本冊

第1部　英文解釈の技術 60

例題

- **単語の品詞**を推定しながら，文の構造を考えましょう。

▼

- 文型，**修飾関係**のほか，and/but/or などの**等位接続詞が結合する表現**を見つけましょう。

▼

- **句や従属節の役割**も考えましょう。

▼

- 自分で和訳しましょう。

解説

- 例文で構文のポイントをおさえましょう。
- イラストで文構造の仕組みやイメージをつかみましょう。
- 文法の知識をどのように構造把握や解釈に運用するのかに注意して読みましょう。

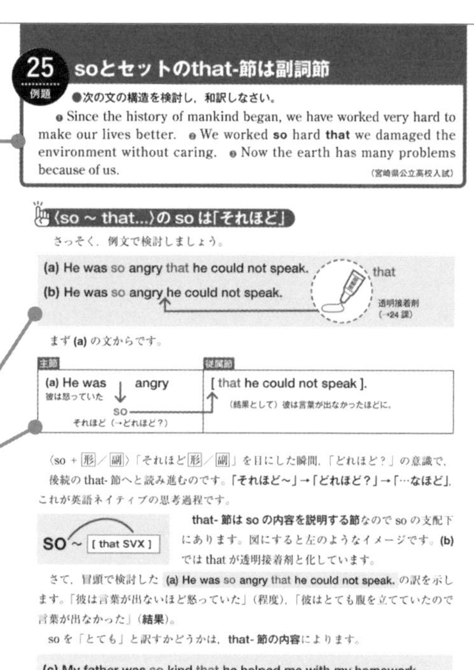

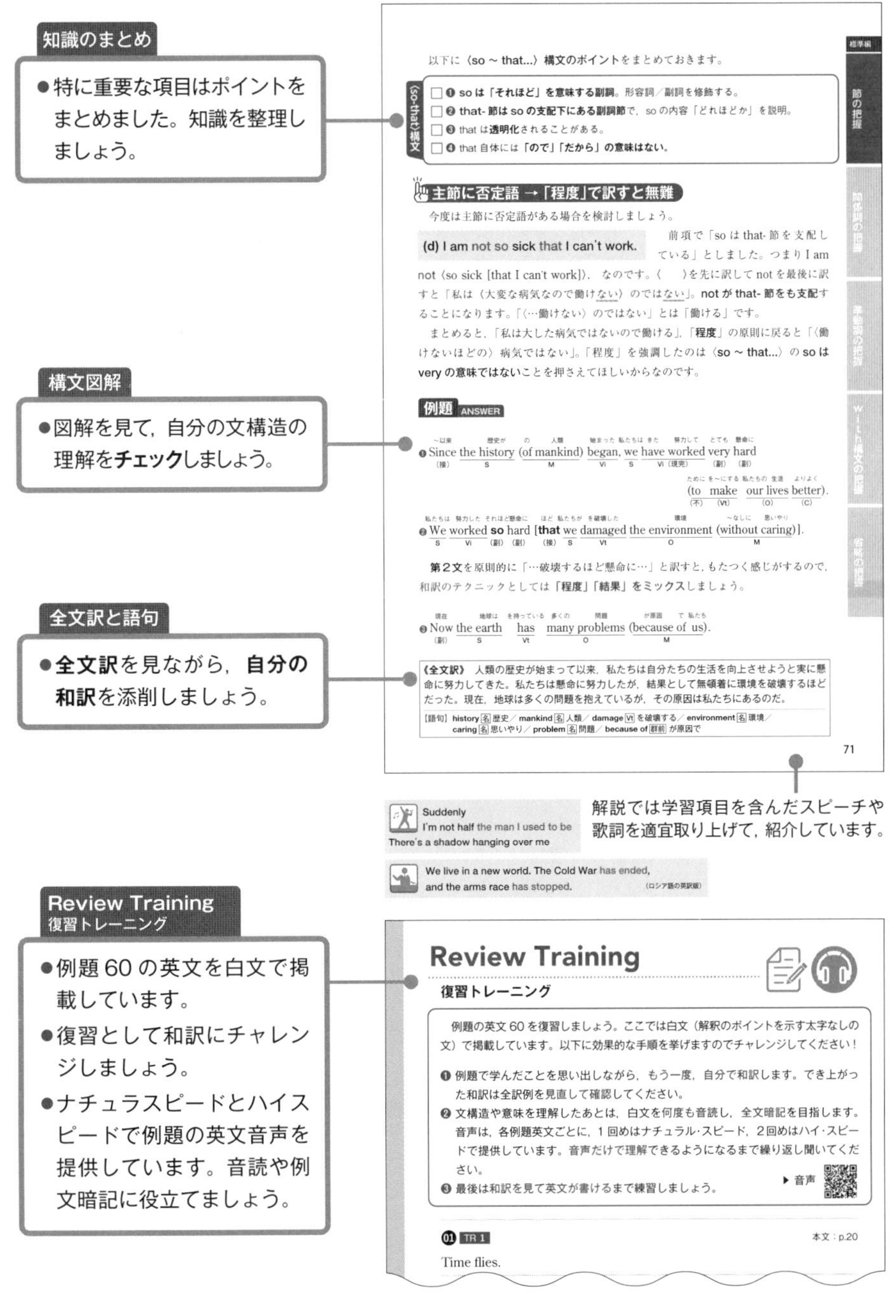

苦手な人は，いきなり例題に取り組むのではなく，最初に解説を読んでから例題にチャレンジしましょう。和訳は英文の図解を見ながら書いてみると練習になります。とにかく読み通し，何度でも，できるまでねばり強く取り組みましょう。必ず努力は報われます。

第2部　演習問題60

演習問題

●例題と同じ手順で取り組みましょう。
●文構造と意味が理解できたら，「復習トレーニング」と同じように音声を使って練習しましょう（英文はナチュラル・スピード１回読み）。

01 演習　TR 61　解答・解説 → 別冊：p.2

Even Homer sometimes nods.

（ことわざ）

02 演習　解答・解説 → 別冊：p.2

Some parts of Aichi and Gifu are famous for *yakimono*.

（愛知県公立高校入試）

【語句】❶ even 副 でさえ／nod 自 居眠りする，しくじる　❷ famous 形 有名な

154

語句

語句注は自動詞・他動詞の区別など，詳しく載せています。構**文の理解に役立て**ましょう。

別冊

演習問題の解答・解説集です。例題同様の構文図解，要点を押さえた解説を，問題再掲載で収録しています。例題と同じ手順で利用しましょう。

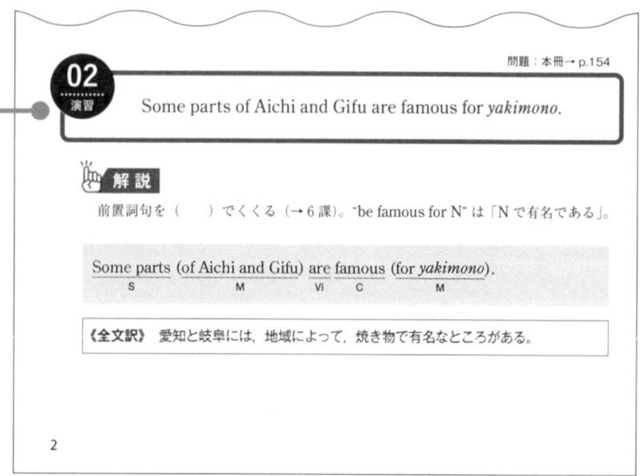

問題：本冊→ p.154

02 演習　Some parts of Aichi and Gifu are famous for *yakimono*.

解説

前置詞句を（　　）でくくる（→ 6 課）。"be famous for N" は「N で有名である」。

Some parts (of Aichi and Gifu) are famous (for *yakimono*).
S　M　Vi　C　M

《全文訳》 愛知と岐阜には，地域によって，焼き物で有名なところがある。

2

英文解釈の勉強はこうする！

教科書などの解釈の勉強法では，「英文を見ると未知の単語に眼がいって，すぐに辞書を引く」「本文全体に眼を通さずに，授業に臨む」「わからない単語の訳を本文と無関係に辞書から書き抜いて，本文を読み出す」「テキストに日本語を書き込む」などはおすすめできない勉強の仕方です。どんな英文でも，まずは自力で解読して，辞書は予習のまとめの段階で引くように努力すると力がつきます。以下に効果的な予習・復習の手順を挙げておきますので，参考にしてください。

▶予習・復習の手順

❶ まず，新しい課を２回ぐらい**通読**し，**大体の内容を把握**。これで速読力がつきます。そのとき，名詞・動詞・否定語をマークする。

❷ 次に１頁くらいずつ，**音読**を２～３回する（音声教材を利用すると効果的）。

❸ **段落ごとの大意**を大雑把に頭の中でまとめる。

❹ **各文の構造**を SV... を中心に**品詞**を考えながら**分析**する。**句や節のまとまり**を判断したり，**修飾関係**も考える。**従属節を**[　　]に，**句**（前置詞句 etc.）を（　　）でくくる。動詞を見たら**動詞の語形**（原形・現在形・過去形 etc.)を判断する。**代名詞**，特に it の用法や they の示す**中身をはっきりさせる**。「それ／それら」と訳してすませないこと。

❺ and/but/or に着目し，頻繁に使われる「**共通関係**」「**共通構文**」を意識して，**語・句・節どうしの関係**を立体的にとらえる。

❻ 意味を考えるときは，**節や句を単位に語順にそった理解**を心がける。それによって，英語の表現形式に慣れるのが容易になる。

❼ **未知の単語や熟語**も，最初は自力で文の流れ（文脈）から判読する。

❽ 辞書を使って未知の部分を確認する。発音，品詞，訳語も。

❾ ノート（A4 版が使い勝手がよい）左頁に英文（コピーを貼るのもよい）・文構造を書く。和訳は右頁に書いて授業中に添削する。自信のある人は手ごわい英文についてのみ実行すればよい。左頁下に単語・熟語・構文・例文・語法などを整理する。ノート右頁下半分ぐらいは授業用にあけておく。

❿ **復習として**，**全文暗記**を目指してひたすら音読。和訳を見て英語を書いてみる。

学習の基礎知識

本書で使う用語の「きまり」と基礎知識です。必要に応じて確認してください。

- □ **文**とは「思考を表す語または語群」で，英語で文字にすると「❶大文字での始まり，❷ピリオド（.）・❸疑問符（?）・❹感嘆符（!）」までのカタマリ全体を意味します。
- □ 文を構成する**骨格**にあたる語（句）を**文の要素**と言い，**S**（主語）・**V**（動詞）**O**（目的語）・**C**（補語）・**M**（形容詞的／副詞的修飾語句）を意味します。M 以外を**主要素**とします。
- □ 本書では，**文**を〈**SVXX**〉と想定し（X は SV 以外の要素），それを簡略化して〈**SVX**〉.と表記します。節とは「ミニ SVX」とでも言うべきもので，上記❶～❹が欠けていて文として独立していない語群ということになります。
- □ 「**S**（**主語**）と **P**（**述語**）」と表示するときは，O と C [名詞／形容詞相当語句や準動詞（to 不定詞・原形・現在分詞／過去分詞）] について，意味上の，言わば**内容上の「主語と述語」の関係**を意味します。

1 品詞

語は意味と文中の働きにより，以下の8つの品詞に分けられますが，1つの語が1つの品詞に属するとは限りません。複数の品詞にまたがる語もあります。

1 名詞

人・事物の名を表します。①主語・目的語・補語・前置詞の目的語になるだけでなく，②同格語などの働きもします。

例 Taro, idea, student, tea など。
▶a good **student** のように，**名詞**を中心にしている語の集まりを「名詞群」と呼ぶ。

例文 **Taro** is a **student**.
▶Taro が主語，student が補語。

2 代名詞

名詞の代わりをする語で，主語・目的語・補語・前置詞の目的語になります。

例 I, my, me, mine, myself, it, everybody など。
▶所有格の代名詞は **my** book のように名詞を修飾する。

例文 Taro is **my** friend. **He** is very kind.

▶He は Taro の代わりの代名詞。my は「自分の」を意味する所有格。

3 動詞

主語の動作・状態を述べる語です。目的語を持つ**他動詞**と，目的語を持たない**自動詞**に分けられます。can, must などの助動詞も動詞に分類します。be 動詞は動詞・助動詞のいずれにもなります。

例 buy, go, write, live, know など。

例文 I **have** a car. I **drive** a car.

▶have は主語 I の状態を，drive は動作を述べている。

4 形容詞

①**名詞・代名詞を修飾**して**性質・状態**を表します。また，②**補語**にもなります。**冠詞**（a/an, the）も名詞を修飾する形容詞です。

例 young, happy, nice, interesting など。

例文 I like **red** wine. It is **delicious**.

▶red は名詞 wine「ワイン」を修飾。delicious「おいしい」は動詞 is の補語。

5 副詞

場所・時・様態・程度・頻度などを表します。①**動詞・形容詞・ほかの副詞を修飾**したり，②**句・節・文を修飾**，また，③ only/even/just などは**名詞・代名詞を修飾**します。

例 here, today, slowly, very, always など。

例文 Tom runs **very fast**.

▶fast「速く」は動詞 runs を修飾。very は fast を修飾。

例文 **Clearly**, you are right.「明らかに（明らかなことに），君が正しい」

▶Clearly は you で始まる文を修飾。

6 前置詞

名詞・代名詞の前に置かれ，**〈前置詞＋(代)名詞〉という「固まり」**，すなわち**前置詞句**となります。前置詞句は形容詞句と副詞句とに分けられます。

例 at, in, on, of, from, to, with など。

例文 I live **in** Sendai.

▶〈in Sendai〉が動詞 live を修飾している。

7 接続詞

語・句・節・文をつなぐ and のような**等位接続詞**と，if のように，〈if SVX〉の形で節に１つの品詞の役割を持たせる**従属接続詞**があります。

例 and, but, or, if, when, because, that など。

例文 Sayuri **and** I are good friends **and** she teaches me English.

▶最初の and は語と語をつなぎ，２つ目の and は下線部の節と節をつないでいる。

8 間投詞

喜怒哀楽や驚きなどの感情を表したり，注意を引くときに使われる語です。文の中（**間**）に**投**げ入れられる**詞**(ことば)です。感嘆符が付くことが多いのが特徴です。

例 oh, hi, well など。

例文 **Oh**, that's nice! Let me have a look at it.「わぁ，すてき。見せて」
Well, all right.「うん，いいよ」

2 句

2語以上の語が集まって1つの名詞・形容詞・副詞の働きをしますが，その中に**〈主語＋述語動詞〉を含まない語群**，それを「**句**」と呼びます。働きに応じて**名詞句・形容詞句・副詞句**の3つに分けられます。

1 名詞句

名詞と同じ働きをする句で，**主語・目的語・補語・前置詞の目的語**になります。不定詞と動名詞で始まる句が名詞句の主なものですが，不定詞は前置詞の目的語になりません。

例文 I want **to eat something**.「私は何か食べたい」

▶不定詞が動詞 want の目的語。

例文 I am interested in **training dogs**.
「私は犬を訓練することに関心があります」

▶動名詞で始まる句が前置詞 in の目的語。

2 形容詞句

形容詞と同じ働きをする句で，**名詞・代名詞を修飾**したり，**補語**になります。不定詞・分詞で始まる句・前置詞句が主な形容詞句です。

例文 The boy **running over there** is my son.
「向うを走っている男の子が私の息子です」

▶現在分詞で始まる句が名詞 boy を修飾。

3 副詞句

副詞と同じ働きをする句で，**動詞・形容詞・副詞・文を修飾**します。不定詞や分詞で始まる句・前置詞句が主な副詞句です。

例文 I went to the barber **to have a haircut**.
「私は髪を切ってもらいに理髪店に行った」

▶不定詞が述語動詞 went を修飾。

例文 The students walked home, **singing merrily**.
「生徒たちは楽しそうに歌いながら歩いて帰った」

▶現在分詞で始まる句が述語動詞 walked を修飾。

3 節

〈主語＋述語動詞（＋目的語・補語・修飾語）〉が文の一部になっているとき，この語群を**節**と呼びます。節には**等位節**と**従属節**があります。

1 等位節

等位接続詞 **and**，**but**，**or** などでつながれる節を**等位節**と言います。

例文 He came **and** she went away.
①　②
「彼はやって来て，そして彼女は去っていった」

▶①の節と②の節は品詞の性格がなく，〈主語＋述語動詞〉という同じ形をして，対等の（＝位が等しい）関係にある。さらに He came. And she went away. のように分離できる。

2 従属節

〈従属接続詞＋主語＋述語動詞（＋…）〉で**名詞・副詞の働き**をします。従属節は関係詞・疑問詞で始まることもあります。関係詞で始まる 節は名詞・形容詞の，疑問詞で始まる節は名詞の働きをします。

例文 She went away **when he came**.
①　②
「彼がやってきたとき，彼女は去っていった」

▶②の節は「時を表す副詞」の働きをし，①の述語動詞 went を修飾している副詞節。①のように従属節を抱え込んでいる節を**主節**と言う。

本書の略語・記号一覧

略語・記号	意味	略語・記号	意味
S	主語	**代動**	代動詞
V	動詞または述語動詞	**S（形）**	形式主語
C	補語	**S（真）**	真主語
O	目的語	**SS**	意味上の主語
O_1	間接目的語	**O（形）**	形式目的語
O_2	直接目的語	**O（真）**	真目的語
P	述語	**名**	名詞（群）
X	SV 以外の文の要素	**形**	形容詞（句）
M	修飾語句	**冠**	冠詞
V_i	自動詞（相当句動詞）	**副**	副詞（句）
V_t	他動詞（相当句動詞）	**動名**	動名詞
v	助動詞	**不**	不定詞
助	助動詞（相当語句）	**疑**	疑問詞
Ⓥ	動詞の原形	**否**	否定
Ving	動詞の原形＋-ing	**比**	比較級
群前	群前置詞	**前**	前置詞
N	名詞	**接**	従属接続詞
進	進行形	**等**	等位接続詞
受	受け身	**先**	先行詞
現完	現在完了	**関代**	関係代名詞
過完	過去完了	**関副**	関係副詞
現分	現在分詞	**仮過**	仮定法過去
過分	過去分詞	**仮過完**	仮定法過去完了
代	代名詞		

■準動詞に関しては，以下のように文型を（　）付きで示しています。

to read a good book
（V_t）（O）

第1部

英文解釈の技術60

基本編

第 1 部は高校入試問題を中心に選んだ 60 問を例題に，英文の構造を考えるときに根拠となる文法や構文の知識を 60 の「技術」として学びます。
まずは「基本編」。構造把握のもっとも基本となる 5 文型の把握から始めましょう。

01 例題 SV「Sは〜する」

●次の文の構造を検討し，和訳しなさい。

Time **flies.**

（ことわざ）

SとVが文の基本

学習の基礎知識（→ p.12）で確認したように，英文の基本形は “I read *The New York Times* every day.”「私は，毎日，ニューヨークタイムズを読みます」（〜は…する）のように，〈SVXX〉の形です（I が S，read が V。ほかの語は X にしておきます）。

ここで文の主要素 S と V のもとになっている用語に触れましょう。

Subject（主語）の S，Verb（述語動詞＝主語について述べる動詞）の V。ほかの要素については 2 課以降で，いやになるくらい丁寧に解説します。

さて，あらためて「S」とは何かを考えてみます。「〜は，〜が」で表される話題の主で，S になるのは**名詞・代名詞・名詞相当語句**（**名詞句，名詞節**）です。

V は S の動作・状態・存在を表す語（群）です。次の例文を見てください。

(a) Times change.　　**(b) The weather will change.**

2 文とも命令文ではありません。S と V から成る文です。**(a)** では **Times** が **S**，**change** が 1 語で **V**。「時代は変わる」という意味ですね。**(b)** では **The weather** が **S, will change** は「will（助動詞）+ change（動詞の原形）」の 2 語の語群が **V** です（→ 10 課）。意味は「天気は変わるだろう」。

英語は動詞Vから探せ

文頭の語（群）が S とは限りません。例文です。

(c) This afternoon the weather will change.

英文がスラスラ（左→右と）流れるように読めるまでは，次の 2 点を心がけましょう。

主語の探し方

- □ ❶ 現在・過去・未来などを示す**（助）動詞がチラッと目に入ったら，直前の（代）名詞が主語**（**Subject**）と予測を立てるようにしましょう。
- □ ❷ さらに用意周到に，その（代）名詞の頭に前置詞がついていないことが確認できれば，文句なし。前置詞に支配された（代）名詞は前置詞の目的語になり，主語にはなりえないから（→ 6 課）です。

さて **(c)** の構造は，**(b)** の文に “This afternoon” をかぶせただけです。“the weather” が S である確信の根拠は，“the weather” が “will change” の前にあること，より

端的には「助動詞 will の前」に位置するからです。“This afternoon” は副詞的 M（Modifier：修飾語）で，「今日の午後に」の意味です。

(c) This afternoon the weather will change.

②Sと決定！ ①Vを発見して

このように**助動詞・動詞の現在形／過去形に着目**するとVが見え，Sの発見が確実になります。

Vの元(もと)の形が原形

“Stop! ”「止まれ！」,“Be quiet! ”「静かに！」の下線部は，いずれも「**動詞の原形**」で，「原」は「元の」を意味します。つまり「動詞の原形」とは「動詞の元の形」のことで，「辞典で調べると意味や用法が示されている動詞の形」です。例えば英和辞典で〈is〉を調べると「→ be」と指示が載っていますが，この〈be〉が〈is〉の原形です。原形〈be〉を調べると，「動詞」「助動詞」と表示があり，それぞれに「意味・解説・例文」が示してあります。

ところで，be・have 以外の一般動詞の現在形について，「３単現の -(e)s のつけ方をよく覚えておくように」と学校で言われませんでしたか？　この「**３単現**」とは「**３人称・単数・現在形**」のこと。**人称**とは，話題になっている人／事物の**呼称**（呼び方）です。

「１人称」とは「話し手自身（＝ I）」のことで，その複数形は「自分とほかの人（々）（＝ We)」,「２人称」は「話し相手（＝ You)」の呼称です。「３人称」は「話に加わっていない第３者」の呼称です。

例題 ANSWER

冒頭の例題は，たった２語の英語で〈SV〉，より正確には〈SVi〉の「文型」です（Vi：自動詞→３課）。

Time（時が） **flies**（速く過ぎる）.
S Vi

flies の語形の成り立ちは，**fly** の語尾が〈**子音字＋y**〉ですから，“y” を “i” に変えて〈es〉を付け加えて，でき上がったものです。

「光陰矢のごとし（一寸の光陰軽んずべからず)」という「ことわざ」で通用しています。

《全文訳》 光陰矢のごとし。

【語句】**fly** Vi（時が）飛ぶように過ぎる

02 例題 〈SVC〉「SはCである／になる」

●次の文の構造を検討し，和訳しなさい。

Some **are wise** and some **are otherwise.**

（ことわざ）

be 動詞のあとに不足している名詞・形容詞が補語

This is.「これは（？）である」。このままでは意味が不明ですから，文として不完全です。is のあとに名詞か形容詞を補ってみましょう。

(a) This is a book.	これは本です。	(b) This is wonderful.	これはすばらしい。

このように be 動詞 is のあとに名詞 book や形容詞 wonderful を**補**うと文が成立します。このような**名詞・形容詞**を**補語**と呼びます。

英語で「補語」は Complement。これは「主語 S の性質・状態を示す動詞の不足している部分を補い，文の意味を complete（完全な）ものにする語」という意味で，**名詞（句／節）**や**代名詞**，また**形容詞（句）**が**補語**の役をします。補語が（代）名詞の場合は S が何者（物）かを，形容詞が補語の場合は S の状態を表します。

S と C を連結する動詞に 2 種類，〈～である〉V・〈～になる〉V

be 動詞よりも意味の点では C（補語）のほうが重要です。それで **be 動詞**は，単に「**つなぎ動詞**」と呼ばれるのです。

ここで **(A)** 状態を示す**「である」V** の be と，**(B)** 変化の結果を示す**「になる」V** の become に大別して，動詞をいくつか確認しておきましょう。

(A)「(～の状態) である」V：be	keep：～のままでいる　lie：～の状態でいる remain：～のままでいる
(B)「(～の状態に) なる」V：become	come / get / go：(ある状態に) なる

C は S の一面を述べるのみ

「X = Y」とは「X は Y と等しい／X と Y は等しい」ということですね。この論法を “Tom is a student.”「トムは学生です」に適用すると，「トムと〈1 人の学生〉が同じ価値」となります。Tom と a student を等号（=）でつなぐことが論理的に破たんしているのは明白です。C である a student は Tom が持っている**属性の 1 つ**を述べているにすぎないのです。Tom は a volunteer かもしれない，young，strong，kind その他もろもろの性質を持っている可能性があるのです。

このように，be 動詞が「つなぎ動詞」だからといって等号に置き換え，S と C を等号（＝）でつなぐことは論理的とは言えません。そもそもCは叙述補語とも呼ばれ，Sの持つ一定の性質を述べる補語なのです。ちなみに数学では，AとBの各「元（要素）」がまったく同じときに「A = B」と書くのでしたね。

削除可能な補語を付加的補語と呼ぶ

Cは文をcomplete（完全な）ものにする語でしたね。だとすれば，取り去ると文が成立しなくなるはずです。例えば“He looks **happy**.”のCであるhappyを取り除くと，文が成立せず，意味不明です。また，appear（～のように見える／現れる）やremain（～のままである／とどまる）のように，Cを持つか否かで意味が大きく変わるViがあります。“He **remained silent** in the room.”は「彼は部屋で黙ったままだった」ですが，Cであるsilentを取り除き“He **remained** in the room.”とすると，「彼は部屋に残った」となります。このように，**文の成立とかViの意味を変えてしまうようなC**は**不可欠な真**の意味の**補語**です。言ってみれば，「**不可欠補語**」です。

一方，“He died **young**.”「彼は若くして死んだ」の場合，youngを削除しても文が成立し，“He died.”でOKです。die（Vi）の意味も変わりません。youngという語は「彼が死んだ」ときの「状態」を付加的に述べているのです。このように**Vに対して付け足し的に使われた語（句）**を「**付加的補語**」と呼びましょう。

例題 ANSWER

〈**Some VX ... and some [others] VY ...**〉の形の英文を訳す場合，Some代とsome[others]代が呼応しているとみて，「VXな人（物）もいれば，VYな人（物）もいる」とするとうまく収まります。someがothersになることもあります。

次に**otherwise**について。otherwiseは〈(in an) **other**「別の／異なる」+ **wise** (= **way**)「やり方で」〉が元になっている単語で，**副詞**なら「**別のやり方で・さもなければ**」，**形容詞**なら「**異なった** = different」を意味します。ここでは文脈上wiseの前に否定を表す接頭辞un-をつけてunwiseとしてもよいところです。

ここで「**節と節をつないでいる and**」が気になりませんか。「❶すると，❷だから，❸しかし／また一方」のうち，どれが一番ふさわしいでしょうか。andの前とあとの節では**対照的な内容**ですから，このandは**but**と置き換えられます。したがって置き換えるなら❸です。全文訳のように，「しかし／また一方」と堅苦しく訳出しなくとも構いません。

	ある人たちは	（の）である	賢い
	Some (S)	**are** (Vi)	**wise** (C)
しかし and（等）	ある人たちは	である	異なっているの
	some (S)	**are** (Vi)	**otherwise**. (C)

《全文訳》 賢い人もいれば，そうでない人もいる。

【語句】 **otherwise** 形 異なった

03 〈SVO〉「SはOを～する」

例題

●次の文の構造を検討し，和訳しなさい。

❶One child, one teacher, one textbook and one pen can **change the world**. ❷Education is the only solution.　（秋田県公立高校入試）

Vi は O 不要，Vt は O 必要

Vi は**自動詞**を，**Vt** は**他動詞**を意味します。結論として「他動詞ではない動詞」が自動詞なのです。違いを以下で検討しましょう。

１課・２課で学んだ自動詞の元の英語は **intransitive Verb** で，**Vi** と略されます。この **in-** は否定（not）の意味の接頭辞（＝語の頭に付いて文法的働きや意味を加える文字のカタマリ）です。つまり自動詞は **transitive Verb** ではない動詞ということになりますね。

では，in- のつかない **transitive Verb = Vt** とは，どういう意味でしょうか。transitive verb とは，「他の人・物へと，動作･心の動きが及んでいく動詞」です。そして Vt の「動き」が及んでいく先（＝目的地）になる語句を目的語と言い，英語では **Object** という用語で表します。略して **O**。

一方，Vi とは，Vt ではない V「動きが自分の中にとどまっていて働きかける対象がない動詞」です。

多くの動詞が，あるときは Vi に，またあるときは Vt として働きます。

(a) I run every morning.	私は毎朝走ります。	〈自動詞〉
(b) I run a hotel.	私はホテルを経営しています。	〈他動詞〉

同じ run という動詞が使われていますが，**(a)** では every morning が副詞句で O がないので run は **Vi**，**(b)** では a hotel を O として持っていますから run は **Vt** です。

さらに「結果の目的語」があります。「行為の結果，でき上がる」事･物のことです。

(c) He dug a hole.	彼は穴を掘った。
(d) The carpenter built a house.	〈その／例の〉大工さんは家を建てた。

(c) では，穴が初めから存在しているわけではありません。彼の「掘る」行為の結果，穴ができたのです。**(d)** では，建築作業の結果，家ができたわけです。

Vt を訳出する際の助詞は「を・に・と（→「鬼と」と覚えましょう）」で切り抜けられます。例えば，**(e) I saw the prime minister yesterday.** は「私は昨日，首相を（見かけた）／に（会った）／と（会った）」。「**が**見えた」も「**を**見かけた」で処理できます。

Vのあとの名詞がOかCかはbe動詞で判別せよ

Vに続く語（句）が形容詞（的）とわかる際は問題ないのですが，**名詞（相当語句）が続いた場合は要注意**です。例文で検討しましょう。

(f) He becomes angry easily.
(g) He became a dentist.
(h) Your coat becomes you.

(f) の angry は**形容詞**ですから〈SVC〉の文型の文です。意味は「彼は〈容易に怒る〉→怒りっぽい」。問題は **(g)(h)** のような，**become の後ろが名詞（相当語句）の場合**です。became を was に換えると He was a dentist.「彼は歯医者だった」。〈SVC〉の文型です。**(h)** は「君のコートは君に似合う」ですが，**(g)** と同様に becomes を is に換えると Your coat is you.「君のコートは君である（!?）」。これはどう考えても非論理的です。つまり **(h)** は〈SVC〉ではなく，「**に～する**」の〈**SVO**〉の文型なのです。このように，Vに続く名詞（相当語句）がOかCかの判別には，ほとんどの場合，**be 動詞の活用が有効**です。

Vtの中には行為・経験を「受ける・被る」動詞がある

Vtの中には冒頭の定義では説明しきれない動詞があります。

(i) He broke his leg.	彼は〈足の骨折を被った→〉足の骨を折った。
(j) I had a haircut yesterday.	私は昨日，散髪を〈してもらった→〉した。

(i) は He が自分で自分の足の骨を折ったわけでなく，**(j)** も自分で自分の髪を切ったわけではありません。broke·had は **was で置き換え不可**ですから，下線部は **O** です。

例題 ANSWER

史上最年少でノーベル平和賞（Nobel Peace Prize）を受賞した Malala Yousafzai（マララ・ユスフザイ）さんが，2013年に国際連合本部で行った演説の一説です。

1人の　子ども　1人の　教師　1冊の　教科書　そして　1本の　ペンは　ができる　を変えること　（この）　世界
❶ One child, one teacher , one textbook and one pen (S) can **change** (Vt) **the world** (O).

One child から one pen までが「1つのカタマリ」でS，と捉えるところがミソ。〈can（助動詞）＋動詞の原形〉で1つのVです（→10課）。

教育　である　（この）唯一の　解決策
❷ Education (S) is (Vi) the (（冠）) only (（形）) solution (C).

マララさんはイスラム原理主義の過激集団「タリバン」に銃撃され，一時重体になります。が，屈することなく言論で闘ったのです。なお，第1文の全文訳は「Sは…」→「Sによって／Sがあれば…」とひと工夫したいところです。

《全文訳》 子どもが1人，先生が1人いて，教科書が1冊，ペンが1本あれば世界を変えることができます。教育がただ1つの解決策なのです。

【語句】**solution** 名 解決策

04 例題 〈SV O_1O_2〉「SはO_1にO_2を～する」

●次の文の構造を検討し，和訳しなさい。

I gave some presents to my sisters, and they **gave me a very nice present** back.

（埼玉県公立高校入試）

O_2の正式略称はDO

O_2の正式略称はDO, O_1はIOです。これはそれぞれ **Direct Object**（直接目的語）／**Indirect Object**（間接目的語）を略したものです。Indirectのinは3課で学習した否定（= not）を表す接頭辞ですから，「直接的ではない → 間接的な」という意味になります。さて次の例文で，「O_1とO_2の違い」を検討しましょう。

(a) Mary threw Tom a tender look.	メアリーはトムに〈のほうに〉優しい視線を投げかけた。
Mary = S / threw = Vt / Tom [名詞] = O_1（＝間接目的語） / a tender look [名詞] = O_2（＝直接目的語）	

(a) ではTomもlookも**名詞**です。throwはViとして使われる場合，throw wellなどのように直後に副詞的表現を伴いますが，**(a)** では見当たりませんからthrewは明らかに**Vt**です。throwを「～を投げ（かけ）る」の意味，つまりOを1個だけ持つ英文にすると…。

(b) Mary threw Tom. 「メアリーはトムを投げた（!?）」 常識的に言って考えられない行為です。O_2を除外して〈SVO〉文型にすると，文の内容に問題ありです。

(c) Mary threw a look (at Tom). 「メアリーは（トムに）視線を投げかけた」。O_1を除外して〈SVO〉文型にすると，ごく常識的な内容の文になります。

O_2とVは結びつきが強い

上記で **(a)** を **(b)** と **(c)** に分けて比較すると，O_1を除外しても文意が成立しますが，O_2を除外すると文意に問題あるいは疑問が生じてきます。このことは**VとO_2の結びつきが強い**ことを示しています。**VとO_2の関係が密接・直接的**と言えるわけです。以上のことから**O_2**を**Direct Object**（**直接目的語**）と呼びます。

O_2はVの動作･行為の力を受けて「**移動する**」ないしは「**利益をもたらす**」目的語です。上記 **(a)** では「移動するのは」O_2（look）ですから，〈**V...O_2**〉は「**O_2を～する**」と訳せばよいのです。絶対的ではないですが**O_2になるのは「物」であることが多いのです**。

O_1はVの動作・行為の「方向」「利益の到着先」

O_2に比べ，**O_1**はVとの関係が直接的ではないので，**Indirect Object**（直接的ではない目的語→**間接目的語**）と規定されています。**O_1**になるのは，**V**の「**方向･到着点**」「**利益･恩恵を受ける人（組織）･動物**」**を表す語句**です。write a letterは〈VO〉で「手紙を書く」ですが，write Jane a letter は，〈VO_1O_2〉で「ジェーンに手紙を書き送る」となります。O_2 が「移動」を伴うのがよくわかりますね。

〈VO_1 O_2〉の V は give 型と buy 型に大別される

〈VO_1O_2〉文型は〈SVO〉文型に転換できます。その場合，O の後ろは〈**give O_2 to O_1**〉か〈**buy O_2 for O_1**〉になります。前置詞（→6課）**to** は「方向・到着点」を示すので「**O_1（のほう）へ**」，前置詞 **for** は「**利益・恩恵**」を表すので「**O_1（のため）に**」で処理しましょう。for は文脈によって「（誰々）**に代わって**」の意味になることがあります。

《**give 型**》 V は「何らかの移動」を O_2 に与え，「到着点」となる O_1 を〈**to** O_1〉で表示。O_2 を O にして〈SVO〉に転換すると〈O_1 に O_2 を～する〉の意味がハッキリします。

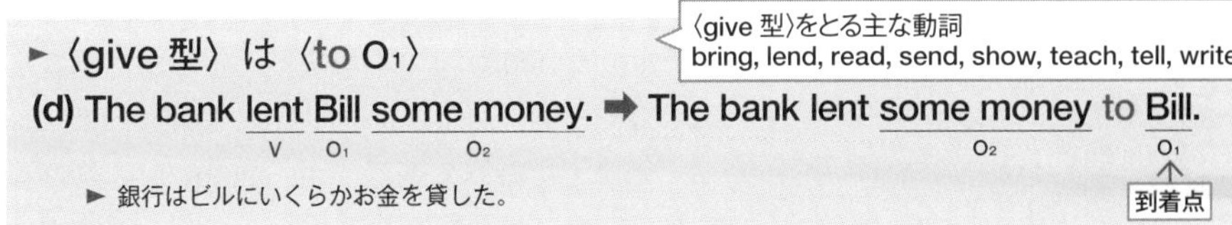

〈give 型〉をとる主な動詞
bring, lend, read, send, show, teach, tell, write
► 〈give 型〉は〈to O_1〉
(d) The bank lent Bill some money. ➡ The bank lent some money to Bill.
V O_1 O_2 O_2 O_1
到着点
► 銀行はビルにいくらかお金を貸した。

《**buy 型**》 V は O_2 に「働きかけたり」，V の「行為の結果」O_2 ができ上がって（→3課）O_1 に利益をもたらします。この型は〈**for** O_1〉が後続します。

〈buy 型〉をとる主な動詞
bring, call, cook, find, get
► 〈buy 型〉は〈for O_1〉
(e) My sister made me a cake. ➡ My sister made a cake for me.
V O_1 O_2 O_2 O_1
受益者
► 姉［妹］は私にケーキを作ってくれた。

例題 ANSWER

and をはさんだ2つの等位節は SV までは同じ形ですが，gave のあとが違っています。

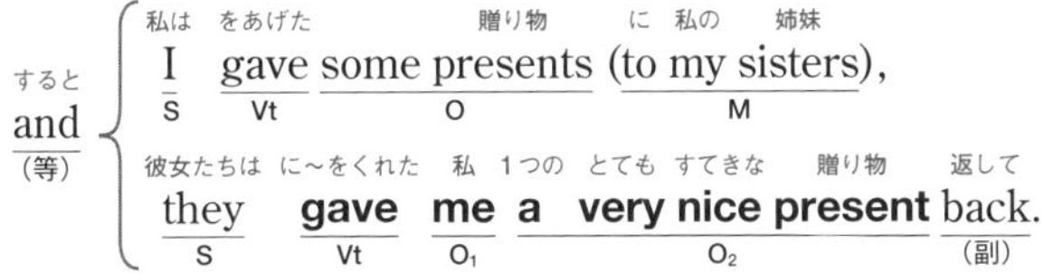

前半の等位節は〈**SVO**〉に副詞的な“to...”の前置詞句が付いている〈**SVO**〉型。後半の等位節は〈**S**VO_1O_2〉です。副詞の back は Vt の give と一緒になり「～を返す」の意味。なお，give が Vt で back が副詞なので，〈give O back〉のように back を O の後ろに置けます。それに対し，look at では **look が Vi で at が前置詞**なので事情が異なります。前置詞は O の後ろに置かないのがルールです。何しろ「前置詞」（→6課）ですから。

> **《全文訳》** 私は私の姉妹に贈り物をあげましたが，すると彼女たちはお返しにとてもすてきな贈り物をくれました。
>
> **【語句】give back O / give O back** O を返す

05 例題 〈SVOC〉「SはOをCにする」

●次の文の構造を検討し，和訳しなさい。

All work and no play **makes Jack a dull boy.**　（ことわざ）

O の不足を補うのが補語 C

次の２つの文を検討しましょう。

(a) They made him happy.

(a) の happy は形容詞です。形容詞が O_2 に（もちろん O_1 にも）なれないのは当たり前ですが，ダメ押しに happy を除外して〈SVO〉にしてみましょう。

(b) They made him. (×) ですね。意味を成しません。

さてまとめに入りましょう。**(a)** の him と happy は文構成上，一定の関係があるはずです。多くの場合，文中に並んでいる語（群）同士が持つ関係は，**主要素同士**（前置詞とその目的語も含む→６課）か，**修飾・被修飾の関係**です。happy が直前の O に対する修飾語と考えると（もっともこのような修飾構造はありえませんが），修飾語は省略できますから，文構造は×印の **(b)** になってしまいます。つまり **happy は主要素**です。S・V・O でもない主要素が C（補語）なのは必然。結論です。C は V の影響下で O の不足を**補う語**ですから，**(a)** は〈SVOC〉文型。〈**make O C**〉で「**O を C にする**」の意味になります。

(a) の和訳を確認しましょう。「彼らは彼を幸せな気持ちにした。→ 彼らのおかげで彼は幸せな思いをした」。

OC の C は O に対する述語

前述のとおり，〈SVOC〉の文では，V の支配下で **C は O の状態を説明**，すなわち「述べる語」です。ここで **O と C の関係**を考えましょう。上の例文では C になる語（句）は名詞／形容詞ですが，O に対して C は述語（Predicate）になっていますから，O はその主語（Subject）と言えます。このように**文構造上の O と C には，意味上「S と P（述語）の関係」（「意味上の SP 関係」）が成立**します。言い換えれば，O のあとに N（名詞）・形容詞が続いていれば，「つなぎ動詞」be 動詞で〈SVC〉文型（→２課）に転換できます。make 以外の動詞の例文を確認しましょう。

(c) We elected Yukio chairperson.　私たちはユキオを議長に選んだ。

下線部は be 動詞をはさみ，Yukio was chairperson. が成立します（chairperson に冠詞がつかないのはその役職が１名に限られるから）。〈SVOC〉の文でこのような形で使える動詞をいくつか右に挙げます。

call, find, get, keep, leave, name, think

〈VO_1O_2〉か〈VOC〉かの判別には be 動詞を使え

前段でOのあとの形容詞はCになることを確認しました。問題となるのは「**Oのあとが N（名詞）のとき，N が O_2 なのか C なのか**」です。これは例文 **(c)** を覚えている人にとってはたやすいはず。次の2つの文を比較しましょう。

(d) I called him a taxi.　　**(e) I call the dog Shiro.**

(d) はOである him を主格にして a taxi と be 動詞でつなぐと He was a taxi.(×) ですから a taxi はCではありません。O_2 です。他方 **(e)** では，the dog を主格にして be 動詞と Shiro をつなぐと The dog is Shiro. という意味のある文ができ上がります。

(d) I called him a taxi.	私は彼［のため］にタクシーを呼んだ。	〈SVO_1O_2〉
(e) I call the dog Shiro.	私はその犬をシロと呼んでいる。	〈SVOC〉

〈VO＋名詞〉が〈VO_1O_2〉か〈VOC〉かを判別するのには **be 動詞**がきわめて有効です。**〈OC〉を〈S is / are C.〉に転換できるか否か**がポイントです。

〈OC〉の C には付加的補語もある

〈OC〉→〈SP〉の関係は成立するのですが，Cがなくても文が成立する場合があります。1つの例が動作の結果として状態を表す「Oを～してC（の状態）にする」のCです。これを**付加的補語**（→2課）と言います。Mom boiled the eggs. なら〈SVO〉の文です。eggs のあとにCを加えると **(f)** の文になります。boiled という **V の支配下**で The eggs were hard. が圧縮され，the eggs hard と〈OC〉になったのです。hard がCであることをきちんと押さえましょう。なお，「1個の固い卵」は **a hard egg** です。この hard は egg を修飾しています。この種のVをO・Cを添えていくつか挙げておきます。下線部は形容詞で，Cです。

(f) Mom boiled the eggs hard.
お母さんは卵をゆでて固くした。→ 卵を固くゆでた。
（＝ゆでた結果，卵が固くなった）

► grow a beard long	ひげをはやして長くする → ひげを長くはやす
► paint the wall white	壁を塗って白くする → 壁を白く塗る

例題 ANSWER

makes が V で Jack が O。Jack と a dull boy「**名詞群**」（→6課）を **is** でつなぐと Jack is a dull boy. となり〈**SVOC**〉と判定できました。

すっかり…勉強　かつ　ゼロ　遊び　を～にする　男の子1人の　頭の鈍い 男の子
All work and no play **makes Jack a dull boy.**
S　V　O　C

「All work」と「no play」，2つの語句が一体でSです。

《全文訳》 勉強ばかりして遊ばないと子どもはだめになる（よく学びよく遊べ）。

【語句】dull 形 頭の鈍い

06 例題 前置詞は(　　)でくくれ

●次の文の構造を検討し，和訳しなさい。

❶You cannot learn **about your dog's health from his nose.**
❷A better way is to look at his gums.　（東京学芸大附属高校）

前置詞は(代)名詞を捕まえて句になる

前置詞とは文字どおり名詞の**前**に**置**く**詞**(ことば)です。実際には，前置詞は名詞だけでなく，代名詞・名詞句（→ 41 課）・名詞節（→ 21 課・30 課）と合体して形容詞句か副詞句になります。蜘蛛(クモ)（＝前置詞）が獲物（＝名詞）を網（＝蜘蛛の糸からなる巣）で捕らえる様を連想しましょう。蜘蛛は獲物を捕まえて，**名詞，動詞，形容詞，副詞などにドッキング**（正式には「**修飾**」）します。このとき，前置詞が捕まえる名詞を**前置詞の目的語**と言います。「**前置詞は目的語 O を持つ**」，このことを肝に銘じてください。名詞（相当語句）が前置詞に捕まると，拘束状態になるわけです。前置詞句を見抜くことが文構造理解で重要になります。前置詞から解放されている名詞（相当語句）はS・O・Cになる確率が高いのです。このことを踏まえて**前置詞句を（　　）でくくる**と文の仕組みがよく見えてきます。

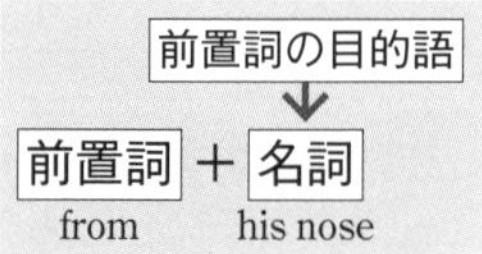

4課で to や for が登場しましたが，〈to / for N〉が形容詞句か副詞句かはドッキングする相手が何かで決まります。前置詞句が修飾する相手は構造・意味で決まるのです。

(a) I know a lot about Okinawa.
(b) He gave me a book about Okinawa.

(a) (b) とも，下線部は同じ“about Okinawa”という前置詞句です。**(a)** の know(Vt)の O は “a lot” で，下線部は **know を修飾する副詞句**です。意味は「私は沖縄について多くを知っている」。**(b)** は〈SVO_1O_2〉の文型で，下線部は **book を修飾する形容詞句**。意味は「彼は私に沖縄のことが書いてある本をくれた」となります。

みなさんがよく目にしてきた前置詞を以下に列挙しましょう。上に述べたように「前置詞句が修飾する相手は構造・意味で決まる」ため，前置詞に訳はつけません。ただ **on** だけは何らかの意味で，たとえば場所・時間・状態等々を示すのに使われ，「(～に)**接触・付着**（して)」を表すと覚えておいてください。on の例文を１つ。

(c) (On my arrival) (in Tokyo), I phoned Akio. 東京に着くとすぐにアキオ君に電話した。

(c) の下線部は phoned を修飾しています。in も前置詞です。点線部は直前の arrival を修飾しています。

よく使われる前置詞を挙げましょう。at, by, for, from, in, of, on, to, with...。

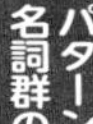 前置詞句は M か C になる

次に言語学者 Kruisinga（クルシンガー）先生が唱えた「**名詞群**」のパターンを復習しましょう。「名詞群」とは，名詞とその修飾語がカタマリを作っている語群のこと。例えば名詞群〈a new car〉では，a / new は名詞 car を別個に前から修飾します。

名詞群のパターン

〈a new car〉の a は冠詞と呼ばれます。「冠（かんむり）詞（ことば）」とは「名詞が頭の一番上に被ることば」で，名詞が「**特定**」であれば the を，「**不特定・単数**」であれば a / an を使います。機能を優先する立場から，**形容詞に分類**します。

これに対して「**語のカタマリ（語群）**が（代）名詞を修飾する場合」には，被修飾語である（代）名詞の**後ろに置かれて修飾**（後置修飾）の働きをします。

(d) A bird (in the hand) is worth two (in the bush).
（in the hand = x，in the bush = y）

手中の１羽は藪の中の２羽に値する。→ 明日の百より今日の五十。

(d) の下線部 x・y は，それぞれ直前の bird / two（birds）を**修飾**しています。**形容詞**のもう１つの働きは…。そうです，**補語**です（→２課）。**worth** の品詞は辞書によって扱いが２つに分かれます。more / most をつけて変化をするので，**形容詞**と考える立場と，単に前置詞と見る立場に分かれますが，どちらも **worth のあとの語を目的語 O** と考えます。すると **(d)** の波線部が **C** になります。より単純な例をもう１つ。

(e) He is (in good health).（in good health = C）　彼はよい健康状態にある。→ 彼は健康だ。

例題 ANSWER

❶ You(S: 人は) cannot learn(Vi: ができない 知ること) **(about your dog's health)**(M: について 飼っている 犬の 健康状態) **(from his nose)**(M: をもとに その 鼻).

about, from をマークして（　　）でくくります。You は一般の人々と考えましょう，訳さないのが賢明です。

❷ A better way(S: １つの もっとよい 方法は) is(Vi: である) (to look(C→(不) (Vt): 調べること) at his gums(O: を その 歯ぐき)).　← better は good の比較級

to Ⓥ は 34 課で確認します。look at は本来，〈**look**（Vi）＋ **at**（前）〉ですが，〈**look at**〉で **1 つの Vt**（= examine）に相当すると見たほうが合理的です。このように〈**Vi ＋(副)＋(前)**〉や〈**Vt ＋ 副**〉で **1 つの Vt に相当するものを群動詞・句動詞**と呼びます。

《全文訳》 飼い犬の健康状態を鼻の状態をもとに知ることはできない。もっとよい方法は歯ぐきを調べることである。

【語句】**gum** 名 歯茎

07 例題 進行形・受動態のbe動詞は助動詞

●次の文の構造を検討し，和訳しなさい。

The first GPS satellite **was sent** into space in 1978 and seven years later eleven satellites **were flying** around the earth. （東京都立進学指導重点校）

「つなぎ動詞」be は軽〜ぃ

さて，以下の文の構造と意味を考えましょう。

(a) The dog is white. 〈その〉犬は白い〈状態〉である。

white は形容詞ですから，この文は〈**SVC**〉文型（→2課）です。「いつの（状態か）」を示す **be 動詞**「**つなぎ動詞**」で，「心の時（→23課）」を示しています。無理に訳せば「(…) である」。

次の **(b) (c)** は Jespersen（イェスペルセン）という言語学者が示した例です。

(b) He a géntleman! 彼が紳士だなんて！

この文は否定の意味を込めて**意図的に is を除外**しています。He is a gentleman. と is を復活させても，やはり géntleman と強い音調で発音されます。

(c) Sorry, my mistake. ごめん，僕の〈ほうの〉間違いだ。

全体の状況から C（ここでは my mistake）だけで理解されます。(I'm / am) Sorry, (that's / is) my mistake. と（　　）部分を補えます。要するに**「つなぎ動詞」としての be は「軽い存在」**だということです。

be 動詞は分詞の「助太刀」動詞

be 動詞でつながれた次の文を **(a)** と比較してください。

(d) The dog is barking at me. （その）犬は私に（向かって）吠えている。

この文で **barking** は **(a)** の形容詞 white と同様，（犬の）**状態**を示す現在分詞です。同時に前置詞句（at me）を修飾語にして動作も示していますから，**動詞の役割**も併せ持っています。動詞 bark に -ing をつけて「**動詞で形容詞**の働きに預かるもの」なわけです。それで「**動詞形容詞**」。**(d)** の文から is を削除すると，どうなるでしょうか。

(e) The dog barking at me.
❶ The dog　❷ barking at me

(e) のように，文は成立しません。ルール上，❶が❷を修飾することはあり得ませんし，当然のことながら Ving が単独で述語動詞になることもできません（→41・42課）。そうすると**❷が❶を修飾する**と考えるしかありません。意味は「私に吠えている犬」。❷は「**形容詞性**」が強い「**動詞形容詞**」なのです。

The dog barking at me
❶ ← 修飾 ❷

ところで **(d)** の be 動詞 **is** は，barking at me とはどんな関係にあるのでしょう？

推定されるのは **(e)** と異なり，**(d)** の **barking** at me の **barking** は「**動詞性**」が強い「**動詞形容詞**」ではないかということです。「状態」を表していることで「形容詞性」は維持されていますが，barking 単独では（述語）動詞になれない。ところが **(d)** の barking は「**is**」という助太刀に引きつけられ「**動詞性**」を強める結果，述語動詞の片割れになって **(d)** の文を構成するのです。be 動詞の偉力！

> **(d)** is ＜ barking を助太刀！
> The dog ↓ barking at me.
> 述語動詞

動詞に属する **(d)** の is のような「**助動詞の be 動詞**」は，C の前に置かれる「**軽～いつなぎ動詞**」（→ 2 課）とはまったく違い，「**助太刀する動詞**」です。江戸時代，武士が不当に殺害されたとします。すると妻／子が制度として認められた敵討ちを志します。非力な妻／子が本懐を遂げる際に助力する強い侍，それが助太刀で，その行為は美徳とされました。分詞を助けて述語動詞をつくる助動詞 be 動詞は，まさに助太刀動詞です。

「分詞」の前についた「現在」「過去」に惑わされるな

be 動詞の現在形（is / are）や**過去形**（was / were）が，相棒である分詞の助太刀をして，その「**動詞性**」を強めて**動詞**形容詞にしてしまうのです。なお「**現在分詞**」「**過去分詞**」という用語は紛らわしいので，本書では別の用語を提示します（→ 42・43 課）。

> **My dog** (S) **was digging** (V) **a hole** (O) **(in the garden)** (M) **(this morning).** (M)
> うちの犬は今朝，庭で穴を掘っていました。

助太刀動詞の **was** は digging という Ving を引きつけて**動詞**形容詞にしつつ「**過去**」という「時」を示しています。O の a hole は「結果の目的語（→ 3 課）」。

〈be ＋過去分詞〉は，99.9…%受動態

厳密には，受動態を形成する過分とは，**Vt の**過分**（相当語句）**です。〈laugh（Vi）＋ at（前）〉は 1 つの Vt 扱いです（→ 5 課）から，次の文ができ上がります。

> **(f) The minister** (S) **was laughed at** (V) **(in the Diet).** (M)　例の大臣は国会で嘲笑された。

例題 ANSWER

The first GPS satellite（最初の GPSの 人工衛星は）(S) **was sent**（た 送られ）(V（受）) (into space)（の中に 宇宙）(M) (in 1978)（に 1978年）(M)

and（そして）（等）

seven years（7 年(だけ)）（副） later（(その)後）（副） eleven satellites（11の 人工衛星が）(S) **were flying**（いた 飛んで）(V（進）) (around the earth)（の周囲を 地球）(M).

sent は send の過分で，seven years は副詞的に later を修飾しています。

《全文訳》 GPS 機能を搭載した最初の人工衛星は 1978 年に宇宙へ送り込まれた。7 年後には 11 の人工衛星が地球の周囲を飛行していた。

【語句】GPS 名 Global Positioning System 全地球測位システム／ **satellite** 名 人工衛星

08 例題 「be動詞＋M」のbeは「存在する」「起こる」動詞

●次の文の構造を検討し，和訳しなさい。

❶Richard and Elizabeth came to Kiyoyama by train and bus from Tokyo to experience real Japanese culture. ❷Their first difficulty **was** at reception. ❸After five minutes of trying to understand their names, the young receptionist gave up and went into a back office. （洛南高校）

SVの文型のbeは「ある，いる」が基本

SVC型で使われる**本動詞**としての**be動詞**は，2課で確認した「**軽～いつなぎ動詞**」です。それに対して単独行動も辞さない**本動詞のbe動詞**が，「**いる，ある**」なのです。先ずは有名な一言から。

(a) I think, therefore I am. ｜ われ思う，故にわれ在り。（Descartes，デカルト）

これは辞書によく載っている例文です。be動詞**am**は**exist**「存在する」の意味です。

「be＋副詞(句)」で「いる・ある・起こる」

主に**時・場所**を示す副詞（句）を伴うと，「起こる→行われる」を意味します。次は新訳聖書『ヨハネによる福音書』の冒頭の一節です。

(b) (In the beginning) was❶ the Word, and the Word was❷ (with God), and the Word was❸ God.

英語圏における Christianity（キリスト教）の影響は絶大です。アメリカ大統領の就任式では，大統領がthe Bible（聖書）に手を置いて宣誓するのですから。

さて**(b)**です。"In the beginning" と冒頭の前置詞句で読者（聞き手）の気を引きつけておいて，次に❶ was。この**was**はどう見ても**V**です。では**S**は？　残るは**the Word**です。このように「**VとSの位置が逆**」になる現象が**倒置**です。またここでは，the Wordは読者の注目を引くために文末に置かれていますが，リズムよくストンと落ちて「決まってる」感じがしませんか？「言（ことば）（＝神のことば)」が重みを持って響きます。意味は「初めに言（ことば）があった」。❶ **was**は「**存在する**」の**V**です。

❷も❶と同様，「**存在する**」の**V**。「言（ことば）は神とともにあった」の意味です。I'll be with you soon. という表現がありますが，これは「じきにあなたとともにある→もうすぐ（あなたのところへ）行くよ（I'll come soon.）[I'llはI willの略]」ということです。❸は**SVC**文型のVです。「言（ことば）は神であった」。

(c) The meeting is (on Wednesday).　その会議は水曜日に開かれる。
S Vi M

会議ですからこの **is** は「開かれる・開催される (takes place)」と解釈しましょう。

例題 ANSWER

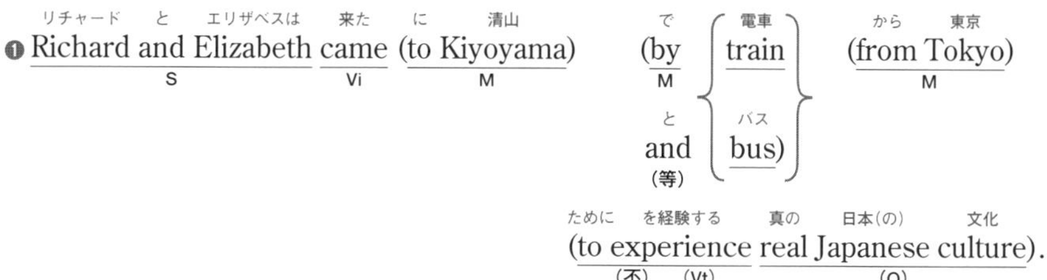

第1文は to / by / from ... と，前置詞句のオンパレードです。そして出ました，おなじみ副詞的 to Ⓥ(→ 37 課)。**第3文**でも After / of / into... と前置詞句が登場しています。

さて，次の**第2文**がこの課のメインです。be 動詞の was に続くのが場所を示す副詞的前置詞句です。

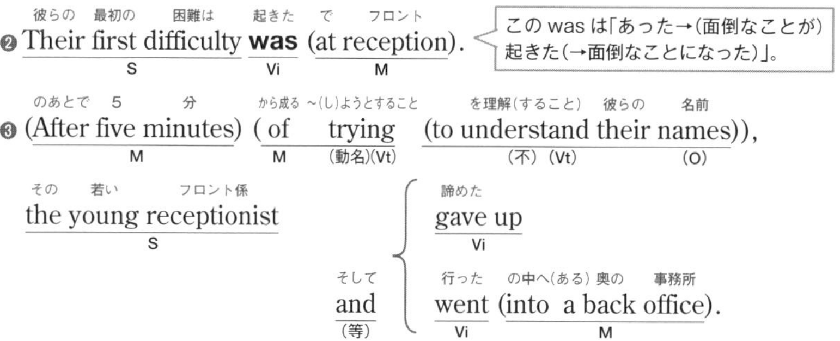

彼らの 最初の 困難は 起きた で フロント
❷ Their first difficulty was (at reception).
S Vi M
この was は「あった→(面倒なことが)起きた(→面倒なことになった)」。
のあとで 5 分 から成る ～(し)ようとすること を理解(すること) 彼らの 名前
❸ (After five minutes) (of trying (to understand their names)),
M M (動名)(Vt) (不) (Vt) (O)
その 若い フロント係
the young receptionist
S
諦めた
gave up
Vi
そして
and
(等)
行った の中へ(ある) 奥の 事務所
went (into a back office).
Vi M

第3文の “of trying...” の **of** が難しいですよ。「(～する) ことの」では何のことやら…。例えば「ニューヨークで3年学んだあと（で）」を，“After studying in New York for 3 years” ではなく “After 3 years **of** studying in New York” とすると「英語らしく」なります。この of は “a desk **of** wood”「木でできた机」と同じで「**構成・内容の of**」。ここの “of trying...” の of も同じです。“After five minutes” の和訳は，前から「minutes → trying to Ⓥ（5分間～しようとしたあとに…)」と流します。to Ⓥは，try（Vt）の O です (→ 34 課)。

《全文訳》 リチャードとエリザベスは，真の日本文化を体験するために東京から電車とバスを利用して清山にやってきた。2人はフロントで初めて面倒なことになった。若いフロント係は，5分間2人の名前を理解しようとしたあとに，お手上げになって奥の部屋に入って行った。

【語句】experience Vt を経験する／ **difficulty** 名 困ったこと／ **receptionist** 名 フロント係／ **give up** Vi 諦める

09 例題 〈There is / are S... 〉は「存在構文」

●次の文の構造を検討し，和訳しなさい。

❶**There are** different **kinds** of World Heritage Sites. ❷Some places have natural beauty and other places have important histories. (群馬県公立高校入試)

〈There is / are S…〉の There は「存在予告」

次の２つの文を比べてみましょう。

(a) In the Edo period there was a samurai in Kumamoto.
(b) The samurai was in a cave there. His name was Miyamoto Musashi.

(a) のＳは何でしょう？　there と考えると 名 samurai の役割が不明です。念のために there を辞書で調べて「あった，名詞だ」と喜んではいけません。there が名詞のときは「前置詞・他動詞の目的語として」と条件が記されています。しかし，period はどう見ても Edo に修飾される名詞。前 In の O です。there は 100% 名詞ではありません。となると主語は samurai にしかなりません。

(a) 江戸時代（に），熊本に侍がいました。
(b)（その）侍はそこの洞窟に身を置いていました（←住んでいました）。

上は **(a)(b)** の訳です。**(b)** の there は 副 ですが，形 に転用されて cave を修飾しています。もちろん there は in Kumamoto の言い換えです。「熊本にある（洞窟）」ということです。**(a)** の **there** は「何か**が**あるよ」を予告する，「**存在予告**」の there です。

「存在予告」There は訳ナシ

疑問文が “Is there...?”，答えが “Yes, there is.” ですから，there が主語と錯覚するのも無理からぬことです。７課で紹介した J 先生はこの there を ‘empty “there”’（「カラの “there”」）とか「存在」の “there ” と呼んでいます。実は **(a)** の “**there** ” は元々「そこに」を意味する副詞で「後述の場所」を**予告する副詞**でしたが，時の流れで「そこ（後出の場所を表す副詞〈句〉）だよ→そこ→そ…？」のように意味が消滅し，単なる「**主語の位置を占める副詞**」になってしまいました。

ここで「主語の存在（いる・ある）」に関わる「助詞」，すなわち，**「が」と「は」の使い分け**を，おとぎ話『桃太郎』を題材に検討しましょう。

(a) 江戸時代（に），熊本に侍がいました。
(b)（その）侍はそこの洞窟に身を置いていました。

モモタロウ
昔々，あるところに，おじいさんとおばあさんが住んでいました。おじいさんは山へ芝刈りに，おばあさんは川へ洗濯に行きました…

(a) + **(b)** の文体は『桃太郎』と似ていますね。『桃太郎』の「おじいさんとおばあさんが」の部分は There / there によって「**存在予告**」された**新しい導入部分**〈S〉です。一方,「おじいさんは」「おばあさんは」は，すでに述べられた表現（この場合は S）です。

「存在予告」と「場所」の There / there では発音が異なる

(a) と **(b)** の文に戻ります。**(a)** の there は**「存在予告」の副詞**なので [ðər] と弱く発音されます。一方, **(b)** の there は**場所を示す副詞**なので [ðéər] と強勢が置かれます。**(a)** の in Kumamoto の代わりを演じています。

〈There + Vi（存在・出現）+ S〉は「聞かせるスタイル」

There のあとに，be 動詞以外の「存在・出現」を表す Vi（exist, live, come, etc.）が使われることがあります。どちらかと言うと，格式ばったニュアンスを漂わせます。

(c) There cáme into the room a lády.	部屋に女性が入って来た。
(d) A lády came into the room.	女性が部屋に入って来た。

(c) では a lady が S です。There[ðər] で予告して→ came「来た」,「誰が／何が」と予測／期待をさせておいて,「(ある) 女性が (ね)」と述べるのです。〈There + Vi + M + S.〉の語順で聞かせる効果を狙っています。**(d)** は単刀直入に「(ある) 女性が (ね), 部屋に…」。

例題 ANSWER

❶ **There**（副） **are**（Vi） different **kinds**（S） (of World Heritage Sites)（M）.

第 1 文の S はどれでしょうか。different kinds (of World Heritage Sites) 全体と答えると無難ですが,「最小単位なら何が S ？」と聞かれたら何と答えますか？〈a lot of N〉は「たくさんの N」ですが，元は〈a lot (of N)〉。それが歴史を経て a lot of は 1 つの形容詞になっていますが,〈kind of N〉は正統派では〈kind (of N)〉です。ですからこの文の S は **kinds** です。この of は**「構成・内容」の of**(→ 8 課)。和訳は「さまざまな種類の～」と流します。

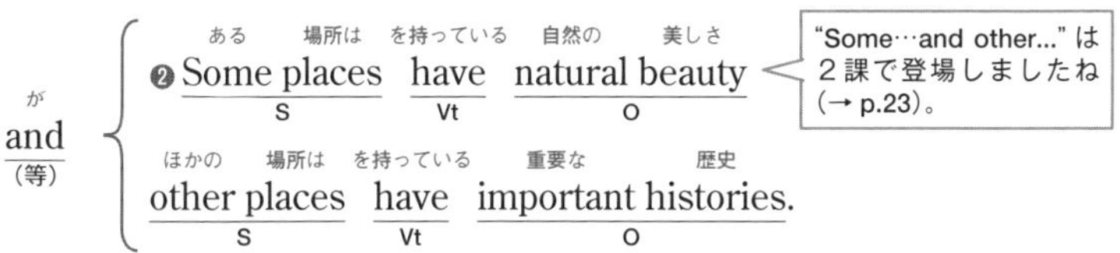

《全文訳》 さまざまな種類の世界遺産がある。自然界の美を備えているところもあれば，重要な歴史を有しているところもある。

【語句】 **World Heritage Site** 名 世界遺産

10 例題 〈助動詞＋(to) Ⓥ(＝動詞の原形)〉で１つのV

●次の文の構造を検討し，和訳しなさい。

Pet owners **should think** about the environment such as parks, streets, mountains and rivers, and **should** not **damage** it. （東京都立進学重点校）

助動詞は，「分詞・(to) Ⓥ」の助太刀動詞

この課では**助動詞の働き**を確認します。その前にどんな語（句）を動詞に分類するのかを整理します。**動詞**には「述語動詞（V）の成り立ち」という観点からは３種類あります。

動詞３種類

- □ ❶「動作・状態・存在」を表し，**１語で述語動詞**になる動詞（本動詞）。
- □ ❷ 単独では述語動詞になれない **(to)** Ⓥ（＝動詞の原形），**分詞**。
- □ ❸ ❷の動詞と一緒になって述語動詞を形成する**助動詞**。

❶は１課以降で扱った動詞の大部分が該当します。**現在形・過去形がそのまま述語動詞**となり，S（主語）について述べています（例 Time flies.）。「動作」を表す動詞→１・３・４・５課，「状態」→２課，「存在」→８・９課を参照してください。

❷の「**動詞の原形**」は，will（１課の例文 **(b)**）や can（３課の例題）などの**助動詞の助けを得て述語動詞**に（例 The weather will change.），「**現在分詞**」･「**過去分詞**」（７課）は **be という助動詞の助けで述語動詞**になれます（例 The dog is barking at me.）。また 13 課の **have** は「過去分詞」の助太刀をして**完了を作る助動詞**, **do** は「動詞の原形」の助太刀をして**疑問文・否定文を作るのに役立つ助動詞**です。これらと上記❶の動詞との区別が大事です。be なら２課（名詞／形容詞が補語），have なら３課（名詞／代名詞が目的語）の動詞など，本動詞 be・have・do かもしれませんから。

〈助動詞＋(to) Ⓥ(＝動詞の原形)〉で１つのV

この項では❷で確認した助動詞 be・have・do を除く❸の助動詞を検討しましょう。具体的には〈(to) 動詞の原形〉，略して**〈(to) Ⓥ〉を助ける助動詞**です。位置はやはり〈(to) Ⓥ〉の前。この種の助動詞は，助動詞 be・have・do とは異なり，**助動詞自体が「話し手の思い」**を表していて，**〈(to) Ⓥ〉と合体して述語動詞**になります。この種の助動詞が加える意味とは，「能力・義務・意志 etc」で，❶「〈動詞の原形〉を助太刀する助動詞」と❷「〈to＋動詞の原形〉を助太刀する助動詞」に分けられます。

❶〈動詞の原形〉を助太刀する助動詞

助動詞 → You must go. ← 動詞の原形（行かなければならない） 述語動詞

can（～〈する〉ことができる／～〈し〉てもよい），**may**（～〈し〉てもよい／～かもしれない），**should**（～〈する〉とよい），**must**（～〈し〉なければならない／～に違いない），**will**（～だろう／～〈する〉つもり）

etc.。can / may / will の過去形は could / might / would でした。

さて，ここで「**Q&A**」です。“You must go.”「あなたは行くのが義務だ→あなたは行かなければならない」の否定は？　“You don't have to go.”「あなたは行く必要がない（不必要）」です。それでは次，“You must not go.” の意味は「あなたは行ってはいけない（禁止）」です。“must not Ⓥ” が「不必要」ではなく「禁止」の意味になるのはなぜでしょう？　「禁止」になる「からくり」は？　鍵は not が握っています。not が否定するのは must に見えますが，それは見せかけで実際にはⓋの go を否定し，must（なければならない） + not go「行かないのが義務だ→行かないでい（る）なければならない→行ってはならない（禁止）」となるのです。must は曲者です。

❷〈to ＋動詞の原形〉を助太刀する助動詞

ought to Ⓥは「～すべき」, **used** to Ⓥは「～(し)たものだ（あの習慣は過去のこと，今はしていない)」「(以前は)ああだった(が，現在はそんな状態じゃない)」を表します。また, can ／ must をほかの助動詞に続けることはできないので,〈will + be able to Ⓥ〉〈will ＋ have to Ⓥ〉のように使われるのです。

なお，英文法の参考書には〈be able to〉〈have to〉を助動詞の「章」で説明しているものが多く見受けられますが，**助動詞は必ず 1 語**です。2 語以上の語のカタマリを「助動詞のように扱う」なら，そのカタマリを「助動詞相当表現」と呼ぶのが妥当です。

辞書で have を調べてごらんなさい。〈have to Ⓥ〉の have は Vt（他動詞）の中に分類されています。ということは，**〈to Ⓥ〉は have の O（目的語）**なのです。have の文字どおりの意味は「**(なすべき義務やこととして）～を持っている**」なのです。本書では便宜的に，〈have to Ⓥ〉を 1 つの V ととらえます。

例題 ANSWER

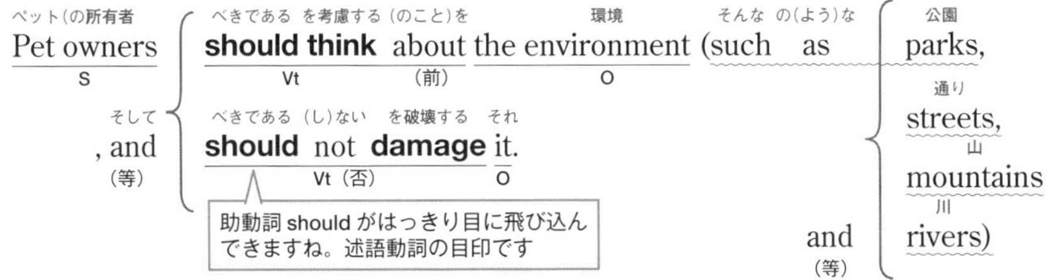

よくニュースで報道されるのは，人が放した外来の生物，そして野生化した犬・猫による環境破壊です。ecology（生態系）を破壊してしまうのです。

《全文訳》 ペットを飼う人は，公園・通り・山・川といった環境を考慮するべきであるし，環境破壊をすべきではない。

【語句】**think about** Vt を考慮する／ **environment** 名 環境／ **damage** Vt を破壊する

11 例題 〈VO＋to Ⓥ〉ならSPの可能性・〈O＋Ⓥ〉ならSP

●次の文の構造を検討し，和訳しなさい。

❶Coubertin wanted to realize three things through sports. ❷First, he **wanted people** in the world **to make** their body and mind strong. ❸Second, he wanted them to become friends. ❹Third, he wanted them to build a peaceful world.

（熊本県公立高校入試）

動詞の型を覚え，SP 関係を把握するのが大事

次の例文 **(a)** ～ **(d)** は〈SVO to do〉文型，本書の様式では〈SVO to Ⓥ〉です。それぞれO（下線部）とtoⓋ（波線部）がSとPの関係にあるかどうかをチェックしましょう。

(a) I want a book to read.

(b) I bought this book to study English.

(a)（×）A book reads.「本は読む」は意味不明ですから，a book と to read はSとPの関係にありません。to read を削除しても I want a book.「私は本が欲しい」となり，〈SVO〉の文型と意味が成立しますから，**to read** は a book につなげる（修飾している）と考えるのが妥当で，**形容詞的な to** Ⓥ（→ 36 課）です。「私は〈読む（ための）〉本が欲しい」。

(b)（×）This book studies English. では意味不成立。this book と to study English はSとPの関係にありません。波線部は下線部よりも **bought を修飾**していると解するのが自然です（**副詞的な to** Ⓥ→ 37 課）。「私はこの本を〈英語の勉強をするために〉買った」。

(c) I want Tom to play tennis with me.

(d) I promised Tom to play tennis with him.

(c) は下線部と波線部を Tom plays tennis with me. と転換して，文型も意味も成立しますから，下線部 Tom と波線部はSとPの関係にあります。本課の主役〈want O to Ⓥ〉の動詞型の登場です。訳すと「私は〈トムが（私の）テニスの相手をすること〉を望んでいる→私はトムにテニスの相手をしてほしい」となります。つまりこの文は「述語動詞（want）の支配下で，**O と to Ⓥは S（主語）と P（述語）の関係を持っている**」のです。この場合の文型は〈SVOC〉（→ 5 課）と判定します。

(d) は下線部と波線部を S と P に転換すると，（×）Tom played tennis with him.「私は〈トムが（当の）トムとテニスをすること〉を約束した」になってしまいます。これでは論外の外，「おととい来い！」です。〈promise O to Ⓥ〉は〈promise O_1O_2〉の文型です。「私は〈トムに君とテニスをするよ〉と約束した」。

「構文」よりも内容吟味が賢明

次の文についてほとんどの辞書は文型を表示せずに〈teach O to do〉のように標

(e) The teacher taught me to swim.

記し，参考書の中には「構文」としているものもあります。**(c)** のように「Oがⓥ（する）ことを～する」「Oがⓥ（する）ように～する」が直訳で成立するなら，**Oとto ⓥにSP関係が成立**しますから，**Oとto ⓥは〈OC〉の関係**です。「Oが［に］ⓥ（する）ように～する」と訳して構いません。

(e) の場合，「先生は私が泳ぐことを教えた／私が泳ぐように教えた」と訳すと，耳障りではありませんか？　不快感の原因は文型の誤解にあります。〈O to do〉だけを見て「SP関係だ」と即断しないこと。**(e)** は〈**SVO₁O₂**〉「**Oにⓥ(する)こと**を～する」。和訳は「先生は**私に泳ぎ**（泳ぐこと）を教えた」となります。

〈**S＋V＋O＋to do**〉を分析・解釈するに際しては，英語学者Onions（オニオンズ）先生の5文型を念頭に置き，「**述語動詞の支配下でOとto ⓥがS（主語）とP（述語）の関係を持っているか否かを判定する**」ことがポイントです。

〈V＋O＋ⓥ（＝動詞の原形）〉なら100% SP関係

このタイプはV（述語動詞）が知覚動詞・使役動詞に限定されています。

知覚動詞	**see**	Oが～するのが見える，Oが～するのを目撃する	**hear**	Oが～するのが聞こえる，Oが～するのを耳にする
知覚動詞	**listen to**	Oが～するのに聞き入る，Oが～するのに耳を傾ける		
使役動詞	**make**	（強制的に）Oに～させる	**let**	O（の好きなように）～させる
使役動詞	**have**	Oに～させる，Oに～してもらう		

例題 ANSWER

第1文のwanted to realizeは〈**want to ⓥ**〉のパターンでto ⓥがwantのOです（→34課）。第2文以下は〈**want O to ⓥ**〉で，「Oがⓥを望む」でSPの関係。

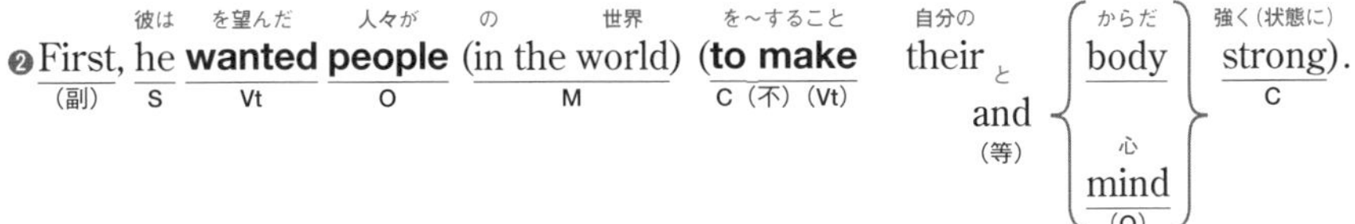

第3文・第4文も同じ文です。a peaceful worldのaには「既存のものではない／これからの（もの）」という意味合いが込められています。

《全文訳》 クーベルタンはスポーツを通して3つのことを実現したかった。第1は，世界の人々に身体と心を強くしてほしいと思った。第2に，彼は人々に友人同士になってほしかった。3番目には，彼らに平和な世界を築いてほしかった。

【語句】**Coubertin** 名 クーベルタン：フランスの教育家・男爵，近代オリンピックの創設者／ **realize** Vt を実現する／ **peaceful** 形 平和な

12 例題 〈VO＋分詞（現分・過分）〉にSPの可能性

●次の文の構造を検討し，和訳しなさい。

❶Imagine yourself standing in the middle of an antique shop. ❷Do you **picture yourself surrounded** by "junk" or by "treasures"? ❸If you know something about antiques —— their period, their function, or their history —— then you see treasure in antique shops. （亜細亜大）

〈VO + Ving〉で Ving は現分かも

さっそく次の例文を検討しましょう。

(a) My teacher kept me standing in the classroom.

My teacher kept standing in the classroom. なら2課の文型で，standing が C で「先生は教室に（立っているままだった→）立ち続けた」ですが，**(a)** の文は kept のあとが me で目的格の代名詞ですから，me は明らかに O です。O を持つ keep は Vt で，O のあとに Ving（現在分詞）を従えます。〈**keep O Ving**〉で「（意図的に）O を〜にしておく」の意味になります。

ここで me を I にして，それに合わせて **be を was にし**，standing と合体させると "I **was standing** in the classroom." ができ上がります。文が成立するので **me と standing は S と P の関係**，つまり **me と standing は文型上〈OC〉の関係**なのです。意味は「先生は〈私を教室に立た〉せておいた」。

〈VO +ⓥ ed〉でⓥ ed は過分

では，次の例文です。

(b) I heard my name called.

my name は heard の O，called は過去形ではなく，**過去分詞**です。**(a)** の文の現分と同様，C の働きをします。念のために My name を S にして助動詞 be を was に換えて文を作りましょう。My name **was called**. と文が成立します。これで **my name と called には S と P の関係にある**ことが確認できました。訳は「私は〈自分の名前が呼ばれるの〉が聞こえた」。ところで，著者が常々気になる辞書・参考書の訳語があります。〈**take O for granted**〉の「O を当然のことと思う」という訳です。英文を示します。

(C) Our democracy is threatened [whenever we take it for granted].

	民主主義は	る	脅かされ				
(C)	Our democracy	is threatened					
	S	V（受）					
	…するときいはいつでも		を?と考える			(?)	
	[whenever	we	take	it	for granted].		
	（接）	S	Vt	O	C		

〈for granted〉は，直訳すると「認められたものと（して）」です。granted は過分。この文はノーベル平和賞の受賞者，第44代アメリカ合衆国大統領 Barack Obama（バ

ラク・オバマ）の退任演説の一節です。it = our democracy ですが，**(c)** の文を「（それを）道理上そうあるべきものと考えるとき，いつも（脅かされる）」と解釈したのでは真意は伝わりません。〈**take O for granted**〉を「**Oのありがたみを忘れて当たり前（と思う），（慣れっこになって）O の真価がわからなくなる，軽視する，気に留めなくなる**」の意味に解釈しましょう。

法学の権威・末広厳太郎（すえひろいずたろう）は，「権利の上に眠るものは保護されない」と言っています。憲法で保障された基本的人権を始めとする諸権利を行使する努力を怠れば，自ら権利を忘却・放棄することになります。

原形は「一部始終」，現分は「一時的／進行中」

(d) I saw Bill swim.

(e) I saw Bill swimming.

どちらも〈SVOC〉の文型です。〈OC〉に対応する箇所は，**(d)** Bill swam.「ビルが泳いだ」，**(e)** Bill was swimming.「ビルが泳いでいるところだった」と書き換えられるので，**(d)** は泳ぎ始めから泳ぎ終えるまでを目撃した一方，**(e)** はその行為の「進行中」ないしは「一部」しか見ていないのです。

「（通称）構文」どおりにはいかない

次の文を訳しましょう。

(f) I found the suspect（容疑者） wanted by the police.

❶ the suspect を O, wanted... が C と考えて「例の容疑者が警察に指名手配されているのを知った」と訳して問題ありません。別の構造は考えられませんか？　❷ wanted... が C でなければ…そう，主要素でなければ**修飾語**（→ 5 課・43 課）です。すると「私は例の警察から指名手配された容疑者を見つけた」となります。find の意味が変わりましたね。❶❷どちらの意味に解釈するかは**文脈の問題**です。

例題 ANSWER

❶ Imagine（と想像しなさい／Vt（命令）） yourself（自分自身が／O） standing（立っている／C） (in the middle)（に 真ん中／M） (of an antique shop)（の 骨董品 店／M）.

第１文は standing が 現分 で C と見抜ければ O.K. です。

❷ Do（(助)） you（S） **picture**（を思い描く／Vt） **yourself**（自分自身が／O） **surrounded**（囲まれている／C（過分）） (by "junk")（M） or（(等)） (by "treasures")（M）?

第２文は直後に by が続くので surrounded が 過分 なのは明白。**第３文**では If- 節に then... と呼応させて，論理的な帰結を強調しています。

《全文訳》 自分が骨董品店の真ん中に立っていると想像しなさい。思い描くのは，ガラクタに囲まれている自分ですか，それとも宝物に囲まれている自分ですか。骨董品 ―― その時代，用途，あるいは歴史 ―― について何か知っていれば，その場合は骨董品店で宝を見出すのです。

【語句】antique 名 骨董品／ **function** 名 機能，役割

13 現在完了の「基準時」は現在

例題

●次の文の構造を検討し，和訳しなさい。

Today, plastic things **have made** our life very convenient, but they are not able to return to soil easily. （東京都立国際高校）

「現在完了」は「過去の事実を今，保持している」の意

「**現在完了**」という文法用語は実にわかりにくいです。文法の参考書を読んでも，「過去に起こったことと現在を結びつける（関連づける）…」「形は〈have / has + 過分〉」「用法は完了・結果・継続・経験…」とあるだけで，今ひとつ納得できません。「現在完了」は日本語にはない考え方ですから，「現在」と「完了」をつなげてもピンとこないのが当たり前です。例文で検討しましょう。

現代英語の **(a) I have washed my car.**「私は車を洗った（だから今現在，車はピカピカさ）」は，はるか昔の英語を，語順はそのまま，文字は現代英語と同じにしてわかりやすく再現すると **(b)** になります。

(b) I have ＋ my car washed (⬅ my car was washed).

この文は，「私は自分の車が洗われた（状態だ）を持っている」➡「車がピカピカきれいな状態で持っている」➡「車がピカピカなのは，洗ったからだ」と言っているのです。このように現在完了は，言わば**現在を基準として「現在の事実（＝車がピカピカだ）」の「原因である過去の出来事（＝車を洗った）」をも述べる**のです。現在完了は単に「過去の出来事を現在と結びつけて述べる」といったものではなく，話者の現在の状況なり心理状態を示唆しているのです。現在完了の意図する**基準点・中心点は「現在」**にあります。

《現在完了》

(a) I have washed my car. ｜ 私は車を洗った（だから今現在，車はピカピカだ）。

現在の目
I washed my car.
It is shiny!
過去のある時点
現在

現在完了に「現在の状況」を想起せよ

現在完了の視点の基準点は現在で，単に「過去と現在をつないで現在を述べる」ということではありません。この表現の助動詞 have/ has が現在形であるように，表現の中心は現在です。現在完了を見たら単に過去に何があったかにとどまらず「**現在の状況**」に思いをめぐらし，話者の心理に迫る。すると現在完了の味にたどり着くことができます。

ここでソビエト連邦の最初で最後の大統領 Mikhail Gorbachev（ミハイル・ゴルバチョフ）の辞任演説からの抜粋を読みましょう。**現在完了**に注目してください。彼は 1989 年「東西の冷戦」を終結させ，90 年にノーベル平和賞（the Nobel Peace Prize）を受賞します。翌 91 年にソ連邦は崩壊し，彼は辞任します。

We live in a new world. The Cold War has ended, and the arms race has stopped.　（ロシア語の英訳版）

「私たちは新しい世界に生きているのです。冷戦は終結し，軍拡競争は終わったのです」。ソ連を盟主とする陣営とアメリカを盟主とする陣営の核・軍拡競争はゴルバチョフの呼びかけで終結を迎えます。アメリカ大統領との粘り強い話し合いのあとに合意にこぎつけたのです。「ああ，本当によかった。緊張にさいなまれることもないし，平和がやって来たのだ」という安堵の気持ちが感じられるような気がしませんか。

例題 ANSWER

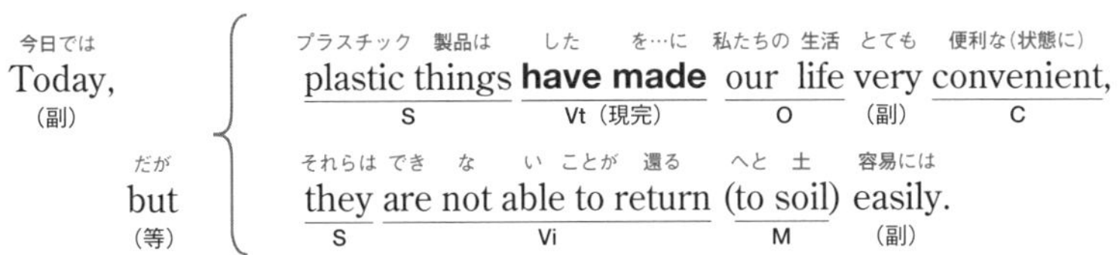

but の前で「（現在）生活が便利である」ことがわかります。〈be able toⓋ〉は厳密には be（Vi）+ able（C）で toⓋが able を修飾しているのですが，煩雑さを避け，〈be able toⓋ〉で 1 つの V 扱いにしました。

《全文訳》 今日では，プラスチック製品のおかげで私たちの生活はとても便利になっている。だが，そうした製品は容易には土に還ることはない。

【語句】**convenient** 形 便利な／ **soil** 名 土，土壌

14 例題 〈A and B〉はBからチェック。指を使え。

●次の文の構造を検討し，和訳しなさい。

❶You can learn many things through communication at school **and** in your daily life. ❷That's very important.　（埼玉県公立高校入試）

位(くらい)が等しい語(群)をつなぐのが等位接続詞

and / but / or /nor は等位接続詞と呼ばれますが，「位（くらい）」とは「序列の中での位置」という意味の「位」です。文を形成する上での語（群）を「位（＝格）」で分け，「格づけ」してその重要度順に並べると，❶語のカタマリの点では「文→節→句→語」，❷品詞なら「（代）名詞→動詞→形容詞→副詞→前置詞→接続詞」，❸文の要素の点では「S→V→C→O〈前置詞のO〉→M」となります。

文を構成する上で，❶〜❸に該当する「同じ資格」を持つ語（群）同士をつなぐのが等位接続詞で，その代表がandです。さて具体例で検討しましょう。

(a) Soseki（漱石） studied in London and wrote many novels（小説） in Japan.

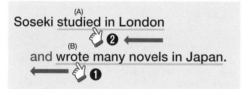

andが結ぶ「最少語数」の単位は何でしょう？　まずは上記❷❸の角度から考えます。andの直前は名詞Londonで，前置詞inのOです。それに対し直後はwrote。動詞writeの過去形ですから，述語動詞は過去時制です。Londonとwroteは「同じ資格」でしょうか？　否ですね。andの前後を縦に並べます。**対応する表現**はstudied(A)とwrote(B)です。目に入る順番は(A) ➡ (B)ですがandが結ぶものを確認する方法は「指でandのあとの語（群）を押さえてから指を前に(B) ➡ (A)と移動して，それと同資格の語（群）を探りあてる」のがベストです。

Soseki studied(A) in London
❷ ←
and wrote(B) many novels in Japan.
← ❶

その際，Soseki studied... and then wrote.... のように〈A and M B〉の形でBの前にM＝副詞（句／節）が割り込むことがあります。そのときはMを無視してBをキャッチ。BがなければMがBに相当しますので，指で**前に対応するM**を探します。

and / but / or は多くの場合，共通関係を作る

and / but / or によってつながれる**語（群）同士は同一**，すなわち**共通の品詞・文の要素**と関係して，文や文の一部を構成します。

(b) He(X) writes(A) and sings(B) songs(Y).

例文(b)を見てください。XがA / Bの前に位置するときは，見た目には〈XA + B〉ですがX(A + B)，YがA /Bのあとに位

置するときは〈A + BY〉のように見えますが(A + B)Y，**(b)** の文の文構成上は2つを合わせた **X**(A + B)**Y** の関係になります。これらの関係を立体的に表したのが次の図です。

```
❶      A      ❷ A        ❸   A
  X {  +          + } Y    X{ + }Y
       B          B          B
```

〈**XABY**〉が❶❷❸の関係の場合,「**A / B** は **X / Y** に対して**共通の関係に立つ**」と言い，**X / Y** を **A / B** の**共通語**と呼びます。

(c) I can read and speak English.

では **(c)** の文で練習しましょう。共通関係をものにしてしまうと，この文で and が結ぶのはあっさりと〈read と speak〉と答えたくなります。その場合，read が can にぴったり寄り添っていますから，read は助動詞 can と結合する動詞の原形です。ならば構文上，**speak も動詞の原形**と考えたいところ。述語動詞の**共通語**は **can** です。もしも can が共通語でなく，〈can read〉 + 〈speak〉なら,「(字を) 読むことができ，そして（英語）を話す」という解釈で，意味の流れが不自然です。

さて speak と English の関係はどうでしょう？ Vt（原形）と O なのは明白。

```
           read (A)
can (X) {     +     } English (Y)
          speak (B)
```

ここで共通関係を適用して read も Vt（原形）と理解するのが妥当です。O である **English** もまた**共通語**です。

例題 ANSWER

第1文には前置詞句が3つあります。and がつなぐものは at school と in your daily life。life は名詞で，その役割は？ life を in と切り離さないことが大事です。前置詞 in の O で in と一緒に前置詞句を作ります。同様に and の直前に同質の語(群) つまり at school を捕まえます。2つの前置詞句の修飾先は **can learn** で，これが**共通語（句）**です。**You** とは「特定の聞き手」のことではなく「**一般の人々**」と広くとらえましょう。**第2文**の That は第1文全体を指しています。

❶ You (S: 人は) can learn (Vt: できる を知る) many things (O: 多くの 事柄) (through communication) (M: によって 意思疎通) { (at school) (M: において 学校) **and** (等: および) (in your daily life) (M: において 人の 日常 生活). }

《全文訳》 学校や日常生活で意思疎通を図ることで多くのことを知ることができる。それはとても重要だ。

【語句】**through** 前 を通して，によって／ **communication** 名 意思疎通，情報伝達

15 例題 等位接続詞は同じ要素をつなぐのが原則

●次の文の構造を検討し，和訳しなさい。

❶ On my way home I passed the little shop again. ❷ He was there, **and** still working. ❸ He saw me, and to my surprise he waved and smiled. ❹ This was the first day of our friendship.　（東京学芸大付属高校）

and/but/or の直後の語（群）をマーク

等位接続詞 and / but / or の直後の語（群）と文法上・文構造上「同資格」の語（群）に目をつけるのが第一段階。次は副詞（句／節）の有無を吟味するのでした（→ 14 課）。その際「**どういう資格**」で結ばれているのかを，共通語（句）をにらみながらしっかり考えてかかることが大事です。

ここで文の主要素をめぐる共通関係の主なパターンを挙げておきましょう。「等位接続詞の代表」and を例にします。

*「{」または「}」が and に相当

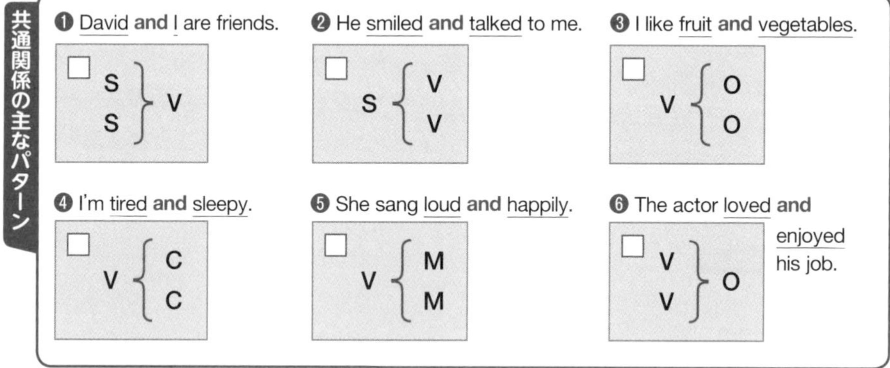

以上が頻出パターンです。これらを頭に入れておくと構造把握が速くなります。もちろん，2つの前置詞が名詞（前置詞の目的語）を共通語にする共通関係，形容詞（的な語句）による名詞の修飾まで含めるとさらにパターンは増えます。

例題 ANSWER

❶ (On my way) home I passed the little shop again.

（(に) 私の 通り道 = M／家への = home（副）／私は = I (S)／を通り過ぎた = passed (Vt)／例の 小さな 店 = the little shop (O)／再び = again（副））

第１文の home は直前の way を修飾しています。

第２文の there は副詞です。and の直後の still と there が was を共通語にしているようにも見えます。He was there. / He was still でしょうか？　その場合，後者は「彼はじっとしていた」の意味になり，動詞と結合する still は形容詞ですから，〈was +

still（形）＋ working〉となり，working の働きが不明です。

どうやら still は形容詞ではなく，共通関係の邪魔をする**副詞**と見当がつきます。次の❶の構造が成り立つとすれば，❷の構造ということになります。

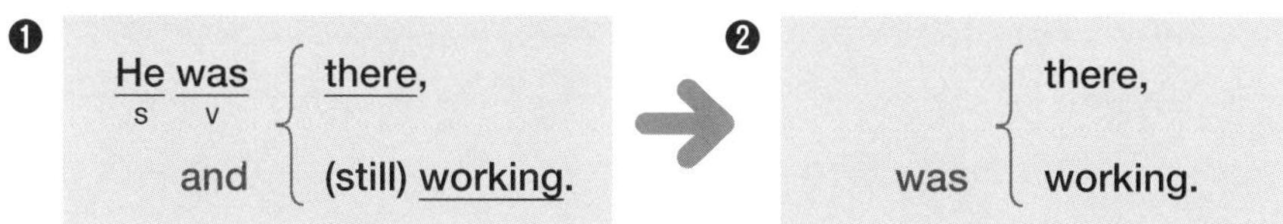

鍵となるのは，**was** のようです。be 動詞は（本）動詞（→２・８課）と助動詞（→７課）の２つの機能を持ち合わせていましたね。be 動詞は特殊な「二重性格の」動詞です。本課の表題は「等位接続詞は同じ要素をつなぐのが原則」。ここではどのような「原則」が働いているのでしょうか。

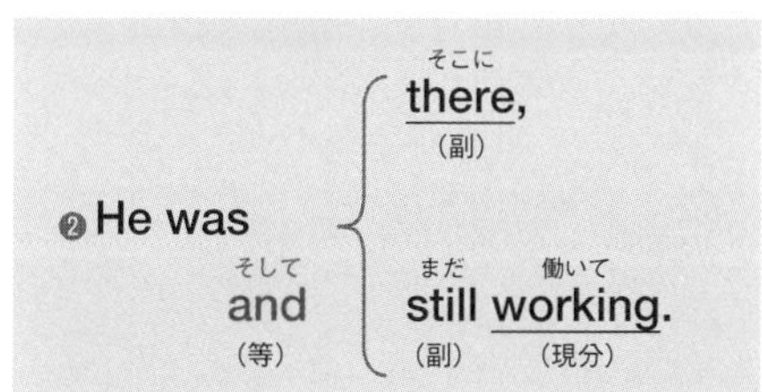

be 動詞は M（時・場所）と結合します（→８課）。また，**現在分詞と結合して進行形**を構成します（→７課）。これが共通語 was をめぐる共通関係の原則です。

第３文では，and のあとが「節→句→語」のどれか，また品詞や文の要素を確認しましょう。and の直後は前置詞句が待機しています。たぶん，副詞的でしょう。

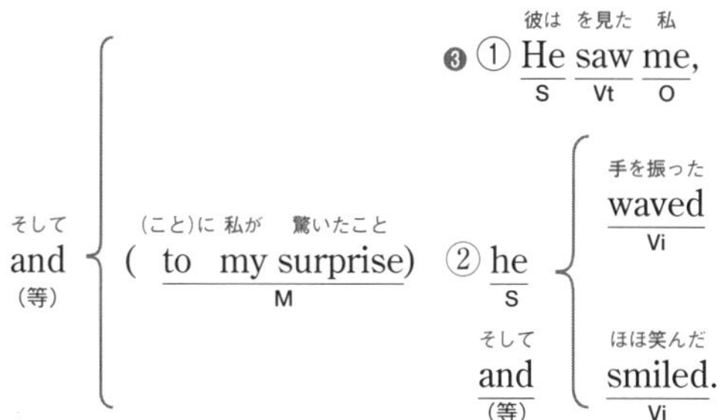

〈to my surprise〉の to は「結果の to」で「私が驚いたことに」。

《全文訳》 帰り道，私は例の小さな店を通りかかった。彼はそこにいてまだ働いていた。彼は私のほうを見て，驚いたことに，彼は手を振ってにっこり笑った。これが私たちが友だちになった最初の日のことだった。

【語句】 **way** 名（行く）道／ **still** 副 まだ／ **to one's surprise** 〜が驚いたことに／ **friendship** 名 友情，交友関係

第1部

英文解釈の技術60

標準編

1文を構成する文の要素や役割がわかったところで，節を含んだ文の構造理解に進みましょう。関係詞節も登場します。それぞれの節の働きに注目してください。動名詞や不定詞などの準動詞，文中で省略される要素や場合についても学びます。

16 等位接続詞so/forは文／節をつなぐ

例題

●次の文の構造を検討し，和訳しなさい。

❶ I met him first on a summer day in 1936. ❷ I ran into his poor little shop because the heels of my shoes needed to be repaired. ❸ It didn't seem a difficult job, **so** I waited while he did it. （東京学芸大附属高校）

〈and/so/for ＋ SVX〉は従属節ではない

14 課で学んだ等位接続詞〈and / but...〉と異なり，**〈so / for...〉が語・句をつなぐことはありません**。ただし，機能上は and と共通点があります。その共通点について，and と比較して確認しましょう。

(a) She liked the German-made car and she has bought it.

彼女はドイツ製の車が好きで，それを買いました。

and の前後が等位節です。下線部は主従の関係にはなく，対等です。**接続詞**は次の下線部 B のように，**後続の節〈SVX〉とカタマル**のがルールです。このルールは等位接続詞にも従属接続詞にも適用されます。

(b) She liked the German-made car and she has bought it.
A B

この下線部 B は，名詞・副詞・形容詞という**品詞の性格を持っていないので従属節ではありません**。従属節は必ず品詞の性格を持ちます（→ 18 課）。

〈等＋ SVX〉は文として独立できる

(a) の文〈**SVX and SVX**〉を 2 つに分離すると，**(b)** の文の**下線部 B**，〈**and SVX**〉**が独立**します。

(c) She liked the German-made car. And she has bought it.
A B

一方，**従属節**（例：I will come if it is fine. の下線部→ 18 課）は **1 つの品詞に相当する節**で，文を構成する「部品」のようなものですから，**独立文にはなれません**。この点が等位接続詞と従属接続詞との大きな違いです。この項目で and について述べたことは〈so / for...〉にも当てはまります。

so/for は等位節・文のみをつなぐ

so は副詞として多用されますが，ここでは**接続詞**に限定して取り上げます。機能的には上記の and と同じです。意味は「**それで，その結果**」です。

(d) I had a fever, so I went to the doctor.

熱があった，それで（→あったので）医者に行った。

さて **for の意味に触れましょう**。従属接続詞の〈**because- 節**〉が主節に対して**直接的・明白**に「原因・理由」を述べるのに対して，〈**for**〉を使用すると**付加的かつ補足的**に「理由・判断の根拠」が述べられます。先行の等位節（文）との関係は当然ながら「疎遠」です。for を削除して後続の等位節を文として独立させても，趣旨は変わりません。例を挙げましょう。

(e) I didn't go out because it rained.	雨が降ったので出かけなかった。
(f) I didn't go out, for it rained.	出かけなかった，というのは雨が降ったから。
(g) It rained last night, for the road is wet.	昨夜雨が降った，というのは道路が濡れている（から）。

(e) と **(f)** では雰囲気が違いますが，〈because- 節〉も〈for ～〉も理由を述べています。一方 **(g)** の場合は for を because と入れ替えできません。〈for ～〉が理由ではなく「先行する等位節に対する判断の根拠」を述べているからです。〈for ～〉は「**というのは～だから**」と和訳するのが無難です。

> **because :**
> ～なので，～だから
>
> **for :**
> というのは～だから

例題 ANSWER

私は　に立ち寄った　彼の　みすぼらしい　小さな　店

❷ I (S) ran into (Vt) his poor little shop (O)

～なので　ヒール　の　私の　靴　が必要だった　ること　修理され

[because (接) the heels (of my shoes) (S) needed (Vt) (to be repaired) (O（不）（受）)].

第２文の because は従属接続詞で理由を示します（→ 18・20 課）。to be... は〈to ＋動詞の原形〉（不定詞）ですが，これは 34 課で詳しく学習します。Ⓥ部分が〈be ＋ 過分 〉になっているのを見落とさないようにしましょう。

それは　なかった　に思え　困難な　仕事　それで　私は　待った　間に　彼が　をする　それ

❸ It (S) didn't seem (Vi) a difficult job, (C) **so** (等) I (S) waited (Vi) [while (接) he (S) did (Vt) it (O)].

第３文の It「それは」と文尾の〈did it〉が指す内容は，文脈から判断します。「私の靴のヒールの修理」ですね。〈did it〉は直接的には〈did the job〉ですが，〈repaired the heels of my shoes〉なのは明白です。

《全文訳》 私は 1936 年のある夏の日に，初めて彼と出会った。私の靴のヒールを修理してもらう必要があって，私は彼のみすぼらしくちっぽけな店に立ち寄ったのだった。作業は難しいものには思えなかったので，彼が修理してくれている間，私は待った。

【語句】**run into** Vt に立ち寄る／ **heel** 名 靴のヒール（部分）／ **repair** Vt を修理する

17 例題 notとセットのbutを見抜け

●次の文の構造を検討し，和訳しなさい。

❶ Put a mirror in front of your dog. ❷ He may not look at it twice. ❸ He sees a dog in front of him, but he doesn't smell another dog. ❹ He can smell better than he can see, so he will believe his nose, **not** his eyes. （東京学芸大附属高校）

butが「しかし」になる条件は前後の対立

最初に **but** が「しかし」の意味を持つ例文から見ていきましょう。

(a) He is old but (he is) strong. ｜ 彼は年をとっているけれど体力がある。

but が「しかし」の意味を持つのは，but の前後の意味が対立するときです。**(a)** の文では but の前後の意味が old「老いて」と strong「体力がある」で，対立しています。

次に〈**not A but B**〉の形で，**but** の意味が「**しかし**」の文を検討しましょう。

(b) He is not young but (he is) strong. ｜ 彼は若くはないけれど体力がある。

but の前後は young と strong。この２語は意味の点で「若いかつ体力がある」「若いから体力がある」，つまり〈young and strong〉が成立します。

not と but が連動→ but は「(～では)なくて／むしろ」の意味

これに対して等位接続詞 but が「しかし」の意味ではないときがあります。つまり〈**not A but B**〉の形が**連動してセットになるとき**があるのです。その場合は「A と B は意味の上で関連がないこと」，つまり「**A と B は別関係か対立関係**」になります。次の文で確認しましょう。

(c) He did not help me,(but) rather hindered me.

彼は手伝うどころか，むしろ私の邪魔をした。

〈**not A but B**〉の A が〈help Vt〉「を手伝う」，B が〈hinder Vt〉「の邪魔をする」ですから，A と B は「**(無関係どころか）逆に，むしろ**」の気持ちです。but は副詞の rather「むしろ」に近い意味ですが，ここでは「それどころか，とんでもないことに」という気持ちを出すために rather が前面に出ています。

さて，〈**not A but B**〉を含む次の一文を読みましょう。

I am asking you to believe not in my ability to bring about change but in yours. （米国大統領オバマ（Obama）氏の退任演説）

文構造を図解すると以下のようになります。

I am asking you (to believe **not** (in my ability) (to bring about change) **but** in yours)).

S Vt(進) O C→(不)(Vi)(否) ... (不)(Vt) O

〈not A but B〉の A = in my ability to..., B = in yours で **but の前後を対比**すると，yours = your ability to... と読みとれます。ability の形容詞形は able なので，〈my / your ability to...〉→〈I am able / you are able to...〉と読み込みます。この場合の〈not A but B〉の〈A / B〉は，「私が能力を持っていること」と「あなた方が能力を持っていること」という**別関係**です。

訳は「私は皆さんに，私の変化をもたらす能力ではなく，皆さんがそうする力を持っているということを信じるようにお願いしているのです」。オバマ氏は涙をぬぐいながら退任演説を終えるのです。

例題 ANSWER

❶ Put a mirror (in front of your dog).
V O M
第1文は命令文。in front of で1つの前置詞(群前置詞)として扱います。
❷ He may not look at it twice.
S Vt(否) O M
第2文の may は助動詞(→10課)です。
❸ He sees a dog (in front of him),
S Vt O M
but (等)
he doesn't smell another dog.
S Vt(否) O
第3文の but は等位節をつないでいます。
❹ He can smell better [than he can see],
S Vi M (接) S Vi
so (等)
he will believe his nose,
S Vt O
not (否) his eyes.
O
第4文の will は「習性」を表します。

最終行にあるような，つけ足す感じの not ... は，**〈not A but B〉の変形タイプ**で〈**B, (and) not A**〉のようになることもあります。

《全文訳》 犬の前に鏡をかざしてみなさい。彼はそれを詳しく調べることはないかもしれない。彼は目の前に一頭の犬を目にするが，その犬のにおいをかぐことはしない。彼は視力よりも嗅覚のほうが優れている。だから彼は目ではなく鼻を信じるものなのである。

【語句】**in front of** 群前 の前に／ **look at** Vt 詳しく調べる／ **smell** Vt (の) においをかぐ

18 例題 従属節の範囲を決め，文の要素を決定せよ

●次の文の構造を検討し，和訳しなさい。

❶ Long ago, people thought **that** their souls jumped out of their bodies **when** they sneezed. ❷ They said, “Bless you,” **because** they wanted the souls to return to their bodies. ❸ Now we don't think so, but we still say, “Bless you.”

（秋田県公立高校入試）

〈従属接続詞＋ SVX〉は名詞・副詞の役をする

この課では従属接続詞が導く従属節について検討しましょう。**従属節**とは if, when, because などの従属接続詞（接）が節〈SVX〉の頭になって［接 SVX］のカタマリになった節 (= (A)) のことです。従属節は 1 つの品詞（だいたいは名詞か副詞）に相当する節ですから，文として独立できず，ほかの節〈SVX〉(= (B)) に連結され，その支配下に入ります。この従属節を抱え込む節が主節です。では左の図を参考に，次の 2 つの独立した文 (A)(B) を 接 if でつないでみましょう。

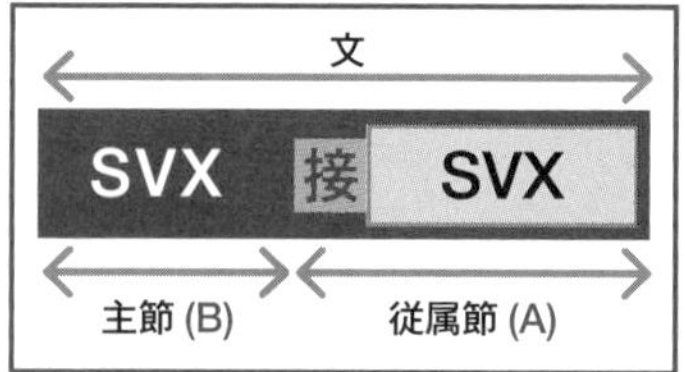

(A) It is fine.

(B) I will come.

(A) の頭に 接 if をつけると [if it is fine] がカタマリになり，次の❶か❷どちらかになります。

❶ I will come 「行くよ」
[if it is fine] 「天気がよければ」
▶ I will come [if it is fine].
もし晴れていれば行くよ。

❷ I will come
[if it is fine]
▶ [If it is fine] I will come.

6 課で前置詞を「蜘蛛（クモ）」に例えましたが，ここでも 接 if が蜘蛛，(A) It is fine. を獲物とイメージしてください。if / If は (A) の文を糸でからめ取って [if it is fine] というカタマリになり，(B) の節にドッキングします。(B) は名詞的な要素（S・O・C）を必要としませんから [if it is fine] は名詞節ではなく**副詞節**です。

文頭の 接 の支配範囲は離れた S の前。従属節は［　］でくくれ

前項で取り上げた従属節は副詞節でした。頻出する等位接続詞の主なものは 14 課で取り上げた内容で十分です。あとの接続詞はほとんどが従属接続詞です。**if, that, whether** で始まる節は**名詞節か副詞節**になるので，従属節を［　］でくくり，文型を判別しなければなりません。前項の❶❷の分析をしましょう。

❶ I will come if it is fine.

➡ if から fine までを [ ] でくくりましょう。➡ I will come [if it is fine].

❷ If it is fine I will come.

➡ If の支配範囲は？ C である fine が主要素として I とかかわることはなく，ましてや I を修飾することはありえません。これは英語のルールです（→ 5 課）。If から fine までを [ ] でくくります。➡ [If it is fine] I will come.

❷のように副詞節が文頭に置かれたときに，主節の前にカンマを打つこともあります。カンマがないときは 接 から離れた S をマーク。(その) 直前が切れ目です。

例題 ANSWER

❶ (Long ago), people thought [**that** their souls jumped (out of their bodies) [**when** they sneezed]].

- Long ago（ずっと 前）: M
- people（人々は）: S
- thought（を思った）: Vt
- that（～ということ）: (接)
- their souls（自分の 魂が）: S
- jumped（飛ぶ）: Vi
- out of their bodies（外へ から 自分の 身体）: M
- when（～のとき）: (接)
- they（彼らが）: S
- sneezed（くしゃみをする）: Vi

when- 節は jumped を修飾する副詞節ととるのが意味からも妥当。

第 1 文の that- 節は thought の O ですから名詞節で，左の図のように副詞的 when- 節（→ 20 課）を抱え込んでいます。

❷ They said, "Bless you," [**because** they wanted the souls (to return (to their bodies))].

- They（彼らは）: S
- said（と言った）: Vt
- Bless（(神の) 加護が～にありますように）: O → Ⓥ
- you（あなた）: O
- because（～なので）: (接)
- they（彼らは）: S
- wanted（を望んだ）: Vt
- the souls（魂が）: O
- to return（こと 戻る）: C → (不) (Vi)
- to their bodies（に 彼らの 身体）: M

第 2 文 because- 節は副詞節で，said を修飾。want の文型（→ 11 課）は〈SVOC〉で，「魂が戻ることを望んだ」となりますね。"(God) Bless you," の bless は原形で仮定法現在。文字どおりは「神があなたにご加護を与えてくださいますように」です。くしゃみ（sneeze）をした人に対しては「お大事に」の意味になります。

❸ Now we don't think so, but we still say, "Bless you."

- Now（今日では）: (副)
- we（私たちは）: S
- don't think（いない と思って）: Vt (否)
- so（そう）: O
- but（しかし）: (等)
- we（私たちは）: S
- still（まだ）: (副)
- say（と言う）: Vt
- "Bless you."（お大事に）: O → Ⓥ O

第 3 文の so は第 1 文の that- 節と対応させて，その代用と捉えます。so は副詞ですが代名詞に転用されています。

《全文訳》 ずっと昔，人々はくしゃみをすると自分の魂が身体から飛び出ると考えた。彼らは「お大事に」と言った。それは魂がくしゃみをした人々の身体に戻ってほしかったからだ。今日ではそうは考えないが，依然として「お大事に」と言う。

【語句】soul 名 魂／out of 群前 から外へ

19 例題 名詞節は削除不可

●次の文の構造を検討し，和訳しなさい。

Scientists believe **that** around 50 million years ago Antarctica was warm, **that** it was covered in rainforest, and **that** many different kinds of animals lived there. （青山学院高等部）

V [that SVX] → V は Vt, that- 節は名詞節

❶ V が Vi か Vt の判別基準は that- 節の削除可否

実は **think** は **Vi / Vt** の場合があります。次の文で検討しましょう。

(a) I think that now is the time for action. ｜ 私は今が行動のときだと考える。

think が **Vi** なら that- 節は名詞節ではなく**副詞節**です。**that- 節が副詞節なら削除できるはず**。削除しましょう。―― 残るのは “I think.” だけ。「我考える」だけでは，文型は成立してもメッセージにはなりません。

結論です。**(a)** のように**削除できない that- 節は名詞節**で，その直前の V はまず Vt と思って読み進むこと。**(a)** は「私は，今が行動する時だと思う→今こそ行動の時だと考えます」。〈V [that SVX]〉は〈Vt + O〉の確率が高いのです。

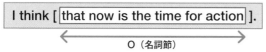

I think [that now is the time for action].
O（名詞節）

ここで **(a)** のように**名詞節を抱えた文の構造**を確認しておきましょう。

外枠が主節。that- 節を O としてかかえ込んで，独立した文になっています。

❷副詞的 that- 節は削除可。和訳では that- 節の内容重視。

(b) I am glad (that) you are happy. ｜ 私はあなたが幸せなことをうれしく思います。

❶のルールを適応すると，**(b)** のような〈be + 形 [that SVX].〉タイプの that- 節は副詞節に分類できますが，**that- 節の内容は伝えたい事実の場合が多い**ので，削除すると「炭酸の抜けた炭酸飲料」のようになってしまいます。「副詞節」と分類して「～（な）ので」と訳を絞り込むのは解釈上，得策ではありません。本書では名詞節のように和訳します。なお，このタイプでの that はよく省略されます。

文頭の If- 節は副詞節，Whether- 節は判別が必要

ルール上，文頭の [If SVX] が S になることはありませんから，**If** を見つけたら「あっ，**副詞節**の始まりだ」と決めてかかって構いません。

また if- 節が中途にある場合は，Vt（**(c)** では wonder）の O になることがあります。

(c) I wonder [if the explorer is still alive].	その探検家がまだ生きているかどうかと思う。

さて Whether- 節です。**文頭の Whether- 節**が名詞節か副詞節かは即座には判別できませんが，以下のことがめやすになります。

> ❶**副詞節**の直後には**カンマ**がある場合が多い。
> ❷**名詞節**の場合，**Whether- 節の範囲を確定**すればよい。

例文を見てください。

(d) [Whether you come or not], I will come.	君が行こうが行くまいが，私は行くよ。
(e) [Whether you will come (or not)] is important.	君が来るかどうかは重要だ。

(d) は〈 Whether A or B〉で「A であろうと B であろうと～」を表す「譲歩」の表現です。**譲歩の副詞節**では未来の内容を**現在時制**で表します。全体は〈 Whether SVX, SVX. 〉のパターンです。また **(e)** では come と is，not と is はつながりません。**is の前が切れ目**で，**[ ]** 内の Whether- 節が S で**名詞節**。節中で V に**未来を表す will** が使われています。

どのようなケースでも，V や前置詞との関係で**従属節の範囲を確定**し，S / O / C いずれの機能を持たされているかを見きわめることが大事です。

例題 ANSWER

3つの that- 節の把握はサラリとできますね。

科学者たちは Scientists (S) を信じている believe (Vt)
- ということ [**that** (節) 約 50 百万 年 前 (around 50 million years ago) (M) 南極大陸が Antarctica (S) であった was (Vi) 温暖 warm (C)],
- ということ [**that** (節) それが it (S) いた 覆われて was covered (V (受)) で 熱帯雨林 (in rainforest) (M)],
- そして and (等) ということ [**that** (節) 多くの 異なる 種類が many different kinds (S) からなる 動物 (of animals) (M) 生息していた lived (Vi) そこに there (副)].

3つの that- 節は削除不可な名詞節。50 million とは，50 × 100 万で五千万のことです。助動詞としての was と 過分 covered で受動態を形成します（→ 7 課）。また〈kinds of ～〉の訳は，「種類の～」と訳を工夫します（→ 8・9 課）。

> **《全文訳》** 科学者たちは，約五千万年前には南極が温暖で熱帯雨林に覆われ，多くのさまざまな種類の動物が生息していた，と信じている。
>
> 【語句】**around** 副 約，およそ／**Antarctica** 名 南極大陸／**rainforest** 名 熱帯雨林

20 例題 副詞節は削除可，意味もいろいろ

●次の文の構造を検討し，和訳しなさい。

When we go to the library, we read books, search for and share information and have a discussion with others.（東京都立進学重視型単位制）

頻出の副詞節は時・条件・原因／理由

副詞節で多いのは❶**時**（→ 18 課），❷**条件**（→ 18 課），❸**原因／理由**（→ 18 課）・**程度／結果**（→ 25 課）・**目的**・**譲歩**（→ 19 課）を表すものです。本課では❶～❸での**留意点**をいくつか取り上げます。

副詞的 when- 節／ before- 節の訳語の吟味

副詞的 when- 節，before- 節は削除しても文が成立します。ここでは**時間関係**や**事実関係**に注目して，例文の訳語を検討していきましょう。

(a) We were having dinner(,) when the phone rang.

「電話が鳴ったとき，私たちは夕食をとっていた」という解釈も成り立ちますが，when → and then と読み換え，英語の流れどおり左から右へ，「私たちが食事をしていると，電話が鳴った」とするとすんなり頭に入ります。

(b) He came before she came.

直訳すると「彼女が来る前に彼が来た」と訳せますが，通常の日本語訳では「彼女が来ないうちに彼が来た」，時間関係を重視すると，**(a)** と同様に「彼が来てから彼女が来た」ともできます。

(c) You must think carefully before you act.

直訳では「あなたは行動する前によく考えなければならない」ですが，think と act の時間関係を考えると「あなたはよく考えてから行動しなければならない」，事実関係を重視すると「あなたは行動するには（行動するためには）よく考えなければならない」となります。

where- 節が副詞節なら where は接

接where が頭になって [where SVX] のカタマリになると副詞の役割をする従属節，すなわち**副詞節**になります。例文です。

(d) There is no armed clash where people believe in democracy.

(e) Where there's a will, there's a way. （ことわざ）

(d) の armed clash は「武力衝突」です。**where- 節を削除しても文が成立**します。

訳すと「人々が民主主義の価値を信じているところでは武力衝突はない」。

(e) は「意志あるところに道がある」，つまり「精神一倒何事か成らざらん」ということわざです。「ところ」とは「場所」ではなく「**場合**」の意味です。

because- 節の前に not，要注意

次の例文では，because の前にカンマを打って，主節と because- 節を切り離すと意味不明（「山は価値がない，なぜならば高いからだ（!?）」）になります。

(f) A mountain is not valuable because it is high.

この文は切り離さないで，次の構造で捉えます。

➡ A mountain is not 〈valuable [because it is high]〉.

「山は〈高いから価値がある〉のではない（ほかの理由による）」ということです。声に出すときは valuable と because をつないで「波に乗るような」上昇調です。そのあとは下降調にし，high で少し上昇調にします。

(g) A mountain is not valuable because it is high but because it has trees.

(g) は **(f)** に but 以下を追加した文です。この場合は次の **(h)** のように，not を最初の because の前に移動すると文構造がわかりやすくなります（→ 17 課）。

➡ **(h)** A mountain is valuable not because it is high but because it has trees.

「山は高いからではなく木があるから価値があるのだ」。

例題 ANSWER

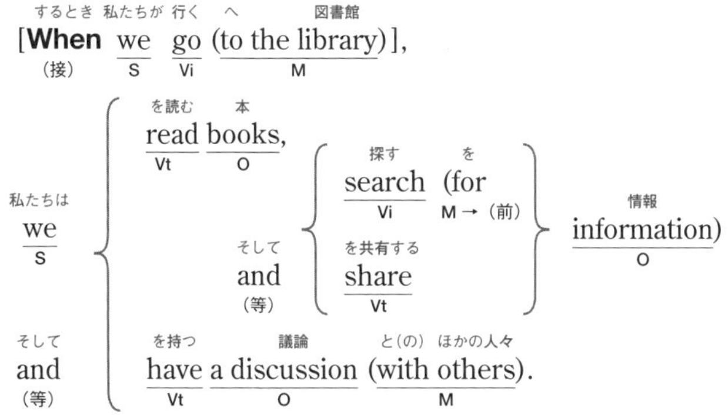

[When（接） we（S） go（Vi） (to the library)（M）],
（するとき 私たちが 行く へ 図書館）

we（S）（私たちは）
{ read（Vt） books（O）,（を読む 本）
  { search（Vi） (for（M →（前））（探す を）
    and（等）（そして）
    share（Vt）（を共有する） } information)（O）（情報）
and（等）（そして）
  have（Vt） a discussion（O） (with others)（M）.（を持つ 議論 と（の） ほかの人々） }

主節にある 2 つの and がつなぐものとカンマの使い方にも気をとめます。〈read + (search + share) + have〉の関係です。information が for と share の O であることを突きとめると全体像が見えてきます。

《全文訳》 図書館へ行くと，私たちは本を読み，情報を探して共有し，ほかの人々と議論をします。

【語句】**search for N** 「N」を探す／**share** Vt を分かち合う

21 例題 wh-節／if-節は削除不可なら名詞節

●次の文の構造を検討し，和訳しなさい。

❶ When you pass through the door, look quickly behind you to see **if** anyone is following. ❷ If there is someone following, keep your hand on the door until the other person reaches it.　（桐蔭学園高校）

間接疑問は[疑問詞 (S) V]の名詞節

“Who is he?”「彼は誰ですか」のような**直接疑問**を［who he is］「彼は誰なのか」という**間接疑問**にして**ほかの文や節の要素の一部**(例えばS·O·C)として組み込むと，**名詞の働きをする従属節**，すなわち**名詞節**となります。ここでは **(a) Who is he?** をもとに，直接疑問を間接疑問にする手順を確認しましょう。

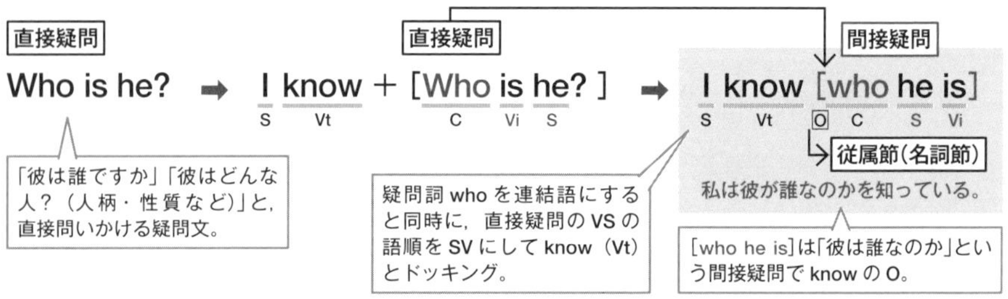

間接疑問を含む文をもう１つ検討しましょう。**(b) I think that he is Tom.**（私は彼をトムだと思う）をもとに，Tom を尋ねる文（あなたは彼が誰だと思いますか）を作るプロセスです。**間接疑問**の形は［疑 (S)VX］。Who wrote this book? のように疑問詞 who が主語のときだけ［疑 VX］になります。

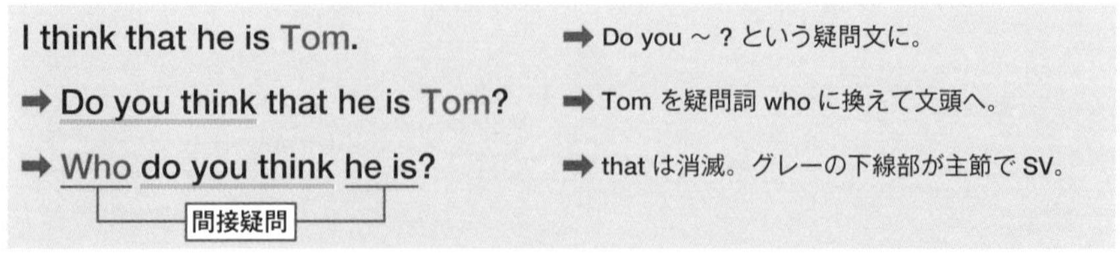

なお，“Do you think that he is Tom?” への応答は “Yes, I do.” ／ “No, I don't.” のように Yes ／ No で答えます。“Who do you think he is?” には “I think that he is Tom.” などのように答えます。(→ 19 課，22 課)。

wh- 節，削除不可なら名詞節

ここでの wh- 節とは，wh で始まる疑問詞が頭になっている節のことで，how- 節も含みます。例文で文構造を検討していきましょう。

(c) The question is [what we can do for others].

(c) の what- 節は is の C です。C がないと意味不明です。what 節は削除できません。訳は「問題は私たちが他人のために何ができるかだ」。

〈There is SP〉は〈S is P〉と一味の違い

〈**There is SP**〉と〈**S is P**〉，この２つの構文で P（述語）になるのは現在分詞・過去分詞・形容詞 etc. で，日本語訳に違いはありません。

(d) There is an east wind blowing. | **(e) An east wind is blowing.**

意味はどちらも「東風が吹いている」。違うのは雰囲気です。すぐに主語を登場させる **(e)** よりも，**(d)** のほうが聞き手に「何が」「どうなんだ」という期待や注目を持たせているため，心地よいリズムです。

例題 ANSWER

第１文では When と if が目に入りましたか？　When- 節が文頭で，節の終わりにカンマがありますから，副詞節と判定します。look には主語がなく動詞の原形なので命令を表しています。次に if- 節を削除してみると see の意味が定まりません。**削除できない名詞節**と考えると，if- 節は「**～かどうか**」で落ち着きます。

～するとき　あなたが　通る　を抜けて　ドア　見る　すばやく　の背後を　あなた
❶ [When you pass (through the door)], look quickly (behind you)
（接）　S　Vi　M　Vi　（副）　M

ために　を確かめる　かどうか　誰かが　いる　ついて来て
(to see [**if** anyone is following]).
（不）（Vt）　（O）→（接）　S　Vi

"to see..."（→ 37 課）は文法上は「目的（～するために）」を意味しますが，ここでは "look～and see..."（～を見て…を確認する）と読み替えるとわかりやすいですね。

第２文の文頭の If- 節は副詞節に決まっています。条件を表す if- 節で「誰か」を表す場合，通常は anyone が用いられますが，「その存在を」予想・期待している場合は someone を使います。If- 節内は〈**There is SP**〉構文です。

もしも～なら　いる　誰かが　あとに続いて　を置いておく　あなたの　手　に　ドア
❷ [If there is someone following], keep your hand (on the door)
（接）　（副）　Vi　S　P（現分）　Vt　O　M

～まで（唯一の）ほかの　人が　に到着する　それ
[until the other person reaches it].
（接）　S　Vt　O

《全文訳》 ドアを通るときは，さっと後ろを見て誰かあとから来ているかどうかを確かめなさい。もし誰かあとから来ているなら，その人がドアにたどり着くまでドアに手をかけていなさい。

【語句】behind 前 ～の後ろに／ **see** Vt を確かめる

22 例題 that-節，削除不可なら名詞節

●次の文の構造を検討し，和訳しなさい。

❶Many people say **that** blue, the color of the sky and the sea, calms them down. ❷They also think **that** a blue pen is good for study and memory work. ❸An experiment shows **that** people feel cool in blue light. （岡山朝日高校）

〈V / be + that- 節〉なら，that- 節は名詞節

まずは〈V / be + that- 節〉の例文を見てください。

(a) Everyone knows [that the earth moves around the sun].

(b) The trouble is [that I have a cold].

(a) の文は knows（V，実は Vt）の直後に that- 節ですから，that- 節は knows の O になる名詞節です。

和訳 (a) 誰もが地球が太陽の周りを回っていることを知っている。

もちろん that- 節を削除することはできません。

(b) で that- 節を削除すると "The trouble is." となります。それでは意味を成さないので，that- 節は削除できません。**that- 節は補語（C）となる名詞節**です。

和訳 (b) 困ったことに，風邪をひいてるんだ。

文頭の That-節は名詞節

(c) That Obama respects Lincoln is certain.

→ 切れ目

次は That- 節が文頭にある例文です。**(c)** の文を見てください。

Lincoln は respects (Vt) の O ですから，is の前が文構造上の**切れ目**です。つまり that- 節に限らず，**従属節である名詞節が S･O･C の場合，それを含む文はそれ自体が主節**でもあるのです。

以下にパターンを示します。赤の枠が名詞節，グレーの枠が主節かつ文です。

名詞節を含む文のパターン

□ ❶ 名詞節が S 名詞節 V
That John loves Yoko is certain.

❷ 名詞節が O S Vt 名詞節
I hear that John loves Yoko.

□ ❸ 名詞節が C S is 名詞節
The fact is that John loves Yoko.

❹ 名詞節が前置詞の O SVX 前 名詞節
They talked about what love is.

ここで，ノーベル平和賞を受賞したAung San Suu Kyi（アウンサンスーチー）さんの演説の一節を読みましょう。

If I am asked why I am fighting for democracy in Burma, it is because I believe that democratic institutions and practices are necessary for the guarantee of human rights.

文頭のIf-節は副詞節「もし〜なら」ですから，askedの直後の**why-節は間接疑問，つまりは名詞節**です。〈fight for N〉は「Nのために闘う→Nを獲得するために闘う」。itは文脈から“the reason (why I am...) ”と考えられます（whyはreasonを先行詞とする関係副詞→31課）。**because-節はisのCになっている名詞節**。正式には〈The reason is that SVX.〉「理由は〜であるということ」を使います。because-節中の“I believe that...”で，**that-節はbelieveのO**になっています。

和訳 もし私が，なぜビルマで民主主義を実現するために闘っているのかと尋ねられたら，それは私が民主主義的な制度と慣行が人権を保障するのに必要だと信じるからです。

例題 ANSWER

❶ Many people (S, 多くの 人々は) say (Vt, を言う) [**that** (O→(接), 〜ということ) blue (S, 青), the color (of the sky and the sea) (同格語, 色 の 空 と(等) 海), calms (Vt, を落ちつかせる) them (O, 自分たち) down (副)].

第1文のthat-節は直前のVtのOです。the color of...seaはblueの**同格語**（→50課）です。「言い換え」の表現と考えてください。calmsのSはblueですよ。
〈**calm down O**〉「Oを落ち着かせる」はcalmがVtでdownが副詞なので，Oが代名詞の場合〈**calm O down**〉となります。名詞がOならどちらも可能です。

❷ They (S, 彼らは) also (副, また) think (Vt, を考える) [**that** (O→(接), 〜ということ) a blue pen (S, 1本の青いペンが) is (Vi, いる) good (C, 適して) (for study and memory work) (には 学習 と(等) 記憶(の) 作業)].

that-節はthinkのO。

❸ An experiment (S, ある実験は) shows (Vt, を示している) [**that** (O→(接), 〜ということ) people (S, 人々が) feel (Vi, と感じる) cool (C, 涼しい) (in blue light) (M, (の中)で 青い 光)].

第3文のshows(Vt)は，that-節をOにしています。

《全文訳》 多くの人の話では，青——空と海の色——で心が落ち着く，とのことだ。そういう人たちはまた，青いペンが学習と記憶する作業に適している，と考えている。ある実験によると，人は青い光を浴びると涼しく感じるのだ。

【語句】calm down Vt を落ち着かせる

23 例題 名詞節の「和訳」は主節の時制に支配されない

●次の文の構造を検討し，和訳しなさい。

❶ Malala never stopped her campaign for equal education. ❷ The next April, in Africa, a group against equal education kidnapped more than 250 girls. ❸ Three months later, Malala stood up for those kidnapped girls. ❹ She said **that** the voices of these girls and their fathers and mothers were stronger than all the weapons in the world. (秋田県公立高校入試)

心の中での時間区分を動詞の語形変化で示すのが「時制」

英文法では「話者の発話時を**現在**（＝基準時）」として，「過ぎ去った出来事」を**過去**とし，「これから先の事柄」を**未来**とします。

一方，話者の「**心の中での時間区分**」を**動詞の語形変化**で表すのが「時制」です。時計で示されるような客観的な「時間」とは異なります。

例えば，**(a) I know him very well.**（彼とはずいぶんとつき合いがあるよ）のような「心の中での現在の出来事」を表すのに，「主語の人称」に合わせて動詞の原形を変化させて現在形を作ります（ここでは “I” に合わせて “know”）。現在形の動詞は文の中で述語動詞として用いられ，「現在時制」になります。

(a) の文の**現在時制**は，「いつからいつまで」のつき合いなのかは示していませんが，過去からつき合いだし「今もつき合っている」し，これからもつき合う可能性があることを示しています。

動詞の語形変化で分類すると，英語の時制には**現在時制**と**過去時制**があります。また，**未来のことを表す**のに〈**will ＋動詞の原形**〉などを使うことがあります。

主節と従属節が過去時制なら従属節の和訳は「現在」

主節の述語動詞が**過去時制でかつ従属節が O**（＝名詞節）の場合，その**従属節**の時制は**過去時制か過去完了**になります。この現象を「**時制の一致**」と呼びます。

次の **(b)** の **know** を knew にすると **(c)** になります。**(c)** は主節の動詞が「know → knew」と変化するのに**引きずられて**，従属節の動詞が「is → **was**」と変化したもの

▶**時制の一致**

(b) I know [that the US is a big power].
↓ ↓
(c) I knew [that the US was a big power].

(b) 私はアメリカが大国だということを知っている。
(c) 私はアメリカが大国だということを知っていた。

です。いわば「**時制の引きずり**」です。その場合の和訳は **(c)** のように，**主節が過去時制**で**従属節も過去時制**なら，**従属節の和訳は「現在のこと」**として処理すると自然です。

例題 ANSWER

マララさんについては３課を参照してください。

❶ Malala (マララは, S) never (決して～ない, 否) stopped (をやめた, Vt) her campaign (彼女の運動, O) (for equal education) (獲得のための 平等な 教育, M).

第１文の (for...education) は，campaign を修飾しています。「獲得のための」とは「実現するための」ということです。

❷ The next April (翌年４月, M), (in Africa) (でアフリカ, M), a group (１集団, S) (against equal education) (に反対する平等な教育, M) kidnapped (誘拐した, Vt) more than (もっと多いより, 比) 250 girls (250 少女たち, O).

第２文の「翌年」とは2014年のことと思われます。比較級は等号（＝：ここでは250人ちょうど）を含みません。

❸ Three months later (3か月だけ(その)後, M), Malala (マララ, S) stood up (立った上へ, Vi) (for those kidnapped girls) (のために それら(の) 誘拐された 少女たち, M).

❹ She (彼女は, S) said (を言った, Vt) [that (ということ, 接) the voices (声, S) (of (の, M→) these girls (こういう少女たち) and (と) their (彼女たちの) fathers (父) and (と, 等) mothers (母)) were (である, Vi) stronger (もっと強い, C) (than all the weapons (より すべての 武器, M) (in the world) (にある 世界, M))].

第４文の主節と従属節のVはともに過去形。したがってwereは「～である」と訳します。

《全文訳》 マララは決して平等な教育を実現する運動をやめなかった。翌年４月，アフリカで教育の平等に反対する一団が 250 人超の少女を誘拐した。その３か月後，マララはその少女たちを取り戻そうと立ちあがった。彼女は，この少女たちとその父母の声は世界の武器すべてより強い，と言ったのだ。

【語句】**campaign** 名 キャンペーン，運動／**equal** 形 平等な／**kidnap** Vt を誘拐する／**weapon** 名 武器

24 例題 接続詞なく〈$S_1V(X)+S_2V(X)$〉なら，S_2 の前にthatを補う

●次の文の構造を検討し，和訳しなさい。

Now I know if each of us has a sense of responsibility and gives our pets more attention, we can reduce the number of unhappy pets.

（東京都立進学指導重点校）

文構造分析の武器は文型チェック

次の各文の主要素をチェックしましょう。

(a1) He says he will come.

(b1) I am sorry I have kept you waiting so long.

(c1) Fact is I have forgotten your name.

(a1)

He	says	he	will come.
S	Vt	S	Vi

(b1)

I	am	sorry	I	have kept	you	waiting	so long.
S	Vi	C	S	Vt(現完)	O	C(現分)	

(c1)

Fact	is	I	have forgotten	your name.
S	Vi	S	Vt（現完）	O

2つめのSの前に潜む連結語は 接 that

さて，いずれの文も２番めのＳ以降は文型も意味も整っていますね。例えば **(a1)** は “He says.” だけでは「ツブヤキ」でしかありません。意味不明です。したがって，後続の節を削除することはできません。

後続の節の前には「つなぎの語」すなわち連結語が必要ですが，**透明接着剤に変身する連結語は that のみ**。**(b1)** で sorry は形容詞，**(c1)** では is のあとに C（補語）がほしいですね（→ 22 課）。各文に that を補ってみましょう。

(a2) He says that he will come. ← that- 節は says の O。
彼は来ると言っている。

(b2) I am sorry that I have kept you waiting so long. ←「ということが申し訳ない」
長らくお待たせしてすみません。

(c2) (The) Fact is that I have forgotten your name. ←「事実は…ということ」
実は，あなたのお名前をど忘れしてしまいました。

節が２つ並んで連結語が見当たらないときは，**２つめのＳの前に that を置いて that- 節を設定**します。その that は 接（→ 19 課・22 課）か 関代・関副（→ 32・33 課）です。

例題 ANSWER

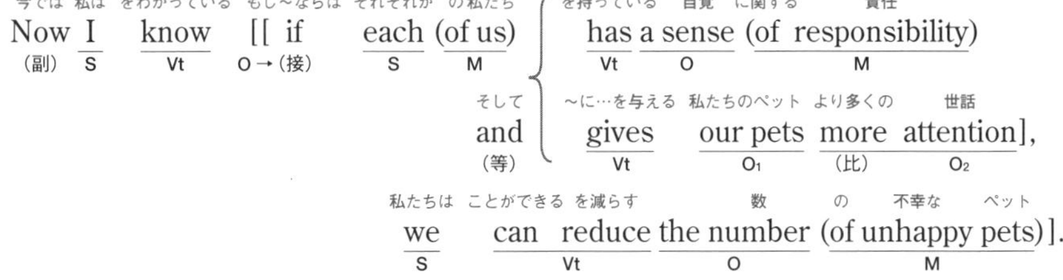

ifを見たとたん,「～かどうか」または「～ならば」と早合点してはいけません。構造を決めてから訳す,これが鉄則です。

では**ifの支配範囲**を決めましょう。responsibility,いやカンマまで？　その前に**andがつなぐのはhasとgivesだ**と押さえましょう。２つのVtはifの支配下にあります。**if-節**は**削除不可なら名詞節**で「～かどうか」,**削除可なら副詞節**で「～ならば」です。if-節を削除しましょう。削除してもwe以下に影響しません。次のような文になりました（カンマはif-節に属します)。

> **Now I know we can reduce the number (of unhappy pets).**
> I = S, know = V, we = S (↑ that), can reduce = V, the number = O

２つめのSである**weの前にthatを置いてthat-節を設定すると,that-節がknowのO**になって構造が明確な文になります。

if-節が“I know”と“we can reduce...”のどちらを主節にする副詞節かをチェックしましょう。副詞的なif-節は主節の前後に移動できます。if-節を“I know”の前に移動しましょう。

❶ Now [if each of us has... and gives...] I know, we can reduce...

knowにはOがありませんからViで,訳は「それぞれが～ならば,私はわかっている,私たちは……の数を減らせる」。……の部分の意味の流れがギクシャクしています。ギクシャクする理由は構造の理解が誤っているからです。

次にif-節をpetsの後ろに移動しましょう。

❷ we can reduce the number...pets [if each of us has...and gives...].

これだと文型も意味も問題ないです。if-節は“can reduce”を修飾しているのが構造の点からも意味の点でも明らかになりました。つまり**if-節の主節は“we can reduce...pets”**なのです。

《全文訳》 今では私は,自分たち一人一人が責任感を持って飼っているペットをもっとよく世話をすれば,私たちは不幸なペットの数を減らせることをわかっている。

【語句】**sense** 名 感覚,認識／ **responsibility** 名 責任／ **attention** 名 世話,注意／
unhappy 形 不幸な,惨めな→ un（＝ not）＋ happy（→２課）

25 例題 soとセットのthat-節は副詞節

●次の文の構造を検討し，和訳しなさい。

❶ Since the history of mankind began, we have worked very hard to make our lives better. ❷ We worked **so** hard **that** we damaged the environment without caring. ❸ Now the earth has many problems because of us.

（宮崎県公立高校入試）

〈so ～ that...〉の so は「それほど」

さっそく，例文で検討しましょう。

(a) He was so angry that he could not speak.

(b) He was so angry he could not speak.

that
透明接着剤
（→24 課）

まず **(a)** の文からです。

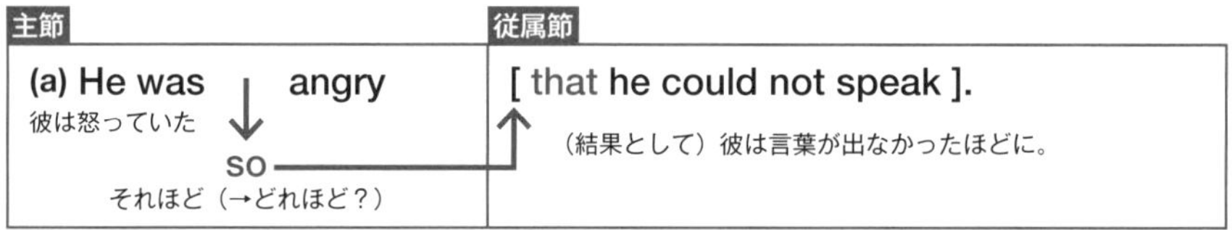
主節
従属節
(a) He was angry
彼は怒っていた
so
それほど（→どれほど？）
[that he could not speak].
（結果として）彼は言葉が出なかったほどに。

〈so + 形／副〉「それほど形／副」を目にした瞬間，「どれほど？」の意識で，後続の that- 節へと読み進むのです。**「それほど～」→「どれほど？」→「…なほど」**，これが英語ネイティブの思考過程です。

SO ～ [that SVX]

that- 節は so の内容を説明する節なので so の支配下にあります。図にすると左のようなイメージです。**(b)** では that が透明接着剤と化しています。

さて，冒頭で検討した (a) He was so angry that he could not speak. の訳を示します。「彼は言葉が出ないほど怒っていた」(程度)，「彼はとても腹を立てていたので言葉が出なかった」(**結果**)。

so を「とても」と訳すかどうかは，**that- 節の内容**によります。

(c) My father was so kind that he helped me with my homework.

この文の場合は「父は宿題を手伝ってくれるほど親切だった」です。アッサリ「父は親切にも宿題を手伝ってくれた」「父は親切で宿題を手伝ってくれた」と訳すこともできます。

以下に〈so ～ that...〉構文のポイントをまとめておきます。

〈so-that〉構文

- □ ❶ **so は「それほど」を意味する副詞**。形容詞／副詞を修飾する。
- □ ❷ **that- 節は so の支配下にある副詞節**で，so の内容「どれほどか」を説明。
- □ ❸ that は**透明化**されることがある。
- □ ❹ that 自体には**「ので」「だから」の意味はない。**

主節に否定語 →「程度」で訳すと無難

今度は主節に否定語がある場合を検討しましょう。

(d) I am not so sick that I can't work.

前項で「so は that- 節を支配している」としました。つまり I am not〈so sick [that I can't work]〉. なのです。〈　〉を先に訳して not を最後に訳すと「私は〈大変な病気なので働けない〉のではない」。**not が that- 節をも支配**することになります。「〈…働けない〉のではない」とは「働ける」です。

まとめると，「私は大した病気ではないので働ける」，「**程度**」の原則に戻ると「〈働けないほどの〉病気ではない」。「程度」を強調したのは〈**so ～ that...**〉の **so は very の意味ではない**ことを押さえてほしいからなのです。

例題 ANSWER

❶ Since（接）[～以来] the history（S）[歴史が] (of mankind)（M）[の 人類] began,（Vi）[始まった] we（S）[私たちは] have worked（Vi（現完））[きた 努力して] very（副）[とても] hard（副）[懸命に] (to（不）[ために] make（Vt）[を～にする] our lives（O）[私たちの 生活] better（C）[よりよく]).

❷ We（S）[私たちは] worked（Vi）[努力した] **so**（副）[それほど] hard（副）[懸命に] [**that**（接）[ほど] we（S）[私たちが] damaged（Vt）[を破壊した] the environment（O）[環境] (without caring)（M）[～なしに 思いやり]].

第2文を原則的に「…破壊するほど懸命に…」と訳すと，もたつく感じがするので，和訳のテクニックとしては**「程度」「結果」をミックス**しましょう。

❸ Now（副）[現在] the earth（S）[地球は] has（Vt）[を持っている] many problems（O）[多くの 問題] (because of us)（M）[が原因 で 私たち].

《全文訳》 人類の歴史が始まって以来，私たちは自分たちの生活を向上させようと実に懸命に努力してきた。私たちは懸命に努力したが，結果として無頓着に環境を破壊するほどだった。現在，地球は多くの問題を抱えているが，その原因は私たちにあるのだ。

【語句】 **history** 名 歴史／ **mankind** 名 人類／ **damage** Vt を破壊する／ **environment** 名 環境／ **caring** 名 思いやり／ **problem** 名 問題／ **because of** 群前 が原因で

26 例題 関係代名詞は別名「接着代名詞」

●次の文の構造を検討し，和訳しなさい。

❶When Jane was seven, her mother borrowed a book from the library near their house. ❷It was *The Story of Dr. Dolittle*. ❸This book is about a doctor **who** can talk to animals and **who** travels to Africa. ❹Jane liked the story so much that she read it three times before she returned it.

（東京都立進学指導重点校）

削除可の who- 節は関係詞節

who については疑問代名詞と関係代名詞しかありません。who は副詞節の頭にはなりませんから，**who で始まる節で削除可能なのは形容詞節**に決まります。例文です。

(a) I have a friend who is famous as a writer.

who- 節を削除しても “I have a friend.” で文型も意味も成立しますから，**who- 節は削除可能**。つまり**形容詞節**です。形容詞節は「形容詞の働きをする節」ですから，**名詞を修飾・説明**します。**(a)** の文で修飾の対象となる名詞で，who とは「誰のことか」と言えば，直前の friend しか見当たりません。

次に **(a)** の文の**構造理解**に入りましょう。

2語以上でカタマリ（例えば前置詞句）になる形容詞句が名詞を修飾する場合，**名詞の前に位置しない**，が英語のルール・発想です（→ 6 課 **(b)**）。つまり〈前＋名 ＋ 名〉（×）であり，〈名 ＋ 前＋名〉（○）です。関係代名詞節も後者のパターンと同じように，前にある名詞を修飾します。

では **(a)** について今までの説明を順番に整理し，さらに who を検討しましょう。

(a) I have a friend [who is famous as a writer].

❶ who- 節は**形容詞節**で，who は**関係代名詞**。who- 節は**前の名詞を修飾**する。

❷ who は前の名詞（厳密には）friend の代わりをする**代名詞**。

❸ who が代役を演じている「前の（代）名詞」を**先行詞**（先に行く詞（ことば））と言う。

❹ who は自身が先頭になっている節の S として，is 以下の述部を引き連れて**先行詞に対する接着剤**になっている，言わば接着代名詞。who を「**その人は**」と訳して**読み進む**。戻る読み方をしない。

ここで who がどのような代名詞なのか，もう一度考えましょう。実は **(a)** の a friend を代名詞 she に換えて friend のあとに並べても，次の図のように1つの英文

にならないのです（→❶）。she → who に換えることでつながります（→❷）。

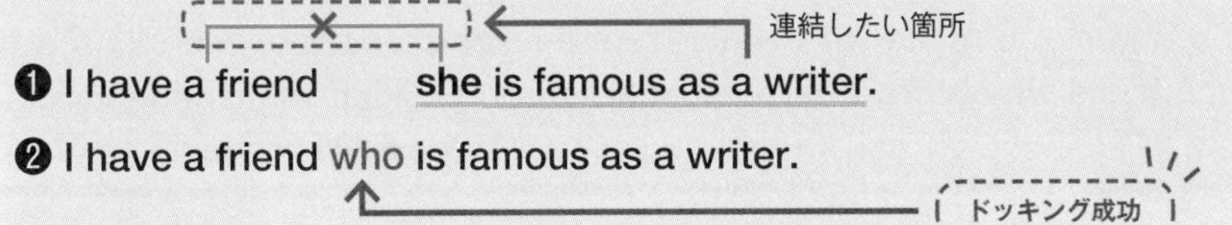

連結したい箇所
❶ I have a friend she is famous as a writer.
❷ I have a friend who is famous as a writer.
ドッキング成功

和訳の手順も示しておきましょう。

和訳の手順

❶ (a) の読みとり方は英語の語順に沿って行います。	私は１人の友人がいます〈その友人は作家として有名な〉。
⬇	⬇
❷ 和訳を要求されたら〈　〉の節部分を先行詞「友人」の前に移動します。	私は〈 その友人は 作家として有名な〉１人の友人がいます。
⬇	⬇
❶ who に該当する「その人は／その友人は」の部分を訳から抹消します。	私は〈 × 作家として有名な〉１人の友人がいます。（私は作家として有名な１人の友人がいます）

例題 ANSWER

❶ [When Jane was seven], her mother borrowed a book (from the library) (near their house).

（～のとき ジェインが であった ７歳 彼女の 母親が を借りた １冊の 本 から 図書館 の近くの彼女らの 家）

When (接) Jane S was Vi seven C her mother S borrowed Vt a book O (from the library) M (near their house) M

第１文の When- 節は副詞節。

❸ This book is (about a doctor [**who** can talk (to animals)] and [**who** travels (to Africa)]).

（この 本は である について １人の 医師 （その人は） ができる 話すこと と 動物 かつ （その人は） 旅行する へ アフリカ）

This book S is Vi (about C→ a doctor (先) [who (関代)S can talk Vi (to animals) M] and (等) [who (関代)S travels Vi (to Africa) M])

第３文の doctor を冠詞の a，および and でつながれた２つの who- 節が修飾。「doctor → who」の順で読み取ること。戻り読みはしない。

❹ Jane liked the story so much [that she read it (three times) [before she returned it]].

（ジェーンは を気に入った その 物語 それほど とても （～なほど） 彼女は を読んだ それ ３ 回 ～する前に 彼女が を返した それ）

Jane S liked Vt the story O so (副) much (副) [that (接) she S read Vt it O (three times) M [before (接) she S returned Vt it O]]

第４文の〈A before B〉は「Bの前にA」が文字どおりの意味ですが，全文訳では，時間の流れに沿って「AのあとにB」，つまり「…読んでから～を返した」にしています。もちろん「返す前に～読んだ」でも OK!

《全文訳》 ジェーンが７歳のとき，母親が家の近くの図書館から１冊の本を借りた。それは『ドリトル先生物語』だった。この本には動物と話せてアフリカに旅行する医師のことが書いてある。ジェーンはその物語がとても気に入り，３回読んでから返却するほどだった。

【語句】**borrow** Vt を借りる／**library** 名 図書館

27 例題 名詞[that / which V...]ならthat / whichはS

●次の文の構造を検討し，和訳しなさい。

❶ When you talk with people from foreign countries, you can learn some ideas **which** are different from yours. ❷ That may change your view.

（福井県公立高校入試）

限定用法は範囲を絞り込む

26 課で学んだ関係詞節は，関係詞節の前にカンマ（,）がないので，**限定用法**（または制限用法）の関係詞節と言います。この場合の「**限定する**」とはどういう意味か検討していきましょう。

(A) a car

(B) a big new red car

左の **(A)(B)** を比較しましょう。

(A) は単に「車１台」。一方 **(B)** は a の後ろに big［大／小］・new［新／旧］・red［色が（青／黒／グレー etc. でなく）赤］と特徴を並べることで，「ただの車（一般）」と区別しています。言い換えれば**「ほかの性質」を排除して３つの形容詞が個別に「特徴」を述べている**のです。

関係詞節の限定用法も，**(B)** の形容詞と同じように**「範囲」を狭める役割**を担っています。このことを頭に入れて，前の課の例文を具体的に復習しましょう。

I have a friend who is famous as a writer.

この文は who- 節で特徴を述べ，ほかの（例えば「スポーツで知られている」）友人とは**区別**して，「作家として有名な」友人を意味しているのです。

限定用法の関係詞節は構造上は削除できますが，先行詞とは意味の点で密接な関係にあるため，削除すべきではありません。この点が追加情報としての継続用法（→ 29 課。関係詞節の前にカンマがある用法）との決定的な違いです。ただし，関係詞節が限定用法であっても，その部分が長すぎて訳すと日本語として不自然な場合は，「用法」にこだわらず，「…，でその人（その～）は…」として構いません。

S［関代 ...］V をマーク

関係詞節の修飾構造を見ていきましょう。２つあります。

❶ 主節のあとに関係詞節が続く「並列タイプ」。

❷ 主節の S に関係詞節がドッキング。主節の S と V の間に関係詞節が割り込んでいる「割り込みタイプ」。関代から離れた V の前が切れ目で，関代からこの切れ目までが関係詞節。

さっそく❶❷のタイプを詳しく見ていきましょう。

(a) The love that lasts longest is the love that is never returned.

❶文頭の "The love that..." に着眼します。[that... を関係詞節の範囲のスタート地点に設定します。関代 that から離れた V(is) の前が**切れ目**ですが，その根拠は，longest が lasts「続く」の意味の Vi を修飾する副詞で，is の S にはならず，「つながらない」ことです。❷の「**割り込みタイプ**」の関係詞節ですから，[that lasts longest] とくくります。

The love [that lasts longest] is...
愛〈(それは) 最も長続きする〉 → 切れ目

❷ 2つめの the love のあとに that，その直後に is。主節の C である the love に that- 節がドッキングしていますから❶の「**並列タイプ**」です。

...the love [that is never returned]
愛〈(それは) 決して報われることがない〉

❶＋❷ **The love [that lasts longest] is the love [that is never returned].**
S　Vi　C
〈最も長続きする〉愛は〈決して報われることがない〉愛である。

例題 ANSWER

❶ [When you talk (with people) (from foreign countries)], you can learn some ideas [**which** are different (from yours)].

When（〜のとき，接）/ you（人は，S）/ talk（話す，Vi）/ (with people)（と 人々，M）/ (from foreign countries)（からの 外国の 国々，M）/ you（皆は，S）/ can learn（できる を学ぶことが，Vt）/ some ideas（(いくらかの) 考え，O）/ which（(それは)，(関代)S）/ are（いる，Vi）/ different（違って，C）/ (from yours)（とは 皆さんのもの，M）

yours = your ideas

第１文の which 以降が関係詞節で，❶の**並列タイプ**です。

❷ That may change your view.

That（そのことが，S）/ may change（かもしれない を変える，Vt）/ your view（人の 考え方，O）

第２文の That は前の文の内容を受けていますから，全文訳では副詞的に訳出しました。

may は助動詞で「かもしれない」の意味です。

《全文訳》 人は外国の人々と話すと，自分のものと違う考えを学ぶことができる。それによってその人の考え方は変わるかもしれない。

【語句】**idea** 名 考え／**view** 名 考え方

28 [that / which SV...]でO/Cが不足ならthat/whichがO

例題

●次の文の構造を検討し，和訳しなさい。

❶ Of course, in America, we're all wearing our shoes in class and eating hamburgers and other American food in a cafeteria. ❷ However, there are two customs **that** Japanese schools have and **that** American schools don't: *soji* and *nitchoku*.
（城北高校）

[関代SVX]なら関代はO / C

who・which・that は，**関係代名詞節の中でS / O / Cのどの働きをしているかを判定**すればよいのです。今度は関係代名詞が O になる場合の目のつけどころを検討しましょう。

(a) Soseki is the writer whom I like the best.

Soseki(S) is(Vi) the writer(C) [whom(O) I(S) like(Vt) the best(M（副・最上級）)].

whom から best までを[　]でくくります。接着剤役の whom が節の頭になりますね。主節のあとに関係詞節が続いていますから「**並列タイプ**」（→ 27 課）です。

whom に先行詞の the writer（him）を代入すると，文法・ルールを無視して内容だけ考えるなら次のようになります。

(a) Soseki is the writer [the writer / him I like the best].

► 「漱石は（唯一の）作家〈その作家／その人（を）私が一番～を好きだ〉である」→「漱石は（唯一の）〈 × 私が一番（～を）好きな〉作家である」→「漱石は（唯一の）私が一番好きな作家である」

whomの代わりに**who / that**も使えます。関係代名詞がwho / thatのときは，〈who VX〉・〈that VX〉（関係代名詞が主語）なのか，〈who SVX〉・〈that SVX〉（関係代名詞が目的語）なのかを見きわめましょう。

which / that が O のパターン例文も挙げておきます。

(b) This is a novel which / that my father gave me.

This is a novel [which / that(O_2) my father(S) gave(Vt) me(O_1)].（並列タイプ）

► 「これは〈それ（を）父が私にくれた〉小説１冊である」→「これは〈 × 父が私にくれた〉小説１冊である」→「これは父が私にくれた小説１冊である」

[which / that S be...]なら関代はC

先行詞が「地位・職業・人柄 etc.」を意味する場合で，関代がCならwhich / that「それ（である）」を使います。例文です。

> **(c) Tom is not the noisy boy [that he was 5 years ago].**
>
> 「トムは〈5年前（それ）であった〉うるさい男の子ではない」
>
> ► 関代 that に先行詞 the noisy boy を代入すると，下線部から "He (S) was (V) the noisy boy (C) 5 years ago." が読み取れます。→「トムは5年前のうるさい男の子ではない」→「トムは5年前とは違ってうるさい男の子ではない」。

例題 ANSWER

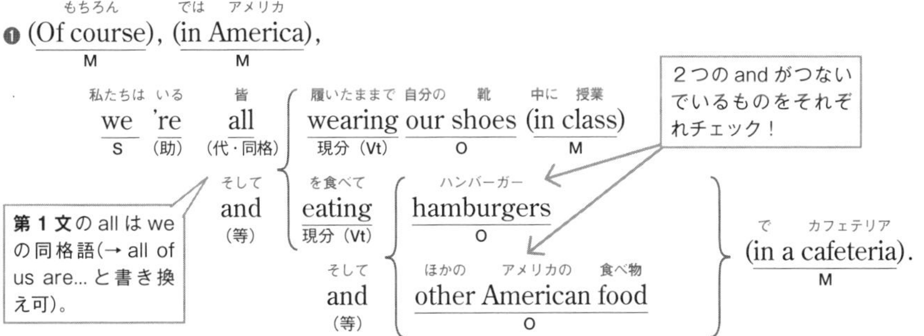
❶ (Of course), (in America),
もちろん
では アメリカ
M M
we 're all
私たちは いる 皆
S (助) (代・同格)
wearing our shoes (in class)
履いたままで 自分の 靴 中に 授業
現分 (Vt) O M
and eating hamburgers
そして を食べて ハンバーガー
(等) 現分 (Vt) O
and other American food
そして ほかの アメリカの 食べ物
(等) O
(in a cafeteria).
で カフェテリア
M
2つのandがつないでいるものをそれぞれチェック！
第1文のallはweの同格語(→ all of us are... と書き換え可)。

アメリカと日本の学校を比較しての文なので「授業中（でさえ）も（教室で）上履きではなくて自分の靴を履く」の気持ち。

❷ However, there are two customs [that Japanese schools have]
しかしながら ある 2つの 習慣が (それを) 日本の 学校が を持っている
(副) (副) Vi S (関代)O S Vt
and [that American schools don't]
また (それを) アメリカの 学校が (し)ない
(等) (関代)O S V(助)(否)
: soji and nitchoku.
掃除 日直
(同格語)
第2文の2つ並んだthat-節は関代でOの働き。
don't の後ろは have(Vt) がカットされている。

第2文の Colon（コロン，「:」）は「すなわち」の意味で，"*soji* and *nitchoku*" は "two customs" の**同格語**（→ 50 課）です。

> **《全文訳》** もちろん，アメリカでは，私たちは皆，授業中に自分自身の靴を履いたままだし，カフェテリアでハンバーガーやほかのアメリカの食べ物を食べている。しかしながら，日本の学校にはあってアメリカの学校にはない2つの習慣 —— 掃除と日直 —— がある。
>
> 【語句】**of course** もちろん／**wear** Vt を身につける／**in class** 授業中に／**cafeteria** 名 カフェテリア（セルフサービスの食堂）／**however** 副 しかしながら／**custom** 名 習慣

29 例題 関係詞の継続用法は情報追加

●次の文の構造を検討し，和訳しなさい。

❶ Japanese employees are known around the world for overworking. ❷ They work a lot of extra hours, **which** are often unpaid. ❸ Further, workers rarely take the full amount of vacation time to which they have a legal right.

（京都産業大）

関代の前のカンマ(,)は情報追加の印

関係詞節の前にカンマ（,）が置かれる用法があります。27 課の「限定用法」との違いに注目して見ていきましょう。

(a) He has two daughters who are doctors.

(b) He has two daughters, who are doctors.

(a) は「限定用法」の関係詞節ですから，訳は「彼は医師をしている娘２人（２人の娘）がいる」です。「医師をしている」と**限定**していますから,「医師ではない娘」がほかにいる可能性があります。一方，**(b)** はどうでしょう？

さぁ，**(b)**「**継続用法**」の登場です。限定用法との違いは，先行詞に密着していませんから，**構造上も意味上も削除できる**ことです。**追加・補足・つけ足し「情報」**なのです。「彼には２人の娘がいて，彼女たちは医師をしている」。**(a)** では娘が何人かははっきりしませんでしたが，**(b)** では「２人の娘がいて」と断言していますから，２人に決まっています。

声に出して読むときは，**(a)** では daughters と who をつなげるのに対して，カンマのある **(b)** では，who の前で短い休止／間を置きます。

(前＋関代)の修飾先は節内のＳ／Ｖ／Ｏ／Ｃ

〈前置詞＋関代〉は**〈前置詞＋（代）名詞〉と同じ働き**を持ち，**形容詞句か副詞句の働き**をして**関係詞節内のＳ／Ｖ／Ｏ／Ｃのいずれかを修飾**します。ここでは〈前置詞＋**関代**〉が修飾する先を見つける手順を確認しましょう。

■〈前置詞＋関代〉の修飾先発見の手順

(c) This is the house [(in which) I live] ↓ in the house ↓ [I(S) live(Vi) in the house] ► これは（そこに）私が住んでいる家である	❶ which に先行詞 the house を代入 ❷でき上がった in the house が節内のどこに接着するか探す ❸ live に接着

(d) We see the car [(of which) my brother is proud].

↓

of the car

[my brother is proud of the car]

► 私たちは，私の兄が自慢している車が見える。

❶ which に先行詞 the car を代入
❷でき上がった of the car が節内のどこに接着するか探す
❸ proud に接着

例題 ANSWER

第１文の overworking は overwork の動名詞（→ 40 課）

❶ Japanese employees（日本人(の) 従業員は：S） are known（いる 知られて：V（受）） (around the world)（中に 世界：M） (for overworking)（で：M（動名）（Vi））.

❷ They（彼らは：S） work（働く：Vi） a lot of extra hours（多く の 超過(の) 時間：M）, [**which**（(だが)それらは：（関代）S） are（である：V） often（たびたび：（副）） unpaid（未払い：C）].

第２文の〈a lot of〉はひとカタマリの形容詞扱い。〈a lot of extra hours〉は直前に for ナシで「超過時間の間」の意味。

この課のポイント〈, which...〉です。which 以下を「そしてそれらは…」の訳では真意が伝わりません。労働基準法に違反する長時間労働を強いられている，という認識を訳に反映させましょう。

❸ Further,（さらに：（副）） workers（労働者は：S） rarely（めったに～ない：（副·否）） take（を取る：Vt） the full amount（すべての 総計：O） (of vacation time)（から成る 休暇(の) 期間：M）
[(to which)（に対する(それ)：M（関代）） they（彼らが：S） have（を持っている：Vt） a legal right（法律上の 権利：O）].

第３文 "the full amount" は "of vacation time" に修飾されています。**of は「構成・内容」**を表します(→８課・９課)。「休暇から成る全日数(を取る)→休暇を全日数(消化する)」。

"to which" が修飾している語(群)をキャッチしましょう。They have a legal right (to the full amount (of vacation time)).

労働者が法律上持っているのは「何に対する」「何の」権利かを考えればよいのです。第２文の「超過勤務（残業）に対する賃金の未払い（→超過勤務の扱い方）」に続いて，「休暇の取り方」を問題にしていると理解するのが妥当です。

日本人労働者は（有給）休暇を完全消化するべきだ，と言っているのです。健康な生活を送るには憲法·労働基準法のもと，適切な労働条件を確保しなければなりません。

《全文訳》 日本人労働者は働きすぎることで世界中に知れわたっている。彼らはかなりの超過勤務をする，にもかかわらずその分の賃金が支払われないことが多い。さらに，日本人労働者は，法律上の権利を持っている休暇日数を完全に消化することはめったにない。

【語句】**employee** 名 従業員／**overwork** Vi 働きすぎる／**extra** 形 超過の／**unpaid** 形 未払いの／**further** 副 さらに／**rarely** 副 めったに～ない／**amount** 名 総計／**vacation** 名 休暇／**legal** 形 法律（上）の／**right** 名 権利

30 例題 関係代名詞whatは「先行詞内蔵の関係詞」

●次の文の構造を検討し，和訳しなさい。

Ancient writing often has a different look from **what** we are used to reading today, with odd punctuation, strange letters and outdated capitalization. （開成高校）

疑問の意味を持たない what は関係代名詞・what 節は名詞節

what が連結語になる，次の例文を検討しましょう。

(a) I believe what you say.

(a) の文は，what を疑問詞と解すると，「私はあなたが何を言うかを信じる（!?）」と，下線部と believe は意味の上でつながりませんから，what- 節は間接疑問（→ 21 課）ではありません。**(a)** は**疑問代名詞ではない代名詞 what** で，これが**関係代名詞**です。

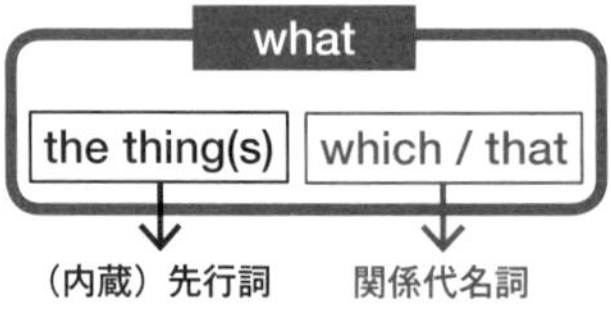

この what を解体・可視化すると，左の図のように，**関係代名詞 what は先行詞を内蔵**しているのです。

(a) I(S) believe(Vt) [what((関代)O) you(S) say(Vt)].

(b) I(S) believe(Vt) the thing(O) [which((関代)O) you(S) say(Vt)].

この場合，**(b)** のように believe の O は **"the thing"** で，かつ which の先行詞。**which- 節は "the thing" を修飾する形容詞節**で，which は say の O です。

一方，**(a)** では believe の O は what- 節全体，what- 節内で what は say の O，つまり **what- 節は名詞節**です。意味は同じで「私はあなたが言うことを信じる」ですが，**(a)** と **(b)** では構造がまったく違うことを理解してください。

節内での what の役割・内蔵先行詞を吟味しよう

文中での what- 節のカタマリおよび what の節中での役割の把握の仕方は wh- 間接疑問やこれまで学んだ関係詞節のそれと同じです。要するに**「切れ目」の判定が大事**ということです。例文です。

(C1) I am not what I was yesterday. では，what- 節内で what は C になります。主語が人間ですから，what の内蔵先行詞を "the person" にしましょう。

(C1) I(S) am(Vi) not [what(C→(関代)C) I(S) was(Vi) yesterday]. （what ＝関係代名詞：what- 節は名詞節）

(C2) I(S) am(Vi) not the person(C) [that((関代)C) I(S) was(Vi) yesterday]. （that ＝関係代名詞：that- 節は形容詞節）

(C2) の文の和訳を検討しましょう。that をそれと訳します。

> **和訳**「私はその人物〈それ私は昨日（…）であった〉ではない」→「私は〈私は昨日それであった〉その人物ではない」→「私は昨日の人物ではない→私は昨日の自分ではない→私は昨日とは違う」

例題 ANSWER

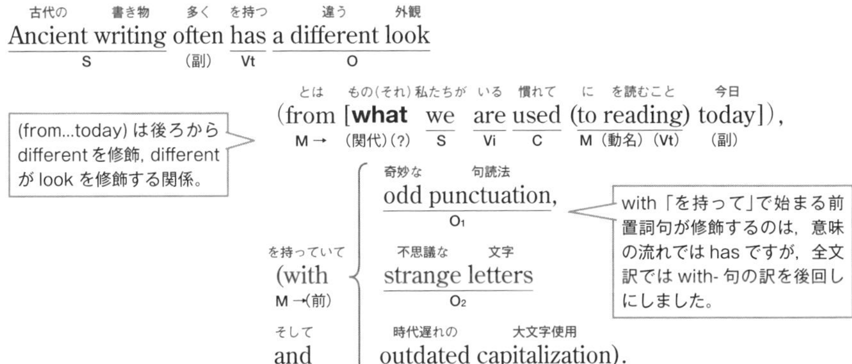
古代の 書き物 多く を持つ 違う 外観
Ancient writing often has a different look
S (副) Vt O
とは もの(それ) 私たちが いる 慣れて に を読むこと 今日
(from [what we are used (to reading) today]),
M→ (関代)(?) S Vi C M (動名) (Vt) (副)
(from...today) は後ろから different を修飾，different が look を修飾する関係。
奇妙な 句読法
odd punctuation,
O1
を持っていて
(with
M→(前)
不思議な 文字
strange letters
O2
そして
and
(等)
時代遅れの 大文字使用
outdated capitalization).
O3
with「を持って」で始まる前置詞句が修飾するのは，意味の流れでは has ですが，全文訳では with- 句の訳を後回しにしました。

what- 節を間接疑問と捉えると意味不明ですから，**関係詞節**と押さえます。**what** を〈**the thing which**〉にすると，〈the thing〉とつながりを持つのは read(Vt) の動名詞 reading（→ 41 課）。what は reading の O だったのです。

〈be used to〉「（～）に慣れている」を抜き去って単純化してみましょう。

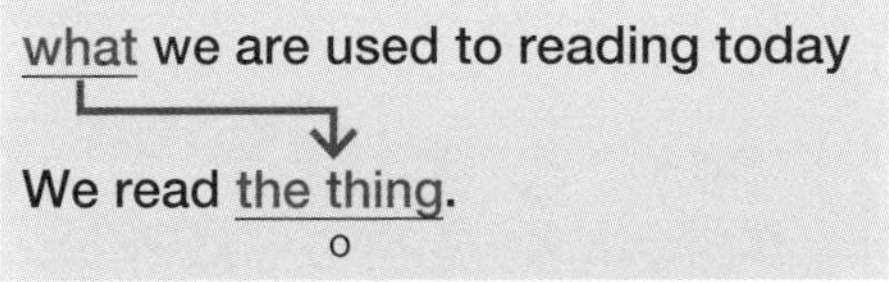
what we are used to reading today
We read the thing.
O

Ancient writing often has a different look from what...

"We read the thing."「私たちは（その）ことを読む」ができ上がります。ここで what が内蔵する先行詞 "the thing" に該当する名詞を探ります。「私たちは今日 O を読む」の O とは何か。関係詞節に戻ると「私たちが今日読み慣れている ……」。look より前にある名詞をたどって read の O になりそうなものを探します。

what- 節の時代を示す today と対応するのが文頭の Ancient と捉えると，その直後に writing という名詞を確認できます。これが使えそうです。"the thing" を "the writing" にしてこれを「内蔵先行詞」としましょう。

> **《全文訳》** 古代の文書は今日私たちが読み慣れているものとは違う姿であることが多いが，それは句読法が奇妙で，不思議な文字で，大文字の使い方が時代遅れということだ。
>
> 【語句】**ancient** 形 古代の／ **writing** 名 書いたもの／ **different from N**　N とは違った／ **be used to N**　N に慣れている／ **odd** 形 奇妙な／ **punctuation** 名 句読法／ **letter** 名 文字／ **outdated** 形 時代遅れの／ **capitalization** 名 大文字の使用

31 関係副詞の別名は「接着副詞」

例題

●次の文の構造を検討し，和訳しなさい。

❶There was a time **when** women social activists asked men to fight for women's rights. ❷ But this time, we will do it by ourselves. ❸ I'm not telling men to stop speaking for women's rights. （駿台甲府高校）

関係副詞は節内で「副詞」

what（→ 30 課）以外の関係代名詞には先行詞があり，関係代名詞が頭になって牽引する節は形容詞の役割を果たします。次の文を検討しましょう。

(a) Sapporo is the city where I met Dr. Clark.

［構造］

(a) Sapporo is the city [where I met Dr. Clark].
C（先行詞） M S Vt O

(a) [where...]直前の語はcityですが，where- 節中で where は S / O / C のどれにも該当しませんから M（修飾語），しかも副詞的 M です。この**副詞 where** は，慣れるまでは「**where** →どこで？→そこで（**there**）」，具体的には「その都市で（**in the city**）」と思考回路をつないでください。

この where は「**関係副詞**」ですが，「接着剤の役割をする副詞」ですから，「**接着副詞**」と呼ぶとイメージがピッタリです。

和訳 (a)「札幌は都市〈(そこで) 私がクラーク博士に会った〉である」
→「札幌は〈私がクラーク博士に会った〉都市である」

ここで関係代名詞（what 以外）と関係副詞の共通点・相違点をまとめます。

［共通点］
❶ 先行詞は名詞。
❷ 接着剤として関係詞節を牽引する。
❸ 関係詞節は形容詞の働きを持ち，先行詞を修飾する。

［相違点］
❹ 関代 は節内で S・O・C・前置詞の O。
❺ 関副 は節内で副詞，V を修飾。

when / why は先行詞あり，how は先行詞なし

関副 としての **when** は時を表す名詞（time, day, etc.）を先行詞にします。

(b) Now is the time when we should act.

► time が先行詞で，when が形容詞節を牽引します。和訳は「今こそ，時〈(その時に) 我々が行動をすべき〉である→今こそ，我々が行動する時だ」

関副 の **why** は **reason** を先行詞にします。

(c) He is sick. This is the reason why he is absent today.

► 和訳は「彼は具合が悪い」「これが理由〈(そのために) 彼は今日休んでいる〉である→こういう訳で彼は今日休んでいる」

関副の how は先行詞を持ちません。**how- 節は名詞節**です。

(d) This is how I came to know him.

► 〈come to Ⓥ〉は「Ⓥに至る→～するようになる」。和訳は「これは，私が彼と知り合ったやり方だ→こうして，私は彼と知り合った」

先行詞内蔵の関副は名詞節を牽引

関係副詞が先行詞を内蔵して**名詞節**になる使い方を 1 つ挙げておきます。

(e) That is where you are wrong. (That: S / is: Vi / where you are wrong: C（名詞節）)　　そこが君の間違っている点だ。

(e) の **where- 節**は is の C で**名詞節**。where は "the point where" と置き換えられる，先行詞を内蔵した関係副詞。where が内蔵するのは場所・点・場合などです。

例題 ANSWER

❶ There (副) was (Vi, あった) a time (S, 時が) [**when** (関副, （そのときに）) women social activists (S, 女性 社会 活動家たちが) asked (Vt, を要請した) men (O, 男性が) (to (C→(不)) fight (（Vi）, 闘うこと) (for women's rights (（M）, のために 女性の 権利)))].

第 1 文〈**ask O to** Ⓥ〉は〈SVOC〉(→ 11 課)。

第 1 文は when から rights までが形容詞節で time を修飾しています。〈**There was a time when SVX**〉＝〈**Time was when SVX**〉で，「かつて SVX」(慣用表現)。

❷ But (（等）, しかし) (this time) (M, 今 度は), we (S, 私たちが～しよう) will do (Vt, をする) it (O, それ) (by ourselves) (M, 自分たちで).

第 2 文では "do it" の具体的内容を "fight ... rights" と押さえましょう。

❸ I (S, 私) 'm not telling (Vt（否）（進）, はいない ように言って) men (O, 男性に) (to (C→(不), ～するように) stop (（Vt）, をやめる) speaking (（O）（動名）, 意見を述べること) for (（Vt）, に賛成して) women's rights (（O）, 女性の 権利)).

第 3 文では，V が現在進行形であることを踏まえて，〈**tell O to** Ⓥ〉が〈**SVOC**〉と決めます。speaking は stop の O である動名詞です (→ 41 課)。

《全文訳》 かつて女性社会活動家たちは，男性が女性の権利を獲得するのに奮闘してくれるよう求めました。しかし，今度は私たち自身の力でそれを成し遂げるのです。私は男性に，女性の権利に賛成意見を述べるのをやめるようにと言っているわけではありません。

【語句】**social** 形 社会の，社会に関する／ **activist** 名 活動家／ **right** 名 権利／ **by oneself** 自力で／ **speak for N** N（に）賛成の意見を述べる

32 〈名詞SV〉でSの前に補ったthatがO/Cならthatは関代

例題

●次の文の構造を検討し，和訳しなさい。

❶ According to WHO, **the amount of water each person needs** in everyday life is about 50 L. ❷ Water is one of the most important things in our lives.

（東京都立進学重視型単位制）

〈N SV〉→ S の前に that を置く

「N」は noun（名詞）の略語です。この課では N（名詞）の後ろに SV(X) を確認したときにどうするか，という話をします。例文で検討しましょう。

(a) "Homage to Catalonia" is a nonfiction work George Orwell wrote.

is の C は名詞 work です。work (N) の後ろに George Orwell wrote (SVt) が続いていますが,〈N〉と〈SVt〉の間に連結語が見当たりません。連結語が欲しいところ。〈N〉と〈Vt〉の間に that を置いてみましょう。

(b) "Homage to Catalonia" is a nonfiction work [that George Orwell wrote].

O　S　Vt

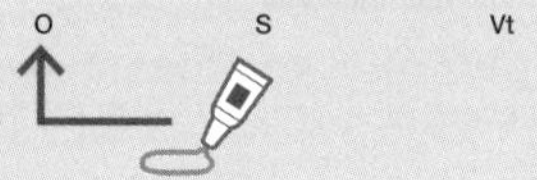

透明接着剤だった that があぶり出されました。この that が関代で wrote の O。〈N SV〉を発見したら，**N と S の間に that を復活**させると，構造の説明がつきます（→ 28 課）。**連結語の中で透明接着剤になれるのは that のみ**。〈N SV〉は「エネスヴィ」と声に出して覚えましょう。正確な発音は [énesvi] ですよ。

> **和訳** (a)(b)『カタロニア讃歌』はジョージ・オーウェルが書いたノンフィクション作品である。

作家 George Orwell（ジョージ・オーウェル）は，スペイン内戦に参加したのちに『カタロニア讃歌』を発表し，1950 年に 46 歳の生涯を終えます。有名な作品に『動物農場』『1984』などがあります。

〈N S be〉の復活 that は C

次は「今は昔」になるかもしれませんが，The Beatles の『Yesterday』の一節を検討しましょう。

Suddenly
I'm not half the man I used to be
There's a shadow hanging over me

(c) I am not half
the man [that I used to be]
C S Vi

文の2行めを見てください。文脈上，〈not half〉＝〈not at all〉「少しも～でない」と解します。be の後ろに C がありませんが，とりあえず man と I の間に **that** を置き I'm → I am にすると **(c)** になります。

that は節の中では C で，関代（→ 28課）です。「僕は以前の自分とはまったく違う」という思いです。ビートルズの Paul McCartney（ポール・マッカートニー）は，この箇所を man と I で間を置かずに "manI" とつなげて歌っています。まさに [énesvi] なのです。

歌詞の3行めの文の仕組みは見えましたか。〈There is SP〉構文（→ 21課）です。内容は A shadow is hanging over me. と考えて構いません。「影が1つ，僕にまとわりついて離れない」。

例題 ANSWER

❶ (According to WHO), **the amount** (**of water**) [**each person needs** (in everyday life)] is about 50 L.
（によれば WHO／量／から成る 水／各 人が／を必要とする／で 毎日の 生活／である 約 50リットル）
(According to WHO): M　the amount: S　(of water): M　each person: S　needs: Vt　(in everyday life): M　is: Vi　about 50 L: C

第1文は "the amount of water" の後ろが person(S), needs(Vt) の〈N SV〉。

each person の前に **that** を置きます。the amount of water [**that** each person needs in everyday life] ができ上がります。needs(Vt) の O は that しかないですね。that が「透明」化していたわけです。

では関代 that の先行詞は何でしょうか。the amount of water「水の量」としてしまうこともできますが，1語だったら？　the amount of water は the water amount と変えても意味は同じですから，**amount** が正解です。

❷ Water is one (of the most important things) (in our lives).
（水は である 1つ の 最も 重要な 物 において 私たちの 生活）
Water: S　is: Vi　one: C　(of the most important things): M　(in our lives): M

第2文の **of** は，8課・9課・29課の例題中の of と同じ**「構成・内容」を表す of** です。lives の品詞は our に修飾されていますから名詞です。life の複数形で発音は [láivz] です。

《全文訳》 WHO（世界保健機関）によれば，各個人が毎日の生活で必要とする水の量は約50リットルである。水は，私たちの生活上，最も重要なものの1つである。

【語句】according to N 群前 Nによれば／**amount** 名 量／**everyday** 形 毎日の（every day は副詞句で「毎日」）／**about** 副 約／　**L., l.** 名 liter(s) リットル（1リットルは1000cc）

33 例題 〈名詞 SV〉でSの前に補ったthatが文型に無関係ならthatは 関副

●次の文の構造を検討し，和訳しなさい。

❶ Language students often think they have a memory problem. ❷ They worry because they can't remember words. ❸ They think something is wrong with their brain. ❹ In fact, the problem is not their brain or their memory. ❺ The problem is **the way they study.** （明治大付属中野高校）

〈N SV〉で S の前に that, 関代 でなければ 関副

〈N SV〉は S の前に that を置いて文型が成立したら，that は O / C と，前の課で確認しました。では，次の例文を検討しましょう。

(a) The way Hemingway died was different from the way Orwell did.

文末の did は助動詞 do の過去形で，前出の動詞 died の代わりをする代動詞です。前の下線部は N の後ろが Hemingway(S) died(Vi) で〈N SV〉ですから，Hemingway の前に that を置きます。すると **(b)** ができ上がります。さて，that は節中で O / C になっているでしょうか？

(b) The way [that Hemingway died]

念のために that に先行詞 The way を代入して動詞の後ろに置きましょう。Hemingway died the way（×），どうやら O / C ではないので，関代 ではないとわかります。the way の前に前置詞 in を置くと，Hemingway died in the way（○）。下線部は died を修飾する副詞句「そのやり方で」。つまり **that** は**関係副詞**なのです。先行詞に対して接着剤になっているので，別名「**接着副詞**」。

後半の Orwell のほうも，同じやり方で that を入れて確認できます。

(c) the way [that Orwell died]

和訳 方法〈(そのやり方で) ヘミングウェイが死んだ〉は，方法〈(そのやり方で) オーウェルが死んだ〉とは違っていた→ヘミングウェイの死に方は，オーウェルの死に方と違っていた。

ヘミングウェイもスペイン内戦に関わっていましたが，オーウェルとは政治的な立ち位置が違っていました。ノーベル文学賞の受賞作が『老人と海』です。ほかの有名な作品に，『誰(た)がために鐘は鳴る』『武器よさらば』があります。

Hemingway shot himself to death in 1961.（銃で命を絶った）

Orwell died of pneumonia in 1950.（結核で病死した）

例題 ANSWER

第１文の think のあとは〈SVtO〉が続いているので，that を置きます（→ 24 課）。that は従属接続詞。

❶ Language students (S) often (副) think (Vt) [(**that**) (O (?)→) they (S) have (Vt) a memory problem (O)].

（言語 学習者は よく と考える 自分が を持っている 記憶力(の) 問題）

that- 節は think の O になっている名詞節です。

❷ They (S) worry (Vi) [because (接) they (S) can't remember (Vt) words (O)].

（彼らは 悩む なぜなら 自分が ができない を記憶すること 単語）

第３文の主節は第１文と同じ構造。that を置いてみましょう。

❸ They (S) think (Vt) [(**that**) (接) something (S) is (Vi) wrong (C) (with their brain) (M)].

（彼らは と考える 何かが である 不正常 に関して 自分の 頭脳）

❹ (In fact) (M), the problem (S) is (Vi) not (否) their brain (C1) or (等) their memory (C2).

（だが 実際は 問題は である ない 彼らの 脳 でも 彼らの 記憶力）

第４文の "In fact" は前述の内容に異議を唱えているニュアンス。

〈**in fact**〉は文脈によってその意味が左右されるので，要注意です。〈**not A or B**〉は「A でも B でも～ない」と訳しましょう（→ 55 課）。

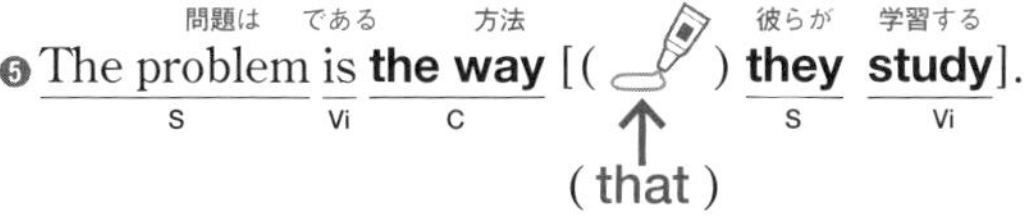

第５文では，〈**the way SV**〉に透明化した **that** が発見できましたか？ 〈the way [(that) they study]〉と捉えます。that は関係副詞で，**in which** で言い換えられます。that をあぶり出さなくても構造が理解でき，どんどん読み進められるなら，それに越したことはありません。この部分を読むときは way と they に間を置かず，流れるように発音しましょう。

ここで本課の例題に３回登場した be 動詞の用法をざっとまとめましょう。

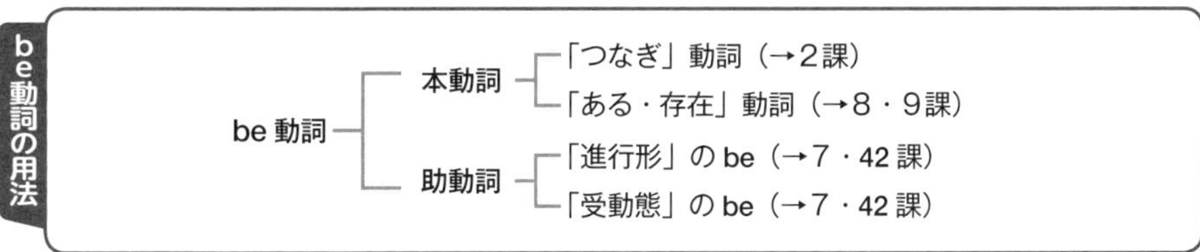

be 動詞について「スッキリ」感が持てましたか。ちなみに例題中の３個の is は「つなぎ」動詞でした。

《全文訳》 言語を学ぶ人は，自分が記憶力に問題を抱えている，と考えることがよくある。彼らが悩むのは，単語を覚えられないからだ。彼らは，自分の脳にどこか障害があると考える。だが実際には，問題なのは，彼らの脳でも記憶力でもない。問題は，彼らの学習方法なのだ。

【語句】**language** 名 言語／**memory** 名 記憶力／**problem** 名 問題／**wrong** 形 正常でない／**in fact** 副 いや実際は／**brain** 名 脳

34 例題 〈toⓋ〉はS・O・Cなら名詞的

●次の文の構造を検討し，和訳しなさい。

❶How much do you know about your dog? ❷Have you ever heard his many different barks? ❸Why do dogs bark? ❹Are they trying **to copy** people's voices? ❺Wild dogs don't bark.（東京学芸大附属高校）

〈to Ⓥ〉は名詞の働きもするようになった

現在，「**動詞の原形**」と呼んでいる語（Ⓥ）は，その昔は「**名詞**」で，前置詞toの目的語でした。元来**toは方向を表す前置詞**で，「**～へ向かって**」の意味を持っていたのですが，本課で扱う〈to Ⓥ〉のtoは，その意味が薄れに薄れ，今では**不定詞を示す標識**でしかありません。歴史的には，36課・37課の形容詞的・副詞的用法がtoの原義をとどめています。

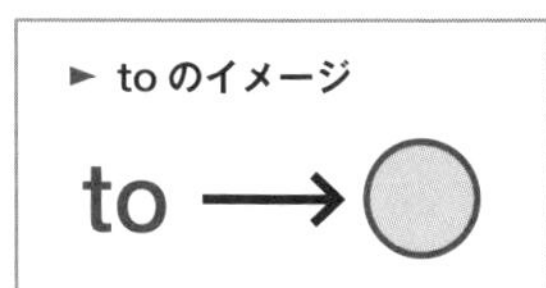

では例文で〈to Ⓥ〉を具体的に検討していきましょう。

(a) I want (to go to a movie).	私は映画を見に行きたい。
(b) He wants (to go to a movie).	彼は映画を見に行きたい。
(c) He wanted (to go to a movie).	彼は映画を見に行きたかった。

各文のSと述語動詞の語形，および〈to Ⓥ〉に注目してください。**(a)**～**(c)**のV（述語動詞）は，「主語（の人称・数）」・「時制」に応じて「語形が定まっている動詞」，すなわち「定形動詞→**定詞**」。これに対して，各文の**〈to go〉は主語の人称・数・時制に左右されません**。ですから〈to Ⓥ〉を「**『定詞』ではない**」の意味で「**不定詞**」と呼ぶのです。〈**to go**〉はそれぞれ**述語動詞のO**（目的語）になっています。

削除不可な〈to Ⓥ〉は名詞的

名詞節を扱った19課で実践した「削除」という手法は，**名詞句**にも適用できます。名詞句とは2語以上が1つのカタマリを作って名詞の働きをする語群のこと。本課の〈to Ⓥ〉は**〈to＋Ⓥ〉が一緒になって1つの名詞扱い**です。toとⓋがバラバラでは名詞の働きを持ちません。では例文で確認しましょう。

To / toの後ろのsee / believeはⓋです。To Ⓥ / to Ⓥを削除すると**(e)(f)**になってしまいますから，**どちらの文のTo Ⓥ / to Ⓥも削除できない主要素**だとわかります。

(d) To see is to believe.

(e) ＿＿＿ is to believe.

(f) To see is ＿＿＿.

(d)の文はisの前がS，後ろがCです。訳は「見ることは信じること→見れば信じるようになる→百聞は一見に如かず」となります。

ここで22課に続いて，アウンサンスーチーさんの演説を検討しましょう。

To be forgotten. The French say that to part is to die a little. To be forgotten, too, is to die a little. It is to lose some of the links that anchor us to the rest of humanity.

第２文：The French「フランス国民」は「that-節を言う」。"**to part**(S) **is**(Vi) **to die a little**(C)"「別れることは，少しの死につながる」。**第４文**：**It** は "To be forgotten"「忘れられること」を指します。**that** は links「つながり」を先行詞にする 関代 。"**anchor**(Vt)**O to N**" は「OをNにつなぎとめる」，"the rest of humanity" の，文字どおりの意味は，「人類のその他（の人々）」。

和訳 忘れられること。フランス人は，別離は少しの死につながる，と言います。忘れ去られるのもまた，命が少し縮まることになります。忘れられるのは，私たちをほかの全世界の人々とつなぎとめる絆の一部を失くすことになるのです。

例題 ANSWER

どのくらい たくさん か あなたは を知っているの について あなたの 犬
❶ How much do you know (about your dog)?
(疑) O (助) S Vt M

第１文の How は「どのくらい」を表す疑問副詞。

第１文 "How much" の much の先祖は great を意味する形容詞。したがって「代名詞」へと派生した much は，How に修飾される資格を持っているのです。

ことがある あなたは 今までに を聞いた 彼の 多くの さまざまな 吠える声
❷ Have you ever heard his many different barks?
(助) S (副) Vt（過分） O

第２文は現在完了の疑問文なので，Have が文頭に立って heard と分離されています。ever があるので「**経験**」を表すことが明確です。

いるのか 犬は を努めて をまねること 人の 声色
❹ Are they trying (**to copy** people's voices)?
(助) S Vt（現分） O→(不)(Vt) O

第４文は現在進行形の疑問文。

第４文 try(Vt)to Ⓥは〈to Ⓥ〉をOにしている**名詞的用法**ですが，通常〈**try to** Ⓥ〉は「**～しようと努力する**」と訳します。

野生の 犬は ない 吠え
❺ Wild dogs don't bark.
S Vi（否）

《全文訳》 君は犬のことをどれくらい知っているだろうか。飼い犬の多くの異なる鳴き声を聞いたことがあるだろうか。犬はなぜ吠えるのか。犬は人の声色をまねしようとしているのだろうか。野犬は吠えない。

【語句】 **bark** 名 吠える声　Vi 吠える／**copy** Vt をまねする／**wild** 形 野生の

35 例題 〈疑問詞＋toⓋ〉は名詞句

●次の文の構造を検討し，和訳しなさい。

❶ Japanese box lunches look beautiful and they are good for the health. ❷ I want to learn **how to make** them before I go back to America. ❸ I want to show them to my family in America. （佐賀県公立高校入試）

〈疑問詞＋ to Ⓥ〉は should の意味を持つ

不定詞〈to Ⓥ〉の前に，疑問詞が置かれた〈**疑問詞＋ to** Ⓥ〉は，このカタマリで**1つの名詞句**と押さえましょう。和訳は，疑問詞の訳と組み合わせて**〈疑問詞＋「を／に／と～するべきか・したらいいか」〉**とすれば，収まります。

(a) (What to do for others）is our important matter.

(b) Our question is (what to eat).

〈疑問詞＋ to Ⓥ〉をわかりやすくするため，should を使って **(a)(b)** を間接疑問にしましょう。**間接疑問**（名詞節）**の S は下線部**（our）**がヒント**です。

(c) [What we should do for others] is our important matter.（← (a)）

［私たちが他者のために何をすべきか］は，私たちの重要事項である。

(d) Our question is [what we should eat].（← (b)）

私たちの問題は［自分が何を食べたらいいのか］である。

(c) の**間接疑問**では，疑問代名詞 what は **should do** の **O**（目的語），**(d)** では **should eat** の **O** です。このことから言えることをまとめましょう。

❶ **(a)** では What が動詞に属する〈to do〉（→ 10 課）**の O, (b)** でも what が〈**to eat**〉**の O** になっている。

❷ **(a)(b)**〈疑＋ to Ⓥ〉の動作・状態の主，すなわち**意味上の主語**（Sense Subject：SS）は，ヒントにした下線部から把握できる。

次は〈疑問副詞＋ to Ⓥ〉を取り上げます。例文です。

(e) He asked (how to unlock the safe). **→ He asked [how he should unlock the safe].**	彼は［金庫の鍵の開け方］を尋ねた。

(a)(b) の疑問「代名詞」とは異なり，**how** は**疑問「副詞」**ですから，**不定詞〈to unlock〉を修飾**するのです。

〈SVO＋疑 to ⓥ〉の文では，O が to ⓥの SS（ask 除く）

当然ですが〈SVO ＋ 疑 to ⓥ〉の文型は〈SVO_1O_2〉になります。ここでは〈SVO ＋ 疑 to ⓥ〉で O が SS（意味上の主語）の一般的な例を挙げておきましょう。

(f) JFK told the people what to do for their country.

ジョン・F・ケネディは国民に彼らが自国のために何をなすべきかを話した。

〈what to do〉の SS は O である the people「国民」です。John Fitzgerald Kennedy は，第 35 代アメリカ大統領で the Cold War「冷戦」時，the Soviet Union「ソ連邦」を相手に the Cuban missile crisis「キューバ危機」を回避したのです。

(g) Our teacher asked us where to begin.

先生は，どこから始めればよいのだっけ，と聞いた。

最後に**例外 ask** の登場です。**(g)** では先生が生徒たちに授業の進捗状況を尋ねているのです。〈where to begin〉の SS は先生です。**(f)** の文と比べてください。ask の場合は文の **S と〈疑 to ⓥ〉の SS が一致**するのです。

例題 ANSWER

❶ Japanese box lunches (日本の 箱 弁当; S) look (見える; Vi) beautiful (美しく; C) and (そして; (等)) they (それらは; S) are (である; Vi) good (よい; C) (for the health) (にとって 健康; M).

❷ I (私は; S) want (を望む; Vt) (to learn (を学ぶこと; O→(不)(Vt)) (how (いかに〜か; (疑)) (to make (を作る; (不)(Vt)) them (それら; (O)))) [before (〜する前に; (接)) I (自分が; S) go (行く; Vi) back (戻って; (副)) (to America) (へ アメリカ; M)]).

第 2 文の learn の O は〈how to make them〉。

副詞的 before- 節が修飾する表現をキッチリ押さえましょう。「帰国前に学ぶ」のですから，learn を修飾と決めます。

❸ I (私は; S) want (を望む; Vt) (to show (を見せること; O→(不)(Vt)) them (それら; (O)) (to my family) (に 自分の 家族; (M)) (in America) (にいる アメリカ; (M))).

《全文訳》 日本の箱詰め弁当は見た目がきれいで，健康によい。私はアメリカに帰国する前に弁当の作り方を学びたい。私は日本の箱詰め弁当をアメリカにいる家族に見せたい。

【語句】**box lunch** 名 箱入り弁当／**health** 名 健康

36 例題 toⓋは前の名詞と意味の関連あるなら形容詞的

●次の文の構造を検討し，和訳しなさい。

❶ A knight's first son had the right **to become** a knight as well as **to receive** his father's land. ❷ If a man was from the king's family or was the son of someone with a title, he had the chance **to become** a knight. ❸ A man could also become a knight if he was very brave in battle.　（巣鴨高校）

〈N + to Ⓥ〉，削除可な to Ⓥは形容詞的

to Ⓥが削除可であれば，形容詞的か副詞的です。「何」的かを点検する順番は「名詞的→形容詞的→副詞的」の順にしましょう。覚えるときは[名]→[形]→[副]。

アメリカの言語学者 Curme（カーム）先生は，"a strong impulse to do it"，の下線部を「(不定詞の名詞的用法とは異なり) to はもとの力を持っている。前置詞 to が文字どおりの意味を持った，前置詞句の名残」として紹介し，下線部を文字どおりにすると "toward doing it" であると説明しました。この形で訳せば，「それをすることへ向かっての強い衝動」，それを日本語では，「それをしようとする強い衝動」と収めるのです。例文で検討しましょう。

(a) He was always the first to come and the last to leave.

(b) I agree with his plan to travel abroad.

(a)(b) の色文字の箇所は削除できるでしょうか。削除しても文型が成立しますから，名詞的用法ではありません，**修飾表現**です。用法は[名]でなければ[形]か[副]です。名詞的でなければ次は**形容詞的かどうか**を点検します。直前の名詞と意味がつながるでしょうか。まずは次の❶か❷でつなぎましょう。

> ❶(〜)する
> ❷(〜する)べき

❶❷は「する・べき」と一括して覚えてしまいましょう。結構便利です。**(a)(b)** の和訳です。

> **(a)** 彼はいつも最初に来て最後に帰る人だった。
> **(b)** 私は外遊する彼の計画に賛成だ。

（(a) の the first / the last は最初／最後の人。first も last も名詞。）

N と不定詞の意味関係を把握しよう

(a)(b) をあっさり和訳しましたが，**〈名詞＋ to 不定詞〉の N と〈to Ⓥ〉の意味上の関係**を考えると，不定詞に対する理解がより深まります。

(a) He was always the first to come and the last to leave.

→ first / last を先行詞とする関係代名詞の文にしましょう。

He was always the first who came and the last who left.

first / last は to come / to leave の **SS**（意味上の主語）とわかります。

(b) I agree with his plan to travel abroad.

→〈**his plan to ⓥ**〉の本質的な意味は，“**He plans to travel abroad.**” です。動詞 plans を核にして**名詞的表現に圧縮**すること，すなわち「名詞化（変形）= nominalization」に伴って He が his になり，O であった “to travel abroad” が形容詞的に変質。**形容詞的な不定詞が，「核である名詞」plan を修飾**している構造が “his plan **to travel abroad**” です。

17 課の例文，オバマ大統領の演説にあった “my ability **to bring about change**” は，“I am able **to bring about change**” という文の**able を核に名詞化**したものです。不定詞部分は形容詞 able を「**～することの点で（能力がある）**」と副詞的に修飾しているのです（to ⓥ = in respect of Ving）。その不定詞が able → ability の変化に伴って，ability を形容詞的に修飾するようになったのです。

例題 ANSWER

《全文訳》 騎士の長男には父親の土地を相続するだけでなく騎士になる権利があった。男性がもしも王家に生まれたり，あるいは彼が称号のある人物の息子だったりしたなら，彼には騎士になるチャンスがあった。男性はまた，戦いで非常に勇敢だったら，騎士になることができた。

【語句】 **knight** 名 騎士／ **right** 名 権利／ **B as well as A** 相関接続詞 A だけでなく B も／ **title** 名 称号／ **brave** 形 勇敢な／ **battle** 名 戦い

37 例題 副詞的toⓋの修飾先は副詞と同じ

●次の文の構造を検討し，和訳しなさい。

My friend Tony is a professional magician, and he worked at a restaurant in New York **to show** his magic each evening for the guests as they ate their dinners.　（お茶の水女子大付属高校）

副詞的不定詞の to は「へ向かって」が文字どおりの意味

不定詞は「名でもない→形でもない」ならば，副なのです。

副詞的不定詞の to は形容詞的不定詞の to と同様に to のもとの意味が残っていて，「**（心・動作が～）に向いて**」の意味です。これを出発点に**不定詞の副詞的用法**の働きを検討しましょう。例文です。

(a) I work in order to get some money to live on.　（**目的**：～するために）

(b) I am glad to see you.　（**原因**：～して）

(a) の〈in order〉は，不定詞が「**目的**」を示すことを明確にします。〈**in order to** Ⓥ〉で「Ⓥ**するために**」。否定の表現は〈**in order not to** Ⓥ〉「Ⓥ **（し）ない**ために」。なお，“money to live on” では，意味上 “live on money” の関係が成立するので，不定詞は money を修飾する**形容詞的用法**になります。

(b) の〈to see...〉は, be glad という心（の状態）が「**see に向いて→ see（し）て**」と「**原因**」を表します。

和訳 **(a)** 私は生計を立てるお金を得るために働く。
(b) あなたにお会いできてうれしい／よかった。

次は南アフリカで「反アパルトヘイト（anti-apartheid）」を指導して 27 年間の獄中生活を送った Nelson Mandela（ネルソン・マンデラ）さんが，1990 年に刑務所から解放された折に行った演説の一節です。「アパルトヘイト」は南アフリカ共和国の黒人および有色人種に対する人種隔離制度／政策。1991 年に廃止宣言されました。

Today the majority of South Africans, black and white, recognize that apartheid has no future. It has to be ended by our own decisive mass action in order to build peace and security.

第１文の black and white は (who are) black and white（who は関代）と解釈します。**第２文**の has to be ended は〈have to Ⓥ〉のⓋに受動態の原形 be ended が埋め込まれた形です。

［語句注］ **majority** 名 大多数／ **black** 形 黒人の，（皮膚の色が）黒い／ **white** 形 白人の／ **recognize** Vt ～と認める

和訳 今日，南アフリカの大半の人々は，黒人も白人もアパルトヘイトには未来がないと認めているところであります。この制度は，平和と安定を築き上げるために，私たち自身の断固とした大衆行動によって終止符を打たなければならないのです。

第１文 recognize の直後の that は，接 とつかめましたか？（→ 19 課・20 課）。

第２文の has は文尾までを支配するので，「この制度を私たち自身の断固とした大衆行動によって廃止し，平和と安定を実現しなければならない」でも可。

例題 ANSWER

私の　友人(の)　トニー
My friend Tony...

文頭の “My friend Tony” は「代名詞·所有格（My）＋名詞（friend）」がカタマリ（名詞群）を作って，名詞（Tony）と同格関係になっています。カンマがある 22 課の第 1 文とは違う形態の同格です。こちらはカンマがないだけに，２つの語（句）はより緊密な関係にあります。

そして 彼は 働いた で レストラン にある ニューヨーク
and he worked (at a restaurant) (in New York)
(等) S Vi M M

ために を見せる 自分の 手品 毎 晩 のために 客
(**to show** his magic (each evening) (for the guests)
M→(不)(Vt) (O) (M) (M)

～する間 彼らが を食べる 彼らの ディナー
[as they ate their dinners]).
(接) S Vt O

不定詞 “to show” が副詞的用法で「目的」を表すとすぐにわかりますが，「～を見せるために働いた」と訳すと，ピンと来ません。“worked...and showed...” に読み替えても内容は大差ありません。全文訳は工夫したいところ。

「時の接続詞」**as** はイギリスの言語学者 Thomson（トムソン）先生によれば，「動作の最中」を表すので **while**「～が…する間」の意味になります（→ 54 課）。

《全文訳》 私の友人のトニーはプロのマジシャンだ。彼はニューヨークのレストラン勤めをしていて，毎晩，客のために彼らの食事中に手品をして見せた。

【語句】 **professional** 形 プロの，本職の／ **magician** 名 マジシャン，手品師

38 例題 ～enough／too～〈toⓋ〉の構造をおさえろ

●次の文の構造を検討し，和訳しなさい。

❶In the case of middle hypothermia, the shivering becomes stronger and breathing becomes slower. ❷The body temperature is around 32° C. ❸This temperature makes a person **too** sick and sleepy **to** clearly understand what is happening.　（慶應義塾女子高校）

enough の訳は「(～する) に足るだけ」が無難

英和辞典や英語参考書では，**enough** を形容詞なら「十分な」，副詞なら「十分に」と訳していますが，日本語の「十分」は厄介な代物です。ここで単語の細かいニュアンスまで示されている，よい解説を紹介します。『新英和大辞典』（研究社）からの引用です。

enough：	特定の目的にとって数量が過不足なくちょうど足りる。 **I have enough money to buy a car.**（車を買うだけの金はある）
sufficient：	enough とほぼ同じ意味であるが，やや格式ばった語。 **The sum will be sufficient for our needs.** （それだけあれば十分間に合うだろう）
plenty：	あり余るほどあって十分という意味。 **We have plenty of time.**（時間は十分あります）

日本語にすれば同じ「十分」でも，意味合いが異なるのがわかりますね。なお，**plenty は（代）名詞**で，「十分，たくさん（のもの），豊富」の意味。その後ろの〈of 句〉は，８課・９課で確認した「**構成・内容の of**」と同一です。「十分な時間」と訳していないところにこの辞書の執筆者の識見がうかがえます。『Collins COBUILD English Dictionary』によれば，enough とは「あり余っている」でも「豊かな」でもなく，「**（条件を）十分に満たしている**」「**足りている**」というニュアンスになります。

離れていても不定詞は enough / too を修飾

では，本題に入りましょう。和訳の丸暗記は英語学習の敵であるばかりか，脳によくありません。最初の例文は再び『新英和大辞典』から引用します。

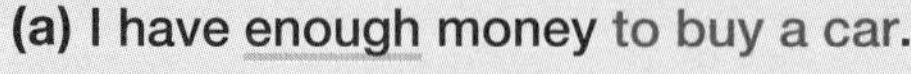

enough は money を修飾。OK ですね？　では不定詞が修飾するのは何？

不定詞は enough を修飾。to は「**～の点で／（する）には**（in respect of）」の意味（→ 36 課）。

直訳すれば，「私は車を買うのに足りるだけのお金がある」(**程度**) となります。「十分なだけのお金を持っているので車が買える」(**結果**) と訳すこともできます。もしかしたら，〈**so ~ that...**〉構文の課の例文 **(c)** (→ 25 課) を思い出した読者もいるかもしれませんね。

次は **too** が使われている文です。

(b) You are too young to drive.

構造は enough の場合と同じです。too が young を，to drive が too を修飾するのです。慣用表現ではありませんから，日本語訳を丸暗記するような学習は論外です。too は「あまりにも (…)」，〈**to**〉は〈**in respect of N**〉「N **の点で**」ですから，全体の訳は「君は車を運転するには若すぎる／君は車の運転ができる年齢ではない」(**程度**)，「君は一定の年齢に達していないから車の運転はできない」(**結果**) となります。

例題 ANSWER

❶ (In the case)［には 場合 / M］ (of middle hypothermia)［の 中程度の 低体温症 / M］,
the shivering［震えが / S］ becomes［になる / Vi］ stronger［より強く / C (比)］ and［そして / (等)］ breathing［呼吸が / S］ becomes［になる / Vi］ slower［より緩慢 / C (比)］.

❸ This temperature［この 体温 / S］ makes［を～にする / Vt］ a person［人 / O］ too［あまりにも / (副)］ { sick［体調が悪い / C_1］ and［そして / (等)］ sleepy［眠い / C_2］ }
(**to** clearly understand［には はっきり を理解する / M → (不) (副) (Vt)］ [what［何が～か / O → S (疑)］ is happening［いる 起きている / Vi (進)］]).

to とⓋの間に副詞が割り込んでいるので分離／分割不定詞と呼びます。

what は疑問代名詞と関係代名詞のいずれとも解せます。ただし，疑問代名詞とすると，より迫真性があり文脈にも沿っています。

《全文訳》 低体温症が中程度の場合，震えがより強くなり，呼吸がさらに緩慢になる。体温は約 32° C である。この体温だと人はあまりにも気分が悪くなり眠気が強まって，何が起こっているかをはっきり理解できなくなる。

【語句】 **case** 名 場合／ **middle** 形 中程度の／ **the shivering**　**shiver** Vi「震える」の動名詞に「名詞の性格」を強めるのに the を冠している／ **breathing** 名 呼吸／ **temperature** 名 温度，体温／ **around** 副 約，およそ／ **sick** 形 体調不良の，気分が悪い／ **sleepy** 形 眠い／ **clearly** 副 明確に

39 例題 名詞的to Ⓥには「形式主語／形式目的語」構文が多い

●次の文の構造を検討し，和訳しなさい。

❶It is tough **to live** in Antarctica for a number of reasons. ❷The biggest problem is that Antarctica is the coldest place on Earth, and about 98% is covered in ice.
（青山学院高等部）

〈It is C（形／名）to Ⓥ〉→ S（形式主語）の可能性

「人生いろいろ」,「It もいろいろ」です。It は代名詞ですが用途はいろいろあります。では本課の主役，It を検討しましょう。

(a) He easily gets angry. It is hard to please him.

最初に **He is hard to please.** という文を検討しましょう。please は Vt「(人など) を喜ばせる」で，和訳は「彼は喜ばせるのが難しい→彼は気難しい」です。意味上は “please him”「彼を喜ばせる」で，S である He が please の O になっていますね。さて **(a)** の文です。後ろの文では，構造上，“please him” の形が実現しています。

和訳 彼はすぐに怒る。彼は喜ばせるのが難しい。→彼は気難しい。

それでは **(a)** の It の意味は何なのか？　というと「意味ナシ」です。図式化するとこんなイメージです。

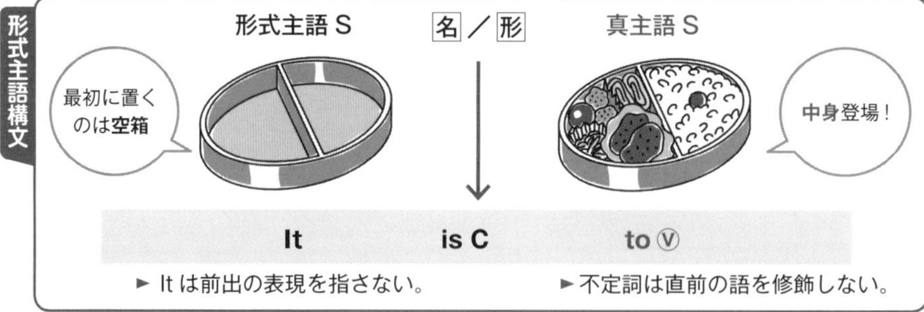

一般的には「**空箱**」を**形式主語**,「**中身**」を**真主語**と呼びます。この「空箱」It の名称は「いろいろ」です。言語学者 C 先生や J 先生は「先行の it」「予備の it」と呼んだり，K 先生は「形式的な it」と呼んだり。「形式主語（formal subject)」と「真主語（real subject)」と２つの S が共存（!?）する，このスタイルの文の S（主語）は何なのさ，と言いたくなります。

アメリカの辞書『WEBSTER'S NEW WORLD DICTIONARY』では，It を「文法上の主語」, to Ⓥを「実際の主語」としています。つまり，**文構造上（名目上）の主語**は **It**, **内容を示す実際の主語**は **to Ⓥ**としています。空箱(から) S に中身 S。

次の文は第 35 代アメリカ大統領ケネディ（→ 35 課）の，演説の一節です。

Some say that it is useless to speak of world peace or world law or world disarmament —— and that it will be useless until the leaders of the Soviet Union adopt a more enlightened attitude. I hope they do.

不定詞が直前の useless を修飾することもありません。until は接続詞。〈until SVX〉で「SVX まで（は）」。**第２文**は，hope（Vt）「～を望む」のあとに**透明接着剤 that** を置くと that- 節が見えます。do は助動詞で，動詞 “adopt...” の代役です。

［語句注］ **useless** 形 無駄な，役に立たない（= of no use）／ **law** 名 法／ **disarmament** 名 軍備縮小，軍縮／ **the Soviet Union**（→ 13 課）／ **adopt** Vt（態度・振る舞い）を取る，採用する／ **enlightened** 形 良識のある／ **attitude** 名 態度

和訳 一部の諸君によれば，世界平和とか世界法，あるいは世界的な軍縮のことを話して役に立つことはない，また，ソ連の指導者がもっと良識ある態度を取るまでは無駄であろう，ということであります。私は，ソ連の指導部がそのように態度を改めてくださることを希望するものであります。

〈Vt it C to Ⓥ〉→ it = O（形式目的語）の可能性

O 先生は次の例文の **it** を「**形式目的語**」と名づけています。

(b) I think it my daily task to walk my dog Gorby.

(c) I think that it is my daily task to walk my dog Gorby.

２つの文を比べると見えてきませんか？　5 課･22 課の解説を読み返してください。そうすると，**(c)** の that- 節で that と is を除去し，圧縮された結果が **(b)** とわかるはずです。和訳は「私はうちの犬ゴービィを散歩させるのが日課だと思っている」(my dog と Gorby は緊密な同格関係→ 37 課の例題・第 1 文)。

例題 ANSWER

❶ It［(?) S(形)］ is［である Vi］ tough［難しい C］ (**to live**［住むこと S(真)→(不)(Vi)］ (in Antarctica)［に 南極大陸 M］) (for a number)［で 多数 M］ (of reasons)［からなる 理由 M］.

❷ The biggest problem［最大の 問題は S］ is［である Vi］ [that［ということ C→(接)］ Antarctica［南極大陸が S］ is［である Vi］ the coldest place［最も寒い 場所 C］ (on Earth)［にある 地球 M］,

and［そして (等)］ about 98%［約 98％ S］ is covered［いる 覆われて V(受)］ (in ice)［で 氷 M］].

第２文の and の直後に that を置きたいところですが，なくとも文の流れで判断できます。

《全文訳》 多くの理由で，南極大陸に住むのは困難である。最大の問題は，南極大陸が地球上で最も寒い地域であり，（その）約 98%が氷で覆われていることである。

【語句】 **tough** 形 困難な／ **Antarctica** 名 南極大陸／ **a number of N**　多くの N

40 to Ⓥの意味上の主語は〈for A to Ⓥ〉で示す

例題

●次の文の構造を検討し，和訳しなさい。

❶ What will theaters be like in the future? ❷ Anyway, they will still have to do what theaters have always done: provide a setting **for people to watch** actors performing live drama.　（お茶の水女子大付属高校）

形式主語 It，形式目的語 it の SS は〈for O to Ⓥ〉で表示

〈It is C for ～ to Ⓥ〉の構文へと進みましょう。

(a) For me to make a decision is important.

(b) It is important for me to make a decision.

(a) 11 課で検討した動詞，つまり〈Vt O to Ⓥ〉以外で**不定詞の SS（意味上の主語）**を示すには **for** が使われます。したがって，for は N（名詞／代名詞）が不定詞の SS であることを示す目印だと言えます。この文では me が SS です。

(b) は **(a)** の文の is の S が長く，バランスが悪いので，「空の弁当箱」**It** で文の頭を軽くした文です（→ 39 課）。「中身」である「不定詞」を後ろに置くのでした。

和訳 **(a) (b)** 私が決定することが重要だ。

(c) It is good for your health to get moderate exercise.

(c) の文では “for ～ to...” に飛びついて「～が…する」と機械的に解釈してはいけません。health(N) が get(Vt) の SS などと考えるのは論外。for と不定詞は構造上も意味上も無関係です。to の前で pause。この for は正真正銘の「～にとって」。**不定詞のみが S（真）**。

和訳 **(c)** 適度の運動をするのは健康によい。

例題 ANSWER

❶ (What) will theaters be (like (in the future))?
（What＝何～か（疑代）／will＝だろう（助）／theaters＝劇場は S／be＝である Vi／like＝～のよう（前）／(in the future)＝（において）将来 M）

第 1 文では，**What** と **like** の役割を押さえましょう。What の「本来の身の置き所」は，**“like What?”** という組み合わせで考えるとわかりやすいのです。アメリカの言語学者 Fries（フリーズ）先生のやり方にならって，「❶平叙文→❷疑問文→❸ Wh- 疑問文」と変形すると，**like は前置詞**，**What はその O** と確認できます（→ 6 課）。第 1 文に

F 先生の理論を短縮して適用すると，❶の語順にした theaters will be **like What** の What を文頭に出して Wh- 疑問文にすると，❸ What will theaters be like? という第 1 文になるのがわかりますね。

❷ Anyway, they will still have to do [what theaters have always done]: (provide a setting (**for people** (**to watch** actors performing live drama))).

（いずれにしても：Anyway (副)／それらは：they S／だろう：will (助)／依然：still (副)／のでなければならない：have to／をする：do Vt → Vt [what (S)VX]）
（～のこと：what O→O(関代)／劇場が：theaters S／きた・いつも・をして：have always done Vt（現完）／を提供すること：provide (Vt)／環境：a setting (O)）
（人々が：for people M→(SS)／べき・を見る：to watch (不) (Vt)／俳優が：actors (O)／を演じている：performing (C)（現分）／生の劇：live drama (O)）

第２文 〈have to Ⓥ〉（→ 10 課）がくっきりと見えましたか？　後続の what- 節はコロン (:) の前まで。主語なしの provide は**動詞の原形**にほかなりません。“provide” を代入するのにふさわしいのは，先行する原形の do です。

Vt [what (S)VX] においては，Vt が❶ ask のように「質問・疑問」の動詞なら what は疑代，❷ do / like のように「動作・思い」を表す動詞なら関代，❸ know / remember など「認識・記憶」の動詞なら文脈で考えます。ここでは❷ do を発見したので what は関代 です。「劇場がいつもしてきたこと」（：を右に伸ばすと＝になります），すなわち「～を提供すること」。「すなわち」の前後をつないで和訳すればよいのです。詳しくは 50 課で学びますが what- 節が「主要語」，不定詞 provide 以下がそれを説明する「同格語」の同格関係です。

さて（for people to watch ...）が名詞的でないことは明らかです。a setting という O の直後に N（名詞）がピタッとつくことはあり得ないからです。形容詞的なら「人々が～を見ることのできる環境（を提供する）」，副詞的なら「人々が～を見るために（環境を提供する）」。意味の流れから，**形容詞的**がよいです。〈**watch O C (C ＝現分)**〉（→ 12 課）は条件反射で把握できましたか。

《全文訳》 劇場は将来どんなふうになるのだろうか。いずれにしても，劇場はいつだってしてきたこと——すなわち俳優が目の前で劇を演じるのを人々が見ることのできる環境を提供すること——を引き続きしていかなければならないだろう。

【語句】**theater** 名 劇場／**provide** Vt を提供する／**setting** 名 環境／**perform** Vt を演じる／live 形 生の

41 例題 〈Ving〉はS・O・Cか前置詞のOなら動名詞

●次の文の構造を検討し，和訳しなさい。

❶Our junior high school tennis days have just finished, but I learned a lot from Takuya through tennis. ❷One thing is for sure. ❸**Trying** something and **making** mistakes is better than **doing** nothing. ❹I will have chances to find something new if I try. （石川県公立高校入試）

動詞が名詞化されたのが動名詞

動名詞は，英文法書などでは Ving と表記されますが，そもそも，10 課の表「動詞 3 種類❷」（不定詞・分詞）に動名詞を加えた「動詞」たちを**準動詞**と総称します。**動名詞**は「動詞の原形」に -ing を付けて名詞の働きを持たせたものなので，「動詞」と「名詞」の働きを併せ持っています。動詞が名詞の前なのは，**動詞が源**だということです。動名詞の文を検討しましょう。

(a) Swimming in the sea is fun.　海で泳ぐのは楽しい。

"swim in the sea" で "in the sea" は swim に対する M ですから，**Swimming** は is の S であり "in the sea" という M を持つ動名詞です。**fun** の品詞は**名詞**で，意味は「面白いもの／人」。fun は「面白い」と訳されることが多いため「形容詞（×）」と思い込んでいる人が結構います。"Have fun!"「楽しんできて／行ってらっしゃい」などを頭に入れておくとよいですね。

(b) I can't help falling in love with you.　君を愛さずにはいられない。

help の意味は何でしょう？　help の直後に Ving が続いているところがミソ。もちろん，**falling** は**動名詞**です。〈 (in love) (with N)〉は in が「**状態**」を表し，〈with N〉が love を修飾しています。fall をその前に置くと〈fall (in love) (with N)〉で「N に恋している状態である」，-ing 形にしてつなぐと，〈can't help falling in love with N〉「N を愛さないではいられない／どうしたって愛してしまう」となります。**help が動名詞を O にするときは help = avoid**「（～）を避ける」の意味を持ちます。「僕は君を愛することを避けることができない」が直訳。

Wise men say only fools rush in
But I can't help falling in love with you

実はこのセリフ，その昔，一世を風靡（ふうび）したアメリカ人歌手 Elvis Presley（エルビス・プレスリー）の『Can't Help Falling in Love（愛さずにはいられない）』の冒頭です。1 行めを検討します。rush in は「飛び込む，乱入する」。say の後ろに透明接着剤 that 接を見出しましょう（→ 24 課）。only 副は fools を修飾しています。

さらに『新英和大辞典』(研究社) の解説を織り込むと，この１行めはPope (ポープ・英国の詩人) がしたためた一節 "Fools rush in where angels fear to tread." 「天使も踏むを恐れるところ愚か者は勇んで踏み込む，盲蛇に怖(お)じず (→物事を知らないために，かえって物おじをせず，向こう見ずなことをする『広辞苑』)」が下敷きになっていると思われます。この **where** は**接続詞** (→20課)「〜のところ／場合」です。fear (Vt)「を恐れる」の O が to tread「踏みつけること，踏むこと」。

和訳 賢人は，愚者のみが無鉄砲なことをする，と言う。→ 賢者の言葉 —— 愚か者だけだよ，無鉄砲な振る舞いをするのは。だが，僕は君を愛さずにいられない。

例題 ANSWER

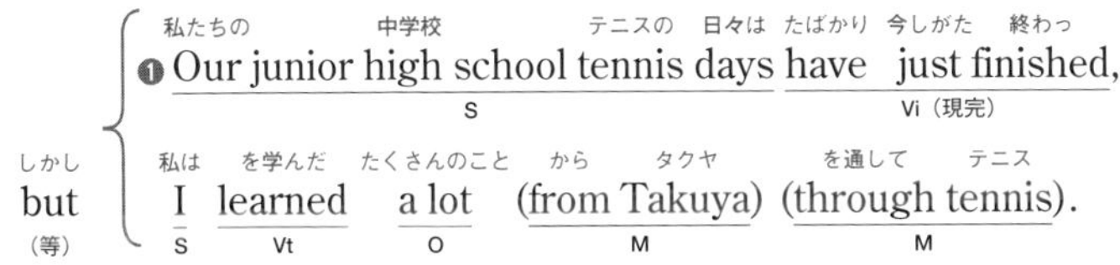

私たちの 中学校 テニスの 日々は たばかり 今しがた 終わっ
❶ Our junior high school tennis days have just finished,
S Vi (現完)
しかし
but
(等)
私は を学んだ たくさんのこと から タクヤ を通して テニス
I learned a lot (from Takuya) (through tennis).
S Vt O M M

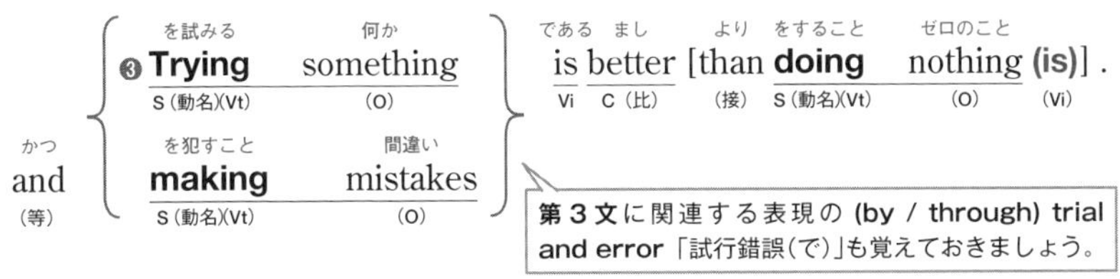

私は だろう がある 機会 べき を見つける 何か 新たな 〜ならば 私が やってみる
❹ I will have chances (to find something new) [if I try].
S Vt O M→(不)(Vt) (O) (形) (接) S Vi

第４文の不定詞は直前の chances を修飾。また，形容詞が〜 -thing / 〜 -one / 〜 -body の語を修飾する形は，"something new" のように，その後ろに位置します。

《全文訳》 私たちが中学校でテニスに打ち込んだ日々はたった今終わったばかりだが，私はタクヤからテニスを通して多くのことを学んだ。１つ確かなことがある。何事かについて試行錯誤するほうが，手をこまねいているよりましだ。自分でやってみれば，何か新しいことを見つける機会があるだろう。

【語句】**for sure** (= **certain**) 確かな

42 例題 現在分詞は別名「能動分詞」

●次の文の構造を検討し，和訳しなさい。

❶People around the world have had problems with water in many rivers. ❷Some countries take water from the same river. ❸If one country uses too much water from the river, the other countries can't get enough water for their everyday lives. ❹They fight to take the water. ❺People **living** around the rivers have to share water but they are "rivals." ❻A long time ago, the meaning of "rival" was a person **disputing** the water in a river.

（栃木県公立高校入試）

動詞と形容詞の働きに預かる詞が「動詞形容詞」

「分詞」（→7課）は「動詞と形容詞の働きを**分**け持つ**詞**」だから**分詞**です。本来の意味は「動詞が形容詞に預かる（participate）もの」なので，言い換えると，「**動詞形容詞**」と呼んだほうが意味はわかりやすいのです。

まずは，進行形を作るときの「**現在分詞**」を押さえましょう。意味・機能に重きを置くと，「**現在**『分詞』」よりは「**能動**『分詞』」（〜**する**「分詞」）のほうが「言い得て妙」です。**能動**とは「動作」を「能うる（＝なし得る／できる）」ということで，5文型を扱った1課〜5課の例題は能動態の文です。日本語を確認してください。

1課：〈SV〉「（Sは）〜する」	**4課**：〈SVO_1O_2〉
2課：〈SVC〉「（Sは）Cである」	「（Sは）O_1にO_2を〜する」
3課：〈SVO〉「（Sは）Oを・に・と〜する」	**5課**：〈SVOC〉「（Sは）OをCに〜する」

裏を返せば，受動態（＝〈be動詞＋Vtの過分〉）「〜される」を意味する動詞の形態ではないのが能動態です。「**能動分詞**」の用法を確認しましょう。

能動分詞の用法

- □ ❶ 〈**be動詞**＋「**能動分詞**」〉で**進行形**という述語動詞を作り，「進行中の動作／近い未来」を表す。動詞性が強い「動詞形容詞」（→7課・10課）。
- □ ❷ 名詞を限定的（→27課）に修飾する。文の要素（→『学習の基礎知識』）の分類上は**形容詞性**が強い「動詞形容詞」（→7課）。

❷の例を1つだけ挙げておきましょう。

Running water is essential to rice fields.	流れる水／流水は田んぼに欠かせない。

「能動分詞」にO／C／Mなどの付属物がないときは，〈『能動分詞』＋名詞〉の修飾構造。上の例文のRunningは形容詞的にwaterを修飾，**動作**を表しており，**動詞**

性を持っています。(Water runs(Vi)., run + ing = running)

例題 ANSWER

人々は　じゅうの　世界　きた　を抱えて　問題　に関する　水　にある　多くの　川
❶ People (around the world) have had problems (with water) (in many rivers).
S　M　Vt（現完）　O　M　M

～ならば　ある特定の　国が　を使う　あまりにも　多量の　水　からの　川
❸ [If one country uses too much water (from the river)],
（接）　S　Vt　O　M

（全部の）　ほかの　国々は　ことができない　を得る　足りるだけの　水　～用に　それらの　日常の　生活
the other countries can't get enough water (for their everyday lives).
S　Vt　O　M

第３文の for 句は enough を修飾。

各国は　争う　ために　を手に入れる　その　水
❹ They fight (to take the water).
S　Vi　M→（不）(Vt)　(O)

第４文の to Ⓥの用法・意味は楽にわかるはず。（→ 37 課）

人々は　生活している　の辺りに　川　必要がある　を分かち合うこと　水
❺ People (**living** (around the rivers)) have (to share water)
S　M→（現分）　(M)　Vt　O

しかし　彼らは　である　競争相手
but they are "rivals."
（節）　S　Vi　C

第５文の living は「能動分詞→現分」とわかりましたか？

長　年　前に　意味　の　競争相手　であった　人
❻ (A long time ago), the meaning (of "rival") was a person
M　S　M　Vi　C

を得ようと争う　水　にある　川
(**disputing** the water (in a river)).
M→（現分）(Vt)　(O)　(M)

第６文の disputing も「能動分詞→現分」。

《全文訳》 世界中の人々は，多くの川で水に関する問題を抱えてきた。国々が同一の川から水を得ることがある。もしも，一国があまりにも多量のその川の水を使えば，ほかの国が日常生活に足るだけの水が得られない。水を得ようと国々は争う。流域で生活している人々は，水を分かち合う必要があるが，彼らは「競争相手」だ。昔，「競争相手」が意味するのは，川の水を得ようと争う人のことだった。

【語句】**problem** 名 問題／ **everyday** 形 日常の／ **dispute** Vt を（得ようと）争う

43 例題 過去分詞は別名「完了／受動分詞」

●次の文の構造を検討し，和訳しなさい。

❶A few years ago, a 43-year-old shopkeeper **named** Rajesh Kumar visited the construction site of a railway station in New Delhi. ❷He saw many children who were playing at the site instead of studying at school. ❸When Rajesh asked their parents why they were not sending them to school, they all said there were no schools in the area and nobody cared.

（関西学院高等部）

過分 の本質は「完了／受動」分詞

「現在分詞」が「能動分詞」であるのに対し，**過去分詞は「（物事が）終了している」ことを意味する**分詞，いや，**動詞形容詞**です。「（物事が）終了している」状態には2種類，「**完了**」と「**受動**」があります。まずは「**完了**」から。

(a) Where have all the flowers gone?

花はみんな，どこへ行ってしまった（もう，ここにはない）。

(a) は，日本では The Brothers Four が歌ったことで知られている曲のタイトルです。gone は , Vi の 過分 。歌詞の中で flowers の部分が次々と入れ替わって，最後に flowers に帰着します。「輪廻転生（りんねてんせい）」を感じさせます。

Where have all the **flowers** gone?
→ (Young girls have picked them everyone)
→ young girls (Gone to husbands everyone)
→ husbands (Gone to soldiers everyone)
→ soldiers (Gone to graveyards everyone)
→ graveyards (Gone to flowers everyone)
→ Where have all the **flowers** gone?

* Gone = They've / have gone

「終わった！」という感じを伝えるのに使われている 過分 は，「完了分詞」と呼んだほうがよさそうです。everyone 代 は構造・文脈から，直前の them / husbands soldiers / graveyards / flowers（下線部）と「同格」。everyone はここでは「人」以外に適用して「花1本ずつ（残らず）」…「墓場も1か所ずつ（残らず）」の意味を持たせていて意味深長です。

次は「**受動**」です。

(b) John F. Kennedy was assassinated on November 22, 1963 at 12:30 p.m. in Dallas, Texas.

J・Fケネディは1963年11月22日、午後12時半にテキサス州ダラスで暗殺された。

受動態の形は〈be＋過分 (Vt)〉，意味は「〜される」。動作主を〈by 〜〉で表すと解説されますが，動作主が自明／不明の場合は，あえて明示しません。**(b)** の例文から，過分 よりは「**受動『分詞』**」（**〜される「分詞」**）のほうがピッタリですね。ここで話をまとめると，「完了分詞＋受動分詞」＝「**完了／受動分詞**」と決めます。

［語句注］**assassinate** Vt を暗殺する（**assassin** 名 暗殺者，刺客／**assassination** 名 暗殺）

例題 ANSWER

❶ (A few years ago), a 43-year-old shopkeeper **named** Rajesh Kumar visited the construction site (of a railway station) (in New Delhi).

（数年前(に)〔M〕／43歳(だけ歳)の小売店経営者が〔S〕／と名づけられた〔(過分)(Vt)〕／ラジェシ クマール〔(C)〕／を訪ねた〔Vt〕／建設現場〔O〕／の鉄道の駅〔M〕／にあるニューデリー〔M〕）

第1文の過去分詞 named... は，原形にすると〈**name(Vt)OC**〉「**O を C と名づける**」で，O が主語になると〈S is named C.〉となります。例文を示します。

(c) They named the boy Tom. → (d) The boy was named Tom.

（(c) They〔S〕 named〔Vt〕 the boy〔O〕 Tom〔C〕 → (d) The boy〔S〕 was named〔V(受)〕 Tom〔C〕）

(d) の文で was を外すと文が壊れ，boy が中心となる〈the boy named Tom〉「トムと名づけられた少年」ができ上がります（→ 7 課）。

❷ He saw many children [who were playing (at the site) instead (of studying) (at school).

（彼は〔S〕／を目の当たりにした〔Vt〕／多くの子どもが〔O〕／(その子たちは)〔S(関代)〕／いた遊んで〔Vi(進)〕／でその(建設)現場〔M〕／ほうではなく〔(群前)〕／の勉強すること〔(動名)(Vi)〕／で学校〔(M)〕）

❸ [When Rajesh asked their parents [why they were not sending them (to school)]], they all said [(that) there were no schools (in the area)] and [(that) nobody cared].

（〜のとき〔(接)〕／ラジェスが〔S〕／に〜を尋ねた〔Vt〕／子どもらの親〔O_1〕／なぜ〜のか〔O_2→(疑)〕／あなた方は〔S〕／いない を送り出して〔Vt(進)(否)〕／子ども〔O〕／に学校〔M〕／親たちは〔S〕／みんな〔(代)〕／と言った〔Vt〕／〜ということ〔O→(接)〕／がある〔(副)〕〔Vi〕／ゼロの学校〔S〕／にはこの地域〔M〕／そして〔(等)〕／〜ということ〔(接)〕／ゼロの人が〔S〕／気にかける〔Vi〕）

all は they に対する**同格語**。

said のあとには「透明接着剤」that を置きましょう（→ 24 課）。and のあとにも意味の流れを考えて，that を置きます。

《全文訳》 数年前のことだが，ラジェシ・クマールという名の 43 歳の小売店経営者がニューデリーにある鉄道駅の建設現場に行った。彼は，その現場で遊んでいる多数の子どもを見たが，その子たちは学校で学んだりしてはいなかった。ラジェシが子どもたちの親に，「なぜ子どもを学校にやっていないのか」と尋ねたところ，親たちは一同に「この地域には学校がないし，誰も気にしないよ」と言うのだった。

【語句】**shopkeeper** 名 小売店経営者／**construction** 名 建設／**site** 名 現場／**New Delhi** 名 ニューデリー（インドの首都）／**instead of N** N のほうではなく／**care** Vi 気にする

44 例題　過去形か過去分詞かを判別せよ

●次の文の構造を検討し，和訳しなさい。

❶In Japan, people developed a special kind of theater for performing the ancient drama **called** *No*. ❷The masked actors entered the plain, square stage across a structure like a little bridge. ❸There was no scenery.

（お茶の水女子大付属高校）

文構造の分析は背理法で斬り込め

江戸北南奉行所の白洲（法廷）で，遠山越前守（とおやまえちぜんのかみ）が裁きを言い渡す場面です（「遠山越前守さま，ご出座～」）。

「ただ今より『越後屋蔵破り（えちごやくら）』の件につき，吟味および裁きの申し渡しをいたす。一同の者，面（おもて）をあげい。
奉行の思料では，**(A)** 平蔵が，盗みを行った事実はない。**(B)**『平蔵が盗賊の片割れだ』と仮定すると，亥（い）の刻（こく）(午後 10 時頃)，越後屋の蔵の中にいるはず。ところが，**(C)** 平蔵は飲み屋で親方らと一杯やっていたと言う。店の者どもにも確かめたが，平蔵の申し立てに間違いはない。**(D)** 同一人（どういつにん）が一時（いっとき）に２か所にいるなどということはあり得ない。よって，**(A)** 平蔵が越後屋に押し入った事実はない。裁きを言い渡す。平蔵は無罪，お咎（とが）めなしとする。これにて一件，落着」

[遠山越前守の話の流れ]

(A) 証明したいこと → **(B)** 仮定の話 → **(C)** 裏づけのある事実
→ **(D)** 仮定と事実の間で矛盾する内容 → 矛盾が生じたのは仮定が誤りだから」
→ **(A)** である。**(A)** が証明された

この論理の流れ，すなわち**背理法**で奉行・遠山は判決を導き出したのです。

時制は常に S を持つ・文の主要素，見落とすな

越前守の手法を英文解釈に適用して，次の文の文構造を検討しましょう。動詞の語形に注意してください。

The carpenter called Tom remodeled the house.

❶ called を Vt（述語動詞）の過去形と**仮定**すると Tom が O。これでは後続部との関係

が説明できません。The carpenter called Tom（×）は不成立で，Tom は O ではありません。

❷ Tom が remodeled の S と仮定すると call［(that) SVX］の動詞型になりますが，call にはこのような型はありません。よって remodeled の S が The carpenter なのは明白。同時に called は述語動詞ではなく 過分 と判明します。

❸ remodeled（Vt）the house（O）は決定です。

❹ Tom は❶❷より，S でも O でもないことが確定です。ここで前課の〈name OC〉を思い出してください。**call** も同じく〈**call OC**〉で使われます。The carpenter **called** Tom → The carpenter **was called** Tom を復活させるのです(→７課)。**Tom は called の C** と判明します。文の骨格は〈The carpenter remodeled the house〉. でした。

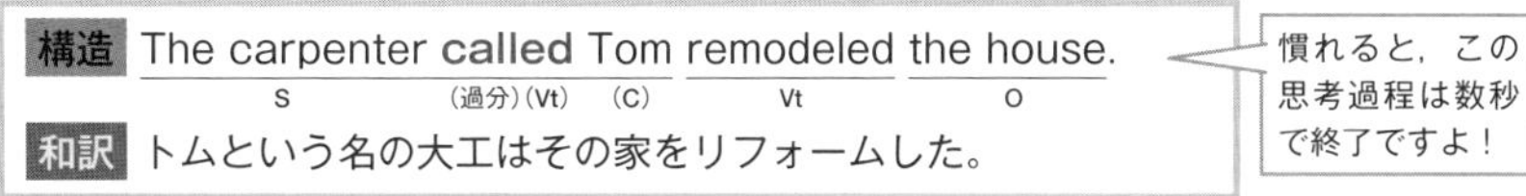

構造 The carpenter **called** Tom remodeled the house.
S (過分)(Vt) (C) Vt O

和訳 トムという名の大工はその家をリフォームした。

慣れると，この思考過程は数秒で終了ですよ！

例題 ANSWER

❶ (In Japan), people developed a special kind (of theater)
（では 日本 / 人々が / を開発した / 特殊な 種類(のもの) / からなる 劇場）
M S Vt O M

(for performing the ancient drama **called** *No*.
（のための を演じること / 古来の 劇 / と呼ばれる / 能）
M→ (動名)(Vt) O (過分)(Vt) (C)

第１文の called は「**される**」分詞。前に was を補って独立文にすると The ancient drama was called *No*.「古来の劇は，能と呼ばれた」。

❷ The masked actors entered the plain, square stage (across a structure) (like a little bridge).
（仮面を着けた 役者(達)が / に現れた / 飾りのない 四角い 舞台 / を横切って 建築物 / のような 小さな 橋）
S Vt O M M

第２文では前置詞句が形容詞句／副詞句のどちらかは意味の流れで判断します。

❸ There was no scenery.
（あった / ゼロの(無い) / (舞台)背景）
(副) Vi (否) S

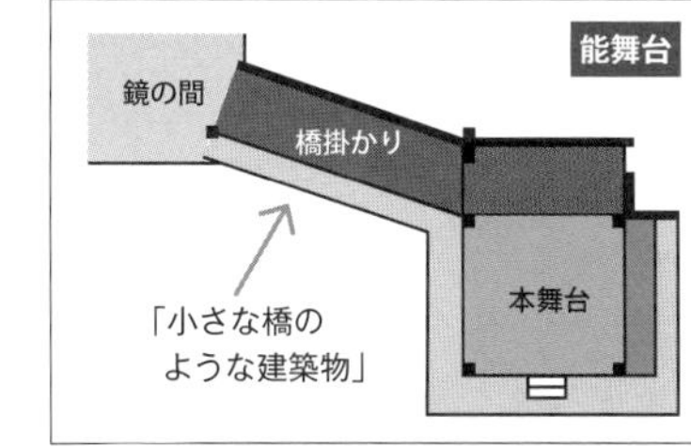

《全文訳》 日本では，人々が，「能」と称する古来の劇を演じる特殊な劇場を考え出した。仮面を着けた役者が，小さな橋のような建築物を通って，飾り気のない，四角い舞台に登場した。背景は何もなかった。

【語句】 **develop** Vt を開発する／**theater** 名 劇場，舞台／**perform** Vt を演じる／**ancient** 形 古来の／**masked** 形 仮面を着けた／**actor** 名 役者，俳優／**plain** 形 簡素な／**square** 形 四角い，長 / 正 方形の／**structure** 名 建築物／**scenery** 名（舞台）背景

45 例題 分詞が副詞(句)として働くとき，「分詞構文」と言う

●次の文の構造を検討し，和訳しなさい。

❶The most usual way of finding out how a person really feels is to invite them out somewhere away from the workplace, for example, **going** out for a cup of coffee. ❷As the two of you relax together, you'll get to hear the real story. ❸Off the record, of course.（灘高校）

分詞構文〈Ving＋α(アルファ)〉，「時・ので・ながら・(そ)して」が基本

次の **(a)(b)** の **Ving** が，名・形・副のどれにあたるか検討しましょう。

(a) Seeing a police officer, the thief ran away.

(b) The thief saw a police officer, running away.

(a) の "Seeing a police officer" がカンマを飛び越えて後続の thief に対して形容詞的な働きをすることはできませんから，"**Seeing...**" は**副詞的**。副詞として修飾するのは動詞 **ran** のみ。**(述語) 動詞を修飾する Ving**，これが**分詞構文**です。わかりやすく「**動詞修飾の Ving**」と覚えましょう。

和訳 **(a)** 警官を目にすると，泥棒は逃げた。

(b)"running away..." は削除可。何を修飾しますか？　officer と仮定すると running は形容詞的な Ving。そうすると「逃げたのは警官 (!?)」，となってしまいます。逃げるのは「泥棒」でないと絵になりません。

和訳 **(b)** 泥棒は警官を目にし，(そして) 逃げた。

なお，分詞構文は意味上の主語を持ちます。**(a)(b)** のように分詞の前に意味上の主語を示さないときは，**文の主語が意味上の主語**です。

ここで **Ving の訳語**を示しておきます。

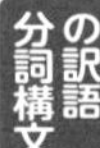

分詞構文の訳語

- □ ❶ **節の前**：「〜のとき」「〜なので」「〜しながら」「〜ならば」「〜だけれども」
- □ ❷ **節の後ろ**：「〜しながら／していて」「そして〜」

さて次は 1970 年代に活躍した兄と妹のデュオ，The Carpenters（カーペンターズ）の曲から，『Yesterday Once More』の冒頭部分です。「再び昨日が」という意味ですが，邦題は英語そのままの『イエスタディ・ワンス・モア』です。

When I was young, I'd listen to the radio, waiting for my favorite songs.

I'd = I would。この **would** は「いつのことだか，思い出してごらん。あんなこと，こんなこと，あったでしょう…」と回想する感じに似ています。「**回想の would**」と覚えましょう。waiting が radio を修飾するはずはありませんから，**waiting は分詞構文**と決めます。ところで waiting は何を修飾するのでしょうか。次の２つの書き換えた構造解釈のどちらが適切か，比較しましょう。

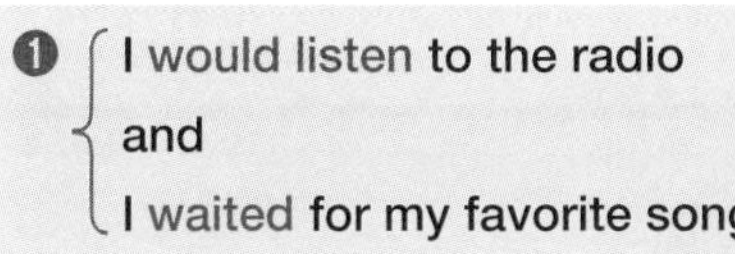

❶ { I would listen to the radio / and / I waited for my favorite songs

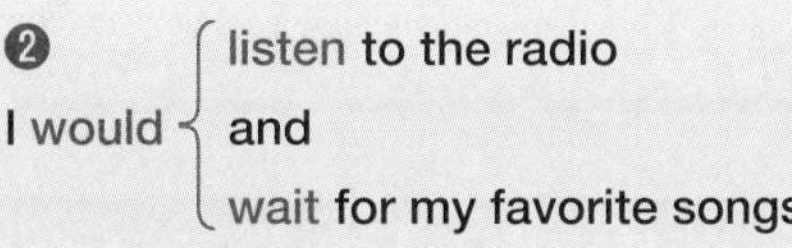

❷ I would { listen to the radio / and / wait for my favorite songs

❶では waiting は would から独立していますが，❷では would の支配下にあります。❷の形で，**waiting の修飾先は原形の listen** と理解するのが相当です。

> **和訳** 私が若い頃，ラジオを聞いて好きな歌を待っていたねえ。

このように分詞構文は V（述語動詞）だけでなく，原形・（現在／過去）分詞・動名詞を修飾します。

例題 ANSWER

❶ The most usual way (of finding out [how a person really feels]) is (to invite them out somewhere away (from the workplace), (for example), **going** out (for a cup) (of coffee)).

（The most usual way＝最も一般的な方法は：S／of＝に関する：M→／finding out＝を知ること：（動名）（Vt）／how＝どんなふうに：（O）→C／a person＝人が：S／really＝実際は：（副）／feels＝感じる：Vi／is＝である：Vi／to invite＝を誘うこと：C→（不）（Vt）／them＝その人：（O）／out＝外へ：（副）／somewhere＝どこかへ：（副）／away＝離れて：（副）／from＝から　the workplace＝職場：M／for example＝例えば：M／going＝行くこと：M→（現分）（Vi）／out＝外へ／for＝を飲みに　a＝1　cup＝カップ：M／of coffee＝入りのコーヒー：M）

> **第１文**の不定詞の部分は
> to { invite / (for example) / , going
> と捉えます。

❷ [As the two (of you) relax together], you 'll get to hear the real story.

（As＝～なので：（接）／the two＝2人：S／of＝（からなる）　you＝あなたたち：M／relax＝くつろぐ：Vi／together＝ともに：（副）／you＝あなたは：S／'ll get to＝（～する）ようになる　hear＝を耳にする：Vt／the real story＝真実の　話：O）

> **第２文**の **of** は本来は「構成の of」。歴史的には，of は「構成の of → **同格の of**」と発展したのです。

❸ (Off the record), (of course).

（Off the record＝されないで　記録：C／of course＝もちろん：M）

> **第３文** "Off the record" = (It is) Off the record.
> It は The real story you'll get to hear で（NSV → 32 課）。

《全文訳》 人が実際にどう思っているかを知る最も一般的な方法は，人をどこか職場から離れたところへ誘う，例えば，コーヒーを飲みに外出することだ。2人で一緒にくつろぐと，偽りのない話を耳にするようになるだろう。そういった話はもちろん公表しない類のものだが。

【語句】**find out** を知る／**workplace** 名 職場／**get to** Ⓥ～するようになる（→ 31 課〈come to Ⓥ〉と同様，1つのVと見なすほうがよい）／**off the record**（副・形）公表しない（で），オフレコ（で／の）

46 例題 〈with OP〉にSP関係を読め

●次の文の構造を検討し，和訳しなさい。

❶In 1863, people from schools and clubs all over England met in a pub in London. ❷They wanted to agree on the rules of football. ❸For example, should running **with the ball in their hands** be allowed? ❹After a lot of talking, the men who wanted to say yes to such a question walked out. ❺They wanted to play rugby football. （慶應義塾志木高校）

〈with OP〉は〈S is P〉で同時展開

さっそく，例文から検討しましょう。with の後ろで，語句がどんな関係なのかを観察してください。節と with- 句で内容の軽重がどれほどあるでしょうか。構造上は節が「主」で，〈with OP〉は副詞句／形容詞句で修飾表現にすぎず，「従」であることは言うまでもありません。要は内容です。

(a) You speak with your mouth full.

(b) I sometimes sit still with my eyes closed.

『Collins COBUILD English Dictionary』ではこの with の用法を，"You use with to say something happens at the same time that something else happens." と解説しています（that は関副。time の前に the same があるので when ではなく that が使われています。「何かが，ほかのことが起きると同時に起きた，という目的で使う」）。

(a)(b) の点線部・下線部のカタマリが区別できましたね。点線部が with の O，下線部が P で，OP の間には一定の関係が見て取れます。**意味上，O が S（主語）で P が述語と見立てる**と，理解しやすくなります。結果の先取りになりますが，これは〈SVOC〉（→５課）の O と C の関係に似ています。本来は〈while S is P〉という節（時には while → if / because）を with- 句に圧縮し，〈with + S is P〉→〈with OP〉にしたものです。これが J 先生の Nexus（ネクサス）という考え方です。

(a)(b) の和訳に進みます。**(a)** は "with your mouth full" から "your mouth is full"「口が一杯（な状態で）」を，**(b)** は "with my eyes closed" から "my eyes are closed" を読み取ります。still は形「じっとした」で付加的補語です。

和訳 **(a)** 君は口をもぐもぐさせてしゃべる（癖がある）。
(b) 私は時々，目をつむってじっと座ります。

(a)(b) の〈with OP〉の P は**形容詞・（過去）分詞**でした。ほかにも，副詞・（前置詞句）・名詞節などがあります。どうです，with... と「ついでにつけ足した」状況ではないでしょう？　前述の『Collins COBUILD English Dictionary』の解説を拝借して，「**同時展開の with**」と決めましょう。

ここで1994年9月19日のThe Japan Timesの記事を読みましょう。ハイチで軍がクーデターによって政権を樹立。国連安保理決議に基づいて，アメリカ軍主導の多国籍軍は合法的政権樹立に向け，軍事力を背景に，無血で軍事政権を退陣させました。

NEWS **With U.S. warships looming offshore, former U.S. President Jimmy Carter tried to persuade Haiti's military leaders to leave power peacefully and spare their nation an invasion.**

"With OP" から，アメリカ艦隊が**同時展開**する感じが伝わってきます。

［語句注］ **warship** 名 戦艦／ **loom** Vi（ぼうっと大きく）現れる／ **offshore** 副 沖合で／ **persuade O to** Ⓥ O を説得して～させる／ **military** 形 軍の／ **spare** O_1O_2 O_1（人）に O_2（苦労など）を与えない／ **invasion** 名（武力による）侵攻

和訳 アメリカの軍艦が沖合に姿を現す中，ジミー・カーター元米国大統領は，ハイチの軍幹部に対し，権力を平和裏に委譲して国民を侵攻に遭わせないようにしては，と説得するべく努力をした。

例題 ANSWER

❶ (In 1863), people (from schools and clubs) (all over England) met (in a pub) (in London).

（に 1863年 M）（人々は S）（からの 学校 そして クラブ M）（じゅうの イングランド M）（会合した Vi）（で パブ M）（にある ロンドン M）

❷ They wanted (to agree (on the rules) (of football)).

（彼らは S）（(～し)たかった Vt）（合意すること O→(不)(Vi)）（について ルール M）（の フットボール M）

❸ (For example), should running (**with the ball** (**in their hands**)) be allowed?

（例えば M）（(～する)べきか v）（走ることは S(動名)）（(～ある)ままで (同時展開)）（ボールが O）（の中に 彼らの 手 P(副詞句)）（る 許され Ⓥ(受)）

第3文の〈with OP〉がくっきり目に入りましたか？

❹ (After a lot of talking), the men [who wanted (to say yes (to such a question))] walked out.

（の後 たくさんの 討議 M）（男たちは S）（(彼らは) (関代)S）（(～し)たい Vt）（と言う O→(不)(Vt)）（はい (O)）（に そのような 問い M）（退場した Vi (副)）

《全文訳》 1863年のこと，英国中の学校とクラブから集まった人たちは，ロンドンのパブで集会を持った。彼らはフットボール（サッカー）の規則で合意したかった。例えば，ボールを抱えて走っていいのか，とか。かなり話し合ったのちに，そういった問題に賛成の男たちは退場した。彼らはラグビー・フットボールがしたかったのだ。

【語句】 **England** 名 英国のイングランド／ **agree** Vi 合意する／ **allow** Vt を許す／ **talking** 名 討議／ **walk out** 退場する

47 文尾が「？」なら前と比較

例題

●次の文の構造を検討し，和訳しなさい。

❶Actually, many studies have shown that school children who eat breakfast have better memories and learn more than their classmates who **don't**. ❷They can be more on time to class, too.　(お茶の水女子大付属高校)

先行の語(群)は切り捨て御免

そもそも省略（Ellipsis）とは，「完全な文を想定できる場合，既出表現をバッサリ切り捨てる術」です。次の **(a)(b)** は，文尾の切り捨てがなされています。

(a) I don't know him. I really don't.

(b) A man who makes a lot of money is a clever fellow; a man who does not, is not.

(a) の２つめの文の後ろは don't (**know him**) と容易に補えますね？　**know**（Vt）の意味は「**(人) と知り合いだ，交際している**」です。**really** は，否定語の前に置かれるか後ろに置かれるかで意味が違います。**(a)** のように前なら「私は彼と知り合いではない。全然だよ」，後ろなら "I don't really like pork." で「私は豚肉があまり好きではない」となります（部分否定→ 55 課）。

(b) の文はセミコロン（；）のあとが厄介そうです。前後を縦に並べると…。

A man who makes a lot of money is a clever fellow;
a man who does not (　　　　　　), is not (　　　　　　).

省略が見えてきませんか？

全文は a man [who does not (**make a lot of money**)], is not (**a clever fellow**) で OK。「お金をたくさん儲けるものは利口者だし，そうじゃない者は利口とは言えない」という意味です。イギリスの哲学者 Bertrand Russell（バートランド・ラッセル）の『The Conquest of Happiness（幸福論）』Chapter 3 Competition からの１文で，アメリカの business people について述べたものです。ラッセル卿は，89 歳で核兵器廃絶の先頭に立ちました。

次は，Albert Einstein（アルバート・アインシュタイン）が 1945 年 12 月に行った講演の一部です。

We delivered this weapon into the hands of the Americans and the British people as trustees of the whole of mankind, as fighters for peace and liberty.

But so far we fail to see any guarantee of peace. We do not see any guarantee of freedoms that were promised to the nations in the Atlantic Charter. The war is won, but the peace is not.

1955年7月，Einstein と Russell が中心になってまとめた核兵器の廃絶を求める『ラッセル・アインシュタイン宣言』が発表されます。アインシュタインは1922年に夫人同伴で日本を訪れ，京都・東京・仙台・名古屋など計8都市で講演を行った親日家です。彼は，自らが製作を勧めた原子爆弾が，日本の広島・長崎に投下されるとは夢想だにしなかったのです。

最後の文を "... but the peace is not (won)" と補うことができれば，「切り捨て」術は免許皆伝です。念のため，win(Vt) の受動分詞が won，〈is + won〉で受動態です。

[語句注] **deliver** Vt を届ける／**weapon** 名 武器／**trustee** 名 受託者／**liberty** 名 自由／**so far** 副 今までのところ／**fail** Vi **to** Ⓥ ～しない，怠る／**guarantee** 名 保障／**the Atlantic Charter** 大西洋憲章

和訳 私たちは，この武器を人類全体の受託人また平和と自由を守る闘士たるアメリカ国民とイギリス国民の手中に届けた。しかし，いまだ私たちは平和の保証をまったく目にしていない。自由に関わって，大西洋憲章で諸国に約束された保証を何ら見られないでいる。戦争には勝ったが，平和は勝ち取っていない。

例題 ANSWER

❶ Actually (副 実は), many studies (S 多くの研究が) have shown (Vt(現完) を示して) [that (O→(接) ということ) school children (S 学校の児童)

[who (S(関代) 彼らは) eat (Vt を食べる) breakfast (O 朝食)]
{ have (Vt をしている) better memories (O よりよい記憶力)
and (等 そして) learn (Vt を学ぶ) more (O より多くのこと) }

[than (接 より) their classmates (S (彼らの)同級生) [who (S (彼らは)) **don't** (関代) (?) (?)]]].

❷ They (S 彼らは) can (ことができる) be (Vi である) more on time (C(比) もっと時刻どおりで) (to class) (M 授業に), too (副 また).

第1文は that- 節・than- 節，who- 節も don't までです。than のあとは，「何をしない誰か」というと，当然「朝食を食べない児童」です。don't のあとに eat breakfast を補います。

《全文訳》 実は，多くの研究により，朝食を食べる学童は，食べない同級生と比べて記憶力がよく，より多く学ぶことがわかっている。また，彼らのほうが，授業時間を守ることができる。

【語句】**actually** 副 実は／**on time** 形，副 本問では 形　時刻どおりで

48 例題 and/but のあとの構造が「？」なら前と比較

●次の文の構造を検討し，和訳しなさい。

❶Why do we need money to buy things? ❷Why does the economy sometimes do well **or** at other times not well? ❸How do prices go up and down? ❹You can answer all these questions if you just look at how money and the economy work.
（桐蔭学園高校）

文型をふまえ，左右対象をつくろう

本課では文中／節中に分け入って行われる「切り捨て」を扱います。〈SVX and / but / or / , / (;) XX.〉の XX がどのような構造になっているのか，指を前後・左右に移動させながら and / but / or / , / (;) の左右が対称になるように構造設計をしましょう。**文法上同じ資格を持つ語（群）をキャッチ**。あとは**欠けている語（群）を補充**します。

(a1) To err is human, to forgive divine.

To err is human, to forgive  divine.

(a2)

To err is human, to forgive is divine.

(a1) は有名なことわざで，Pope（ポープ）（→ 41 課）の言葉です。カンマのあとを見て「アレッ？」と思ってください。カンマの前には is（Vi）があるのに，divine の前にはないことに気づきましたか？

is を divine の前に置いてやると **(a2)** ができ上がります。

［語句注］err Vi 過ちを犯す／divine 形 神の

和訳 過ちを犯すことは人の技，許すことは神の技である。→過つは人の常，許すは神の心。

(b) "Habit a second nature! Habit is ten times nature," the Duke of Wellington is said to have exclaimed.

前の２つの文を見てください。両者とも nature が C なのは一目瞭然です。ほぼ対称にするには**最初の文に is を補えばよい**のですが，この文と似た形の文を見た覚えはありませんか？　ヒントは，J 先生の "He a gentleman!" です（→ 7 課）。最初の文に **is** を復活させましょう "ten times nature" は "ten times as influential as nature"（→ 56 課）くらいに捉えておけばいいでしょう。

Habit a second nature! Habit is ten times nature.
↑ is

［語句注］ **be said to** Ⓥ　～すると言われる／ **be said to have ＋** 過分（完了分詞）～したと言われる／ **the Duke of Wellington** ／（初代）ウェリングトン公爵。1815 年 Waterloo（ワーテルロー）の戦いで，同い年の Napoleon を破った。

和訳 「習慣が第2の天性だと！ 習慣は天性の 10 倍強い影響力を持っているのだ」とウェリントン公は叫んだと言われている。

(c) Walking is an inherent, biological function of man. Not so language.

(c) の２つめの文は手ごわいです。Not が文頭で “Not so”「そう，じゃない」。language「言語」は主要素 S/V/O/C のどれで，前の文の何に対応しているでしょう？

Walking is　an　inherent, biological function of man.
language　Not so.

文の要素を縦に並べます。

“Language ( ) not so.” と見えましたか？

Language (is) not so. で so ＝ an inherent, biological function of man なのです。ちなみに so 副 の用法に，「先行していて，名詞・形容詞の働きをする語（群）の代役をする」があります。難しい単語が続きましたが，それもそのはず，言語学者 Edward Sapir（エドワード・サピア）先生の『LANGUAGE（言語）』序論からの抜粋です。

［語句注］ **walking** 名 歩行／ **inherent** 形 生まれつき備わっている／ **biological** 形 生物学的な／ **function** 名 機能／ **man** 名（無冠詞で）人間，人類

和訳 歩行は，人間に生まれつき備わった生物学的な機能である。言語はそうではない。

例題 ANSWER

第２文の or の次に冗長性を最大限に補充すると，...or why does the economy at other times not do well? となります。このように長々と補充すると，「切り捨て」のありがたさが実感されますね。２つの do はもちろん原形です。

❶ Why (疑)〈なぜ〉 do v(助) we S〈私たちは〉 need Ⓥ〈が要る〉 money O〈お金〉 (to (不)〈ために〉 buy (Vt)〈を買う〉 things (O)〈物〉)?

❷ Why (疑)〈なぜ〉 does v(助) the economy S〈経済は〉 sometimes (副)〈時に〉 do Ⓥ〈やっていく〉 well (副)〈うまく〉 **or** (等)〈また〉 (at other times) (副)〈にはほかの時々〉 not〈ない〉 do Ⓥ〈やる〉 well (副)〈うまく〉?

❹ You S〈あなたは〉 can〈ことができる〉 answer Vt〈に答える〉 all〈すべての〉 these questions O〈こういった質問〉

[if (接)〈～ならば〉 you S〈あなたが〉 just (副)〈ちょっと〉 look at Vt〈考察する〉 [how O→(疑)〈どのように〉 money and the economy S〈お金と経済が〉 work Vi〈機能する〉]].

《全文訳》 物を買うのに，なぜお金が必要なのだろうか。なぜ経済は時には好調だったり，時には不調だったりするのだろうか。どんなからくりで物価の上下が起きるのだろうか。こういった問いのすべてには，お金と経済がどのように機能しているかをちょっと考えれば，答えが出る。

【語句】 **economy** 名 経済／ **prices** 名 物価／ **look at O** 　O を考察する

49 例題 副詞節中の〈S＋be/V〉の省略を見抜け

●次の文の構造を検討し，和訳しなさい。

❶In cultures that encourage individuality, as in Western Europe, Australia, New Zealand, and North America, emotional displays are often intense. ❷People focus on their own goals and attitudes and express themselves accordingly. ❸Watching a film of someone's hand being cut, Americans will grimace **whether** alone or with other viewers. （神戸学院大）

〈S + be 動詞 / V〉をイメージし，副詞節を完成

さっそく実戦です。今まで学習した知識をフル動員して challenge!

When young, I would often go fishing in the river.

目に入る動詞がないときは，〈**S + be 動詞**〉を 接 のあとに置きます。切り捨てられたのは "When **I was** young, I would..." の "**I was**"。ところでこの英文，どこかの課で見た覚えがありませんか？ "When I was young, I'd listen to the radio,..." (→ 45 課）ですね。

和訳 若い頃，よく川に釣りをしに行ったものだよ。

例題 ANSWER

❶ (In cultures) [that encourage individuality]
（では 文化 M）（(それは) S(関代)）（を奨励する Vt）（個性 O）

as (in Western Europe, Australia, New Zealand, and North America),
（ように (接)）（における M→ 西 ヨーロッパ オーストラリア ニュー ジーランド そして 北 アメリカ）

emotional displays are often intense.
（感情の 表現は S）（である Vi）（よく (副)）（激しい C）

第 1 文は as の直後の "in..." と文頭の "In..." に着目すると，"In cultures" が直結するのは 節 "emotional displays are often intense" とつかめます。節を文頭に置いて in- 句を続けます。

Emotional displays are often intense in cultures that encourage...
as (they are often intense) in Western Europe, Australia,...

as を挟んで対称になりました。as は様態の 接 ,「(〜が…する) ように／とおりに」と訳します（→ 54 課)。as の後ろの〈SVC〉が**切り捨て**られているのが明らかです。

第３文 "Watching a film..."「映画を見て…」は**分詞構文**です。"someone's hand being cut" では，"Someone's hand (SS) **is** cut."（現在時制・受動態）が想定されます。「**Someone's hand が切られる様子（を映した）**」と理解するのが意味の点で相当ですから，**being** は[動名]と判明。[前] of の O です。この文で being を[現分]と解すると，映像の中心が「手」になってしまいます。むしろ重視するべきなのは「(手) が切られること」です。someone's hand は being の SS（意味上の主語）で，構造上は being を修飾しています。

[接] **whether** のあとですが，前を見ると，**主語**になりそうなものがありました。Americans です。V に grimace を当てたのでは意味がうまく流れません。さらに，whether のあとに or があり，whether- 節は削除可能な「譲歩」の副詞節なのです（→ 19 課）。

とりあえず **be 動詞を**，Americans の代役 they のあとに補うと，whether **they are** alone or with other viewers。alone と with- 句は品詞としての性格が異なりますが，**are** が alone と with- 句，どちらの V にもなれる二重性格を持っていれば，問題なしです。本課では alone が形容詞で C，with- 句は副詞句 M。これと似たケース，15 課にありましたね（左図）。なお，**助動詞 will** は「習性・習性を表す」will で，強いて訳せば「～なものだ」となります。

> He was { there,
> and { working.

《全文訳》 西ヨーロッパ，オーストラリア，ニュージーランドそして北アメリカのように個性を奨励する文化圏では，感情表現は往々にして激しい。人々は自分自身の目標や態度に重きを置き，それに応じて自己を表現する。誰かの手が切られる映像を見ている最中，アメリカ人は，ほかの観客の存在にかかわりなく，しかめっ面をするのだ。

【語句】 **encourage** [Vt] を奨励する／ **individuality** [名] 個性／ **emotional** [形] 感情の／ **display** [名] 表現／ **intense** [形] 激しい／ **attitude** [名] 態度／ **accordingly** [副] それに応じて／ **grimace** [Vi] しかめっ面をする

第1部

英文解釈の技術60

発展編

いよいよ本書『超入門編』の総仕上げです。同格節や形式主語構文，強調構文，比較級など，入試にも必ず登場する，文構造理解で重要な構文を扱います。これらをマスターできれば，受験勉強の準備完了です！

50 例題 名詞を言い換えるのが同格の構造

●次の文の構造を検討し，和訳しなさい。

❶Companies that promote paid leave, whether short term or long term, are accepting the idea **that** time off work matters just as much as time at work. ❷Old-fashioned Japanese companies that discourage time off should consider and respect the human needs of employees and their legal right to vacation. ❸They should also consider the fact **that** relaxed and satisfied workers are more productive and efficient. （京都産業大）

名詞（群 / 節）が名詞を「すなわち」と修飾するのが同格の構造

名詞〈N1〉を別の名詞〈N2〉で言い換えて説明するとき，重きのある〈N1〉を「主要語」(Head-word)，説明する〈N2〉を「同格語」(Appositive) と呼びます。これから「主要語」を〈H〉,「同格語」を〈A〉としますが,**〈A〉になるのは名詞（群・句・節）**です。

次は「公民権運動」の指導者 Martin Luther King, Jr.（マーティン・ルーサー・キング・ジュニア）の演説です。"We..." は Thomas Jefferson（トーマス・ジェファーソン）らが起草した独立宣言からの引用。these truths の内容は( )内を含めた３つの that- 節。King 牧師は数十万人の聴衆が周知とし，最初の同格節のみを引用しています。

I have a dream **that** one day this nation will rise up and live out the true meaning of its creed: "We hold these truths to be self-evident, **that** all men are created equal (, **that** they are endowed by their Creator with certain unalienable Rights, **that** among these are Life, Liberty and the pursuit of Happiness)."

第１文 dream〈H〉に直結する that- 節〈A〉はコロン (:) の後続部を含みます。コロン (:) の前の creed〈H〉と "We ... Happiness."〈A〉を押さえましょう。truths〈H〉と後続の３つの that- 節〈A〉の関係が把握できれば，名詞と直結する同格（名詞）節はマスターです。among- 句は副詞的前置詞句, are は「在る」の意味（→ 8 課）。Life 以下が S で倒置構文です。

［語句注］**rise up** 立ち上がる／ **live out** を実現する／ **hold O C** O を C と考える／ **be endowed with N** N を授けられる／ **unalienable** 形 不可侵の

和訳 私にはいつの日か，この国が立ち上がり，その信条の真の意味を実現するという夢があるのです。（この国の信条とは）『我らは次の真理を自明と考える，すなわち，すべて人々は平等に創られている，すべての人は定まった絶対的な権利が創造主によって付与されている，前述の権利の中に生命・自由・幸福を追求する権利がある』というものです。

例題 ANSWER

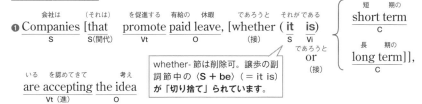

❶ Companies [that promote paid leave, [whether (it is) short term or long term]], are accepting the idea [that time (off work) matters just as much as time (at work) (does)].

会社は（それは）を促進する 有給の 休暇 であろうと それがである 短期の／長期の であろうと いる を認めてきて 考え

S S(関代) Vt O (接) S Vi C (接) C Vt（進） O

whether- 節は削除可。譲歩の副詞節中の〈S + be〉（= it is）が「切り捨て」られています。

という（こと）時間 から離れて 仕事 重要だ まったく 同様に 大いに と 時間 に従事中の 仕事

(接) S M Vi (副) (副) (接) (S) M (助・代動詞)

= matters

関副の先行詞にならない idea のあとの that- 節の文型は，〈SVi〉で成立。that は関副でも関代でもなく接で，**that- 節は同格（名詞）節**。

❷ Old-fashioned Japanese companies [that discourage time off] should consider and respect the human needs (of employees) and their legal right (to vacation).

時代 遅れの 日本の 会社は（それは）を妨げる 時間（仕事から）解放された べきだ を考慮する そして を尊重する 人間としての 要求 が持つ 従業員 そして 彼らの 法的な 権利 への 休暇

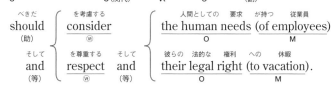

S S(関代) Vt O (副) (助) Ⓥt (等) Ⓥt O M (等) O M

❸ They should also consider the fact [that relaxed and satisfied workers are more productive and efficient].

会社は べきだ また を考慮する 事実 という（こと）気持ちにゆとりのある そして 満足した 労働者のほうが である もっと 生産性が高い そして 手際がよい

S Vt O (接) S Vi C

fact [that SVC] の形で，fact は関副の先行詞にならないので，**that- 節は同格節**です。

《全文訳》 有給休暇 —— 長期であろうが短期であろうが —— を促進している会社は，勤務時間外の時間が勤務中の時間とまったく同じくらい重要だ，という考えを受容してきている。勤務外の時間に対して否定的な日本の前近代的な会社は，従業員が人間として持つニーズと休暇の法律で保障された権利を，考慮・尊重するべきだ。また，会社は，労働者が，気持ちにゆとりがあり満足感を持っているほうが，そうでない場合より生産性を上げられ手際よく仕事をするという事実を考慮するべきだ。

【語句】**promote** Vt を促進する／ **paid leave** 有給休暇／ **discourage** Vt を妨害する／ **employee** 名 従業員／ **legal** 形 法的（な）／ **productive** 形 生産的な／ **efficient** 形 手際がよい

51 例題 〈It is 形／過分 [that SVX]〉は形式主語構文

●次の文の構造を検討し，和訳しなさい。

❶**It** is said **that** colors can change how people feel. ❷They say that "red" is a symbol of power and energy. ❸If you have something red with you when you take today's interview, you will be positive and confident.

（岡山朝日高校）

「空(カラ)弁当」の It が S，中身は後続の that- 節

39・40 課を意識しながら，「弁当の中身」が that- 節のケースについて検討していきましょう。

(a) It is true that history never repeats itself in an exact fashion.

(b) I thought it strange that you should leave without saying a word.

(a) は "History repeats itself "「歴史はそれ自身を繰り返す→歴史は繰り返す」という格言(その解釈には諸説あります)をもとにした文です。itself は再帰代名詞。"in an exact fashion" で exactly「厳密に（は)」→「そのまま」という意味です。

S が長い文について，J 先生は「曖昧(あいまい)」と解説，一方，「S が長いと文全体のバランスが悪い」と考える学者もいました。そこで，とりあえず **(a)** のように「カラ弁当」**It** を **S** に仕立て，「**中身**」である**名詞節を文末に移動**したのが**形式主語構文**です。

> **和訳** 歴史は決してそっくり繰り返すことはないというのは，真実だ。
> →真(まこと)，歴史がそのまま繰り返すことは決してない。

(b) の文の **it** は **O**（形）（= **形式目的語**）で，should のある **that- 節**が **S**（真）です。なお，〈It is **C** [that- 節]〉で，接 that が使われないことがあります。J 先生は「文が短いとき，接 that を使わなくともよい」とも述べています。"It is **true** he did not say so."「彼がそう言わなかったのは本当だ」は「that ナシ」です。

> **和訳** 君が一言も言わずに帰ってしまうなんて，変だと思った。

さて，次はオバマ大統領の演説です。2009 年 4 月，オバマ大統領はプラハで「核なき世界」を唱道，その 2 か月後の 6 月，「カイロ演説」でイスラム社会に融和を呼びかけました。以下はその演説の抜粋です。

Since the Islamic Revolution, Iran has played a role in acts of hostage-taking and violence against U.S. troops and civilians. This history is well known. Rather than remain trapped in the

past, I've made it clear to Iran's leaders and people that my country is prepared to move forward. The question now is not what Iran is against but rather what future it wants to build.

第１文の "The Islamic Revolution"「イスラム革命」は 1979 年国王の専制に抗して，イスラム教のホメイニ師を最高指導者としたイラン国民による革命。**第３文**の remain trapped は〈**remain C**〉「C のままである」。C になるのは**名詞・形容詞（句）・分詞**など。〈**make it C [that SVX]**〉で **it** は **O（形式目的語）** と把握できましたか？ I've made = I have made（過分）で現在完了。

［語句注］**play a role** 役を演じる／**hostage-taking** 人質を取ること／**civilian** 名 一般市民／**known**（**know** の 過分）／**B rather than A** A よりもむしろ B／**trap** Vt を閉じ込める／**be prepared to** Ⓥ ～する用意がある／**forward** 副 前へ／**not A but rather B**（→ 17 課）A でなくむしろ B

和訳 イスラム革命以来，イランは人質行為およびアメリカ軍と一般市民に対する暴力行為に一役買ってきました。この歴史は周知のことです。私は，過去に囚（とら）われたままでいるのではなくむしろ，イランの指導者と国民に対して次のことを明確にしています。我が国が，前進する用意があるということを。現下の問題はイランが何と敵対するかではなく，むしろ，彼（か）の国がどんな未来を築き上げたいのか，なのです。

例題 ANSWER

❶ **It**（(?)／S(形)） is said（いる 言われて／V (受)） [**that**（ということ／S(真)→(接)） colors（色は／S） can change（ことができる を変えること／Vt） [how（やり方／O→(関副)） people（人々が／S） feel（感じる／Vi）]].

第１文の said が 過分（受動分詞）なのは明らかです。**It** は「カラ弁当の」**S**（**形式主語**）。**that- 節**が「弁当の中身」**S**（**真主語**）です。「カラ弁 S と中身の S」。

❷ They（彼らは／S） say（と言う／Vt） [that（ということ／O→(接)） "red"（赤は／S） is（である／Vi） a symbol（象徴／C） (of power and energy)（を表す 力 そして エネルギー／M)].

❸ [If（もし～ならば／(接)） you（君が／S） have（を持っている／Vt） something（何か(物)／O） red（赤い／(形)） (with you)（の身につけて 君／M） [when（～とき／(接)） you（君が／S） take（を受ける／Vt） today's interview（今日の 取材／O）]], you（君は／S） will be（だろう になれる／Vi） positive（積極的な／C） and（そして／(等)） confident（自信をもって／C）.

red は直前の something を修飾しています。with は「携帯」を表します。「～の身につけて」という意味です。

《全文訳》 色によって人の感じ方が変化しうる，と言われている。人々の話では，「赤」は力とエネルギーを象徴しているとか。君は今日の取材を受ける際，何か赤いものを身につけると，積極的に，また自信を持って臨めるだろう。

【語句】**symbol** 名 象徴／**positive** 形 積極的な／**confident** 形 自信のある

52 例題 焦点を当てたい語・句・節をIt is/thatで挟むのが強調構文

●次の文の構造を検討し，和訳しなさい。

It was not until the discovery of the Rosetta Stone **that** some clues to the Egyptian language became known.　(開成高校)

〈It is, that〉でS・O・Mを挟む(はさ)のが「強調構文／分裂文」

J先生は「**〈It is ,that〉は，文中のある特定の要素に焦点を当てるための枠**」と解説しています。例えば〈It is S that VX.〉という構文は，〈**SVX.**〉の〈**S**〉に焦点を当てるためのもので，SとVXが「**分け裂かれる文**」になるのです。J先生はこの構文を「**分裂文**（cleft sentence）」と名づけました。〈It is ～ that...〉の**強調構文**と呼ぶ人もいます。文のどういった要素が「枠」に収まるのかを例文で検討しましょう。**S／Oになる代名詞・名詞（句・節），Mになる副詞（句・節）**が「枠」で挟まれます。

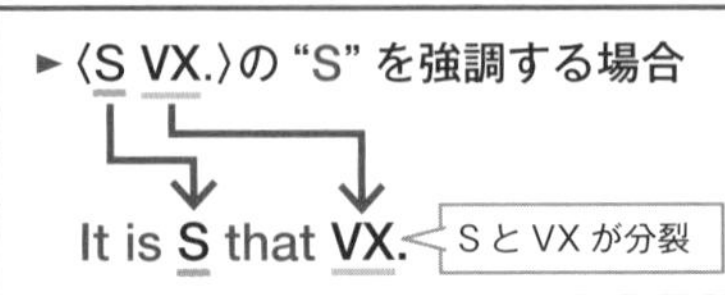

(a) I am to blame.

(b) It's I that am to blame.

(c) It's me who's to blame.

(a) の文の意味は，I should be blamed. です。**〈be＋不定詞〉は〈助動詞＋Ⓥ〉に相当**します。"I am to blame for all." は，「私は，すべてのことで責められるべきだ → みんな私が悪いのさ」。余談ですが，落語の行(くだり)に「電信柱が高いのも，郵便ポストが赤いのも，みんな私が悪いのさ」というのがあったとか。

(b) は赤い文字がIの「枠」になっています。It's = It is です。枠の中が「**人**」なら that ではなく **who** が使われたりします。

(c) の文は Quirk 先生が引用しているものです。"It's me." は "It is I." の堅苦しさを避けた表現。〈It is, that〉の「枠」で挟むのが**事物**なら，**which** も使われます。**(c)** の分裂文では**代名詞**が強調されています。問題は who の直後が "'m = am" でなく "'s = **is**" ということです。Q先生は "3rd person singular（3人称単数）may be used in informal English" と解説しています。正式には，"It's I who am to blame." です。

(d) It was not until 1945 that Japanese women were given the vote.

"until 1945" は副詞的前置詞句，要するに**副詞句**です。「1945年まででではなかった」→（強めるニュアンスで）「1945年になって初めて」とします。

和訳 **(a)** 私が悪いのです。
(b)(c) 責められるべきなのは，私である。（that 以下の内容を It にあてて）／私こそが，責められるべきである。（I を強めて）
(d) 1945 年までではなかった，日本人女性が参政権を与えられたのは。
→ 1945 年になって初めて日本人女性に参政権が与えられた。

次は，Elvis Presley（エルビス・プレスリー）の "You Don't Have to Say You Love Me"『この胸のときめきを』の冒頭です。**話法**と**強調構文**（分裂文）のおさらいです。

When I said I needed you
You said you would always stay
It wasn't me who changed, but you
And now you've gone away

君が必要だ，と僕が言ったとき
君は，いつもいるわよ，と言ったね
変わったのは，僕じゃなくて君なんだ
あぁ，今，君は行ってしまった

人称・時制の変化に注目しながら歌詞を吟味してください。When I said (that) I... と，said の後ろに 接 that を置くことができます（→ 19・22・23 課）。

►**第 1 文**：I said,"I need you."（→ I said I needed you.）

引用符はハウス栽培のビニールのようなもの。ビニール（引用符）を外すと，外気が押し寄せて need は said という過去時制に飲み込まれます。これが，23 課の「**時制の一致**（時制の引きずり）」です。

►**第 2 文**：You said, "I will always stay."（→ You said you would always stay.）

ハウス内の人称も時制とともに，外の人称・時制に引きずられます。引用符を外すと，I が you に，will が would へと変化します。

►**第 3 文**："It wasn't me but you who changed." と考えるとわかりやすいですね（→ 17 課）。

►**第 4 文**：You've = You have。

例題 ANSWER

It(S) **was**(Vi, であった) not(（否）, ではない) (until the discovery)(M, まで 発見(したこと)) (of the Rosetta Stone)(M, の(を) ロゼッタ 石)

that(（～なのは）) some clues(S, いくつかの 手がかりが) (to the Egyptian language)(M, への エジプト(の) 語) became(Vi, ようになった) known.(C（過分）, が知られる)

《全文訳》 ロゼッタ石発見があって初めて，エジプト語について知る手がかりが幾分か知られるようになった。

【語句】**discovery** 名 発見／**the Rosetta Stone** 名 ロゼッタ石：1799 年 Napoleon 軍がエジプト遠征の際，Nile（ナイル）河口の Rosetta（ロゼッタ）付近で発見した石板。古代エジプトの象形文字解読の手がかりとなった。／**clue** 名 手がかり

53 例題 〈have toⓥ〉か〈have・toⓥ〉か

●次の文の構造を検討し，和訳しなさい。

❶Today Jane is eighty, but she still travels almost 300 days a year. ❷She talks to people about the **power they have to help** other people, animals and the environment. ❸Some day you may have a chance to meet and talk to her. （東京都立進学指導重点校）

〈N (that)SV to ⓥ〉，to ⓥが持つ働きは？

(a) We recognize that all peoples of the world have the right to live in peace, free from fear and want.

(b) All you have to do is (to) stay here.

(a) の英文の日本語版を，どこか，例えば学校の授業で読んだ覚えはありませんか？日本国憲法前文の一節です。「われらは，全世界の国民が，ひとしく恐怖と欠乏から免れ，平和のうちに生存する権利を有することを確認する」，これが「**日本語版」日本国憲法**です。

“We recognize [that SVX]” は，「『that- 節』を承認する→我らが承認するところでは」。peoples は「国民」。people「人々」とは明確に区別します。〈**the right to** ⓥ〉は「～する権利」。この〈**名詞＋ to** ⓥ〉の「不定詞」は，構造上，right に対する単純な修飾表現です。「～という」と訳して「同格」と確信しては愕(がく)然。

the right to	live ,(being) free from...

“in peace” は “Silent night, holy night..., sleep **in** heavenly **peace**,... ♪♪” を思い出しましょう。ヒントは “Jingle bells, Jingle bells...”。〈free from N〉は「N（苦痛 etc.）がない」。ここで free が修飾するのは，peace 名ではありません。名を修飾するのでないなら主要素ですから，C でありながら，直近の live（もちろん原形）を修飾です。have を修飾では遠いだけでなく，意味不明になります。**形が動詞を修飾するのは分詞構文**（→ 45 課）。Ving を補うなら being です。

> **和訳** われらが承認するのは，世界のすべての国民が，（戦争などなく）平和にまた恐怖と欠乏がない生活をする権利がある，ということである。

(b) では〈All you have〉の〈**NSV**〉（→ 32 課・33 課）の形が見つかりました。you の前に that を置きましょう。“All [that you have to do...” の that は先行するのが代名詞ですから，関代で O なのは明白です。結論を先取りすると，“to do” は All

All [that you have] (to do) is (to stay here).
S (O) (S) (V) M→(不) Vi C (副)

を修飾する形容詞的用法です。これがJ先生の考え方で定説になっています。All [that you have] (to do) is (to stay here). の構造になります。

和訳 君が持っているなすべきすべてのことは，ここにいることである→君は，ここにいるだけでいいのだよ。

例題 ANSWER

彼女は 話をする に 人々 について 能力 彼らが を持っている べき を助ける

❷ She talks (to people) (about the **power**) [**they** **have**] (**to help**
S Vi M M S Vt M→(不)(Vt)

ほかの 人々 動物 そして 環境

other people, animals and the environment).
(O→)

第２文の "power they have..." は〈**NSV**〉の形です。they の前に **that** を置いて文型を検討しましょう。"**the power** [**that they have to help** other people..." をよ～く見てください。こういう場合，that は関代 のケースが多いので，❶ that は関代，❷〈have to help O〉＝〈must help O〉と仮定しましょう。すると [**that** they must help other people...] になります。help には，people 以下の O があり，that を含めないで文型が成立しますから，that は関代 ではなく（→「背理法」44 課），関副か接になります。関副だとすると先行の名詞が限定されますが（→ 31・33 課），power は 関副の先行詞にはなりません。接なら同格節（→ 50 課）になりますが，同格節の接that は省略されるのはまれなので，接でもありません。つまり that は 関副でも接でもなく関代 です。

仮定のどこが間違っていたのでしょう。明確に間違いなのは❷の仮定です。"the power they have (to help...)" は "**their power (to help...)**" と言い換えられます。

いつの 日か 君たちは かもしれない を持つ 機会 べき と会う そして 話す と 彼女

❸ (Some day) you may have a chance (to meet and talk (to her)).
(副) S Vt O M→(不)(Vt)(等) (Vi) M

《全文訳》 現在，ジェインは 80 歳だが，今でも年に 300 日近く旅行する。彼女は，人々に，彼らが持っている他者･動物･環境を救う能力について話す。いつの日か，君たちは，彼女に会い，話せる機会があるかもしれない。

【語句】 **power** 名 能力

54 例題 asの品詞と意味に注意

●次の文の構造を検討し，和訳しなさい。

❶**As** people became richer, they began to throw away a lot of things. ❷Now, we buy things and throw them away easily. ❸If we want a change in our life, even desks or chairs which are not so old may be discarded and changed for new ones.（東京都立国際高校）

asを見たら，前か接の判別

asの品詞は4種類，**前置詞・接続詞・副詞・代名詞**（関係代名詞）がありますが，本課では前置詞と接続詞を扱います。2字から成るasは前置詞と接続詞の場合とで意味が大きく変わります。ですが，この課まで学んできた方にとって，見分け方はきわめて容易です。〈**as N**〉ならasは**前置詞**で，〈**as SV**〉ならasは**接続詞**です。asのあとにVが顔を出すか否かをしっかり見きわめてください。意味を考えるのはそのあとです。

(a) As a journalist, Mr. Ikegami explains briefly and to the point what is happening in the world.

(b) As I left the house, I remembered the key.

(c) As we go up higher, it becomes colder.

上の例文のasは**(a)**が**前置詞**，**(b)(c)**は**接続詞**です。

(a)のwhat-節は間接疑問，関係（代名）詞節，いずれの理解でも可能です。この例文では間接疑問としたほうが緊迫感のようなものが伝わってきます（→ 38・40課）。

［語句注］**briefly** 副 簡潔に／**to the point** 要を得た，要を得て

和訳 ジャーナリストとして，池上氏は世界で何が起こっているのか，について簡にして要を得た解説をする。

(b)はThomson（トムソン）先生が示した例文です。「時」を表す2つの接続詞**as**と**when**では，意味が違います。“As I left the house → While I was leaving the house”「家を出ようとして（まだ戸口にいたかも…）」であり，“When I left the house → After I left the house”「家を出てから」になります。

和訳 家を出ようとして，鍵のことを思い出した。

(c) は「時」を表す as の仲間で，「**同時進行・比例**」を意味し，「**〜するにつれて**」と訳すと文意がサラリと流れます。it は「寒暖」を表します。比較級が使われることもあり，as- 節（従属節）と主節の V が因果関係にあるときによく見られます。

> **和訳** 高く上るにつれて，寒くなってきた。

もう 1 つ，例文を挙げておきます。

► As the sun rose, the fog cleared. 「太陽が昇るにつれて，霧が晴れた」

(d) Do in Rome as the Romans do.

(d) の例文の as も接続詞です。この文は "When in Rome, do as the Romans do." とも言います。"When you are in Rome" のように SV を置くと，きちんとした副詞節になります（→ 49 課）。are はもちろん「存在」を表します（→ 8 課）。

接 **As / as は，「時・ので・ように」**のどれかです。

> **和訳** ローマではローマ人がするようにしなさい。→郷に入っては郷に従え。

例題 ANSWER

❶ [As people became richer], they began (to throw away a lot of things).

- As〜につれて（接） / people 人々は S / became になる Vi / richer より豊か(な) C / they 彼らは S / began をし始めた Vt / to throw away 捨てる O→（不）(Vt) / a lot of things たくさんの物 (O)

❸ [If we want a change (in our life)], even desks or chairs [which are not so old] may be discarded and changed (for new ones).

- If 〜ならば（接） / we 私たちが S / want を望む Vt / a change 変化 O / (in our life) の自分の生活 M / even でさえ（副） / desks or chairs 机あるいは椅子は S
- which （それらは）S / are not (の)である(はい)ない Vi（否） / so それほど（副） / old 古びて C
- may かもしれない（助） / be る（助） / discarded 捨てられ（過分）(Vt) / and そして（等） / changed 取り替えられ（過分）(Vt) / (for new ones) と交換に新品 M

《全文訳》 人々は，裕福になるにつれて，物をたくさん捨て始めた。今日，私たちは，安直に，物を買っては捨てる。生活に変化を望むとすると，それほど古くなっていない机あるいは椅子でさえも，捨てられて新しいものと取り換えられるかもしれない。

【語句】**throw away O, throw O away** Oを捨てる／ **discard** Vt を捨てる／ **change O for N** OをNと交換する

55 「すべて・いつも」などを否定するのが部分否定

例題

●次の文の構造を検討し，和訳しなさい。

❶Some events of shock or great unhappiness often bring about phobias. ❷If a little girl is bitten by a dog, she may be afraid of dogs even when she grows up. ❸Maybe she knows **not all** the dogs will bite her, but she cannot get away from this fear.　（立教新座高校）

「単純・全面・部分」否定

意味の点から，述語動詞を否定する本来の「単純な否定」と，「全面否定」「部分否定」などに分けることができますが，この区分にこだわる必要はありません。

(a) He isn't kind.	**(d)** Nobody came.
(b) He is never kind.	**(e)** Not all people came.
(c) He is not always kind.	

(a) のように not を付けただけの否定を「**単純否定**」とします。

(b) never（← not「ない」＋ ever「いかなるときも」）は「**決して〜ない**」と強力な 100% の否定ですから，「**全面否定**」と呼びます。

(c) always「いつも」や necessarily「必ず」，completely「完全に」のように，積極的な肯定を意味する語と not が連動して「〜とは限らない」と，否定はするのですが、一部肯定の可能性を残します。これが「**部分否定**」です。

(d) "Nobody（← No「ゼロの」＋ body「人」）came."「**全面否定**」です。

(e) not と all，both，every が連動して「**部分否定**」を形成します。

和訳

(a) 彼は，親切ではない。	**(d)** 来た人ゼロ→誰も来なかった。
(b) 決して，彼は親切とは言えない。	**(e)** 全員が来たわけではなかった。
(c) 彼はいつも親切とは限らない。	

not (A and B) / not (A or B) → A・B（どちらか）／（AでもBでも）〜ない

以下の英文の内容を検討しましょう。

(f) I like meat and fish.	私は，肉と魚が好きだ。
(g) I like meat or fish.	私は，肉あるいは魚が好きだ。

(f) (g) の 2 文を否定文にし，〈not **(f)**〉を **(x)**,〈not **(g)**〉を **(y)** として英訳します。

(x) I don't like meat and fish.

(y) I don't like meat or fish.

(x) は〈not「肉と魚が好き」〉＝「肉が好きではない，**あるいは**魚が好きではない」。あえて肯定にすると「どちらか一方が好きだ」ということ。

(y) は〈not「肉あるいは魚が好き」〉＝「肉が好きではない，**かつ**魚が好きではない」「肉も魚も好きではない」です。図にすると…。

(f)〈A and B〉（I like meat and fish.）

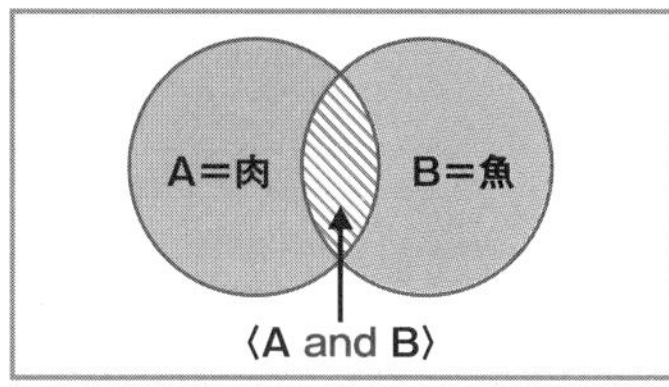

(g)〈A or B〉（I like meat or fish.）

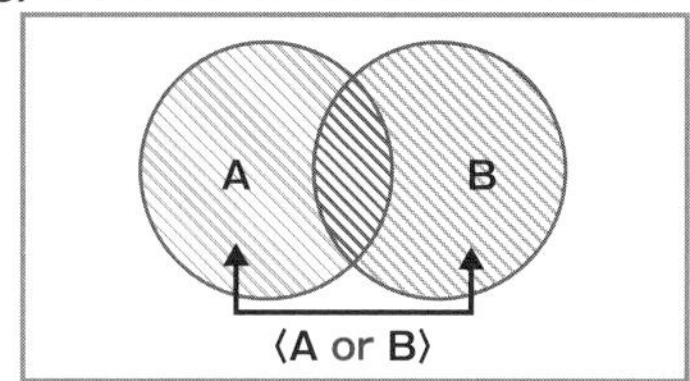

(x) (f) の〈A and B〉を除いた部分
（I don't like meat and fish.）

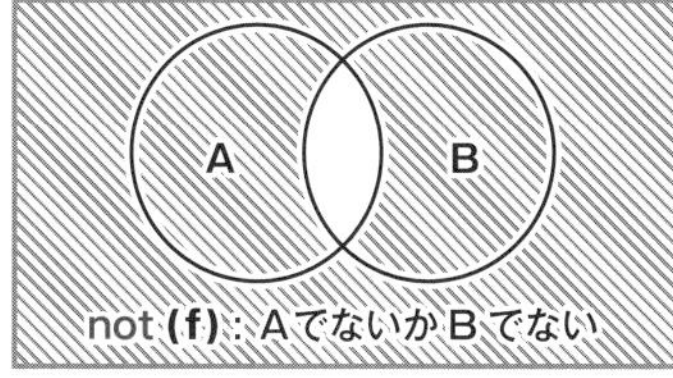

(y) (g) の〈A or B〉を除いた部分
（I don't like meat or fish.）

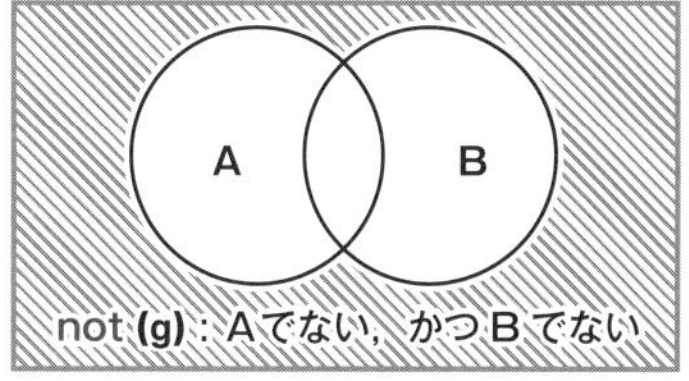

例題 ANSWER

一部の 出来事は （の特徴を）持っている 衝撃 か ひどい 不幸 多くは をもたらす 恐怖症

❶ Some events (of shock or great unhappiness) often bring about phobias.
S M (副) Vt O

もしも 小さな女の子が る かまれ によって 一頭の 犬 彼女は かもしれない いる 怖が（って） を 犬というもの

❷ [If a little girl is bitten (by a dog)], she may be afraid (of dogs)
(接) S V（受） M S Vi C M

でさえ （～の）とき 彼女が 大人に なる

even [when she grows up].
(副) (接) S Vi

> **第3文**の knows と not の間をチョット区切った読みができた人は，英文解釈に自信を持って結構です。23課と本課の確認をしておきましょう。

もしかしたら 彼女は を知っている ということ ではない すべての 犬が （～もの）にかみつく 自分

❸ Maybe she knows [(that) **not all** the dogs will bite her],
(副) S Vt (接) S Vt O

だが 彼女は られない 逃れ から この 恐怖（感）

but she cannot get away (from this fear).
(接) S Vi M

> 「すべてでない犬がかみつく→すべての犬がかみつくわけではない」。

《全文訳》 衝撃的もしくは悲しい出来事には，しばしば恐怖症の原因になるものがある。もしも女児が犬にかまれると，大人になっても犬を怖がるかもしれない。もしかしたら，すべての犬がかみつくと決まっているわけではない，とわかっているかもしれないが，その恐怖から逃れられない。

【語句】**event** 名 出来事／**unhappiness** 名 不幸／**bring about O** Oを引き起こす／**phobia** 名 恐怖症／**bitten** bite の 過分 ／**get away (from N)** （Nから）逃れる

56 例題 〈as~as...〉の真意は？ 比較表現は比較の相手をつかめ

●次の文の構造を検討し，和訳しなさい。

❶Adult snakes don't take care of their babies. ❷Snakes take care of themselves from day one. ❸The African black mamba is one of the world's most dangerous snakes. ❹A baby black mamba is **as** dangerous **as** an adult. ❺It can catch and eat small animals as soon as it hatches.

（東京工業大附属科学技術高校）

比較の副 as の本質は「≧」

そもそも **〈as ～ as...〉の前の as は副詞**で，その源は alswa：**all**（= **wholly**「まったく」）+ **so**「そのように」です。それが **also**「同様に／もまた」へと変化し，そして also が弱められ **as** になった，というわけです。「まったくそのように／まったくそれくらい」が「同じくらい」へとトーン・ダウンされたのです。

as は直後の「～（形容詞･副詞）」を修飾します。〈as ＋ [**尺度**となる属性を示す] **形容詞・副詞**〉で，「数・量・高さ・年齢・長さ・面積などが同じくらい」を表します。**後ろの〈as ＋比較の相手（基準）〉**は「**～と**」にあたり，正式には，この後ろの as は接続詞です。

さらに，「**同じくらい**」というのですから，日常的には「約（≒）」と感じますが，**本質的には，比較を表す文の「主語」が「比較の相手（基準）」よりも優っている可能性がある**のです。「同じくらい」ではなく，「**以上**」なのです。次の 1 行を確認しましょう。

X is **as** great **as** Y. = X is **at least**（少なくとも） **equal**（等しい） **to**（と） Y.

すなわち「X ≧ Y」。より厳密には "X is equal to or (somewhat)（少しだけ） greater than Y." と読みます。

> **Emma is as tall as her brother.**
> エマは弟と同じくらいの背の高さだ。

〈as ～ as...〉についてもう 1 つ確認しましょう。次の例文を見てください

(a) You get up at 5:00 a.m. I get up as early.

"as early" のあとに〈as ＋比較の基準〉がありません。なぜなら「言わずもがな」なのです。前文に，You と 5:00 a.m. が見えました，これが「**基準**」です。きちんと形式を整えると，"I get up as early as you (do). " です。

和訳 君は朝 5 時に起きる。私は，君と同じくらいに早く起きる。

なお，主語について他者（比較の相手→比較の基準）と比べるときは，原級を置かないのがルール。**比較の相手の叙述部分に原級は「厳禁」**です。

Emma is as tall as her brother is ~~tall~~.

〈not 副 as ～〉を「<」で get!

さて，“X is not as great as Y.” とは「≧」の否定ですから，X < Y「X は Y 未満」ということになります。「X は Y ほど great ではない」と覚えると楽勝，「not as ～ as →ほど・ない」です。〈not so~as〉の場合もあります。

(b) I cannot run as fast as a horse. 私は馬ほど速くは走れません。

それもそのはず，“A horse can run at a speed of 60 k.p.h.(60 kilometers per an hour.) ”

例題 ANSWER

❶ Adult snakes (S: 大人のヘビは) don't take care of (Vt: ないをし世話の) their babies (O: 自分の赤ん坊).

❷ Snakes (S: ヘビは) take care of (Vt: をする世話の) themselves (O: 自分自身) (from day one) (M: から生まれた日).

❸ The African black mamba (S: アフリカン・ブラックマンバ) is (Vi: である) one (C: 1つ) (of the world's most dangerous snakes) (M: の世界の最も危険な蛇).

第４文の 副 as と 接 as を押さえましょう。

❹ A baby black mamba (S: 赤ん坊ブラックマンバは) is (Vi: である) as (（副）: 同じくらい) dangerous (C: 危険(な)) [as (（接）: と) an adult (S: 大人) (is) (（Vi）: (である))].

❺ It (S: それは) can (（助）: ができる) { catch (Vt: を捕まえること) and (（等）: そして) eat (Vt: を食べる) } small animals (O: 小動物) [as soon as (（接）: (同じくらい) すぐに (～するの) と) it (S: それが) hatches (Vi: 孵化する)].

第５文の catch と eat はともに Vt の原形です。as soon as は群前置詞で１つの接続詞と同等に扱います。

《全文訳》 大人のヘビは赤ん坊ヘビの世話をしない。ヘビは誕生１日目から自立する。アフリカン・ブラックマンバは，世界で最も危険なヘビの１つである。生まれて間もないブラックマンバは大人のブラックマンバと同じくらい危険だ。それは，孵化（ふか）するとすぐに小動物を捕獲し，食べることができる。

【語句】 **take care of O** O を世話する／ **from day one** 初日から，最初から／ **black mamba** ブラックマンバ。成長したものは体長 4m 近く，キングコブラに次いで長い。速度は 16km/h で，獲物をかんで猛毒を注入する。体色は灰色や褐色。口の中が黒い／ **as soon as [SVX]** 「～が … するとすぐ」に／ **hatch** Vi 孵化（ふか）する

57 比較表現は不等号で考えよ

例題

●次の文の構造を検討し，和訳しなさい。

❶ People who have Seasonal Affective Disorder (SAD) become very sad during the fall and winter. ❷ SAD seems to be much **more common** in some places than in others. ❸ For example, in the United States, less than 1 percent of the people in Florida, a southern state, have SAD, but 10-30 percent of the people in Alaska, a northern state, have it. （渋谷教育学園幕張高校）

比較級は「優劣」「差」を確認する

比較級は比べる相手との「差」を前提として，**S（主語）＋述部：[尺度（形容詞・副詞）＋ -er] than ＋比較の相手（基準）**のスタイルで使われます。尺度（大小・高低・年齢など）の部分は [more 副 ＋形容詞・副詞] の場合もあります。例文を検討しましょう。

(a) I have more than 5 books.

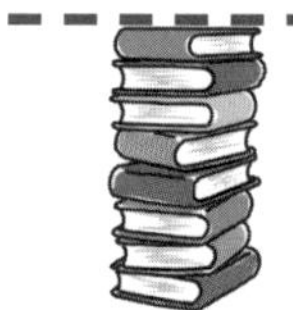

(a) “I have [>5] .” の場合，「5 を超える数の本」ですが，日本語訳は「5 冊以上」と表現することが多いようです。**比較級は不等号**です。

和訳 私は，5 冊を超える数の本を持っている。

not [X >Y] = [X ≦ Y], [X<Y] =〈X less ＋原級＋ than Y〉

比較級を否定すると [不等号が逆向き／等号]（≦）になり，「超える」を否定すると，「未満か等しい」になります。さらに，more「より多い／優って」の反意語は less「より少ない／劣って」で，数学の記号は [<] です。

(b) I don’t have more than 1,000 yen now.

(b) を考える上では，“I have **not more than** 1,000 yen now.” として構いません。

和訳 私は，今，千円を超えるお金を持ち合わせていない → 私は，今，多くても／せいぜい千円しか持ち合わせがない。

次の英文は，オバマ大統領が 2009 年 4 月 5 日に行った “A World Without Nuclear Weapons” と題する演説の一部です。

As the world has become less divided it has become more interconnected. And we've seen events move faster than our ability to control them: a global economy in crisis, a changing climate, the persistent dangers of conflicts, new threats and the spread of catastrophic weapons.

第1文の[接] As は「～につれて，したがって」の意味。"less divided" は「より少なく分断されている（!?）」ですが，和訳にはひと工夫必要。**第2文**では〈see O Ⓥ〉（→ 11 課）を見きわめること。"in crisis" は直前の economy を修飾しています。

［語句注］**interconnected** [形] 関連し合って／ **event** [名]（注目すべき）出来事／ **global** [形] 世界の／ **in crisis** 危機的状況にある／ **changing**（changeVi の [現分]）変動する／ **persistent** [形] 執拗に続く／ **spread** [名] 普及，まん延／ **catastrophic** [形] 壊滅的な，大惨事を与える

和訳 世界は，分断が解消されてくるにつれて，相互の結びつきがより強くなってきています。また，事が私たちの統制能力を超えて進行するのを目の当たりにしてきました。事とは，危機的状況にある世界経済・気候変動・以前からの対立による，なくなることのない危険・新たな脅威，そして大量破壊兵器の拡散です。

例題 ANSWER

❶ People [who have Seasonal Affective Disorder (SAD)] become very sad (during the fall and winter).

（People: S 人々は／ who: S(関代)（彼らは）／ have: Vt にかかる／ Seasonal Affective Disorder (SAD): O 季節的な 感情の 障害 SAD／ become: Vi なる／ very: (副) とても／ sad: C 悲しく／ (during the fall and winter): M の間 秋 と 冬）

第2文〈some～...others...〉は相関表現（→ 2 課）

❷ SAD seems (to be much **more common** (in some places) [than (it is)(in others)]).

（SAD: S SADは／ seems: Vi と思える／ to be: (不)(Vi) である／ much ずっと／ more より／ common: (C) 普通／ (in some places): M で 一部の 地域／ than: (接) よりも／ it is: S Vi／ (in others): M で ほかの地域）

much [副]「ずっと，はるかに」は more を強めています。

❸ (For example), (in the United States), less than 1 percent (of the people) (in Florida), a southern state, have SAD, but 10–30 percent (of the people) (in Alaska), a northern state, have it.

（(For example): M 例えば／ (in the United States): M では アメリカ 合衆国／ less than 1 percent: S 未 満 1 %は／ (of the people): M の 住民／ (in Florida): M の フロリダ／ a southern state: A 南部の 州／ have: Vt を患う／ SAD: O／ but: (等) しかし／ 10–30 percent: S 10 30 %は／ (of the people): M の 人々／ (in Alaska): M 在住の アラスカ／ a northern state: A 北部の 州／ have: Vt にかかる／ it: O この病）

第3文の "less than 1" が1つのカタマリで percent を修飾していますが，less(than 1) percent（→ < 1）とすると，直接的には less が percent を修飾している形容詞なのが理解できます。

第3文の2つのAは，それぞれ Florida, Alaska の同格語（→ 50 課）。

《全文訳》 季節性感情障害（SAD）にかかる人は，秋と冬に気持ちがとても落ち込む。SAD は地域によってはほかの地域と比べてはるかにありふれた病気に思える。たとえば，アメリカの場合，南部の州のフロリダの住民のうち SAD を患うのは 1 パーセントに満たない。一方，北部の州のアラスカでは，住民の 1 割ないし 3 割がこの病気にかかる。

【語句】 Seasonal Affective Disorder (SAD) 季節性感情障害／ **sad** [形] 悲しい，落ち込んで／ **for example [instance]** 例えば／ **southern** [形] 南の（[sʌ́ðərn] 発音に注意！）

58 例題 「基準時」となる過去をつかめ

●次の文の構造を検討し，和訳しなさい。

❶ Some languages in the long history of writing have "died" because there are no longer any native speakers or writers of the language. ❷ Such was the case with written "letters" called hieroglyphics: the meanings and the sounds of the hieroglyphic symbols **had been lost** over many centuries.

（開成高校）

過去時制は「近い過去」，過去完了は「遠い過去」

現在完了の過去版としての**過去完了**をまず確認しましょう。13 課で，**現在完了の基準点は現在**だと確認しました。この基準点を「現在から過去へと移動」します。すると視点が「現在 **(A)**」「過去の時点（基準時）**(B)**」と増えますが，あくまでも，発話時である現在が人間の頭脳の機能しているときですから，思考の出発点は現在です。**現在 (A) から「近い過去時 (B) →遠い過去の出来事 (Y)」**へと，2 つの「振り返り」作業をします。

過去完了は，「**近・過去**」の動作・状態 **(X)** を**過去時制**で，それより前の「**遠・過去**」の動作・状態 **(Y)** を**過去完了**で表しています。両者は関り・因果関係があるのです。現在完了を〈have / has + 過分 〉で表したのに対して，**過去完了**は〈had + 過分〉で示します。**過去完了（=「遠・過去」）には，基準となる過去時制（=「近・過去」）あるいは副詞（句）が不可欠**です。

次の **(a)(b)** を比較しましょう。

《過去完了》

(a) When the bell had rung, the train left. ベルが鳴り終わってから，列車が出発した。

(a) の文では "had rung" と left ですから，時間差と因果関係が明白です。

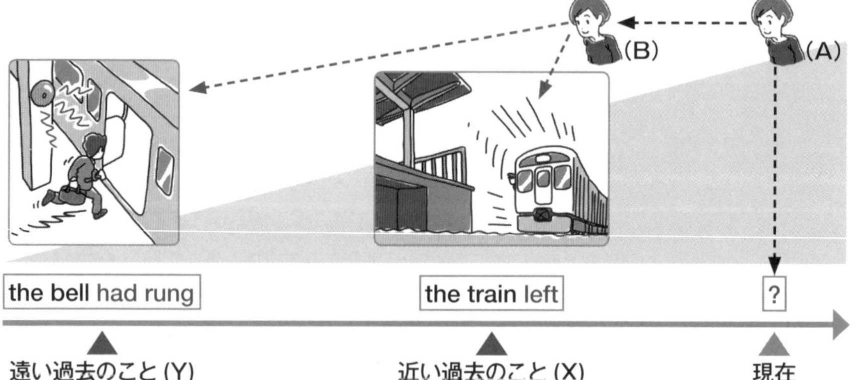

(b) One day I lost my camera. I had bought it the day before.

ある日，私はカメラをなくした。その前日にそのカメラを買ったのだった

(b) の文では，「買う」と「なくす」という出来事に因果関係はありません。「買う」が「なくす」より時間的に先行することを主張する〈**had** + 過分〉です。

例題 ANSWER

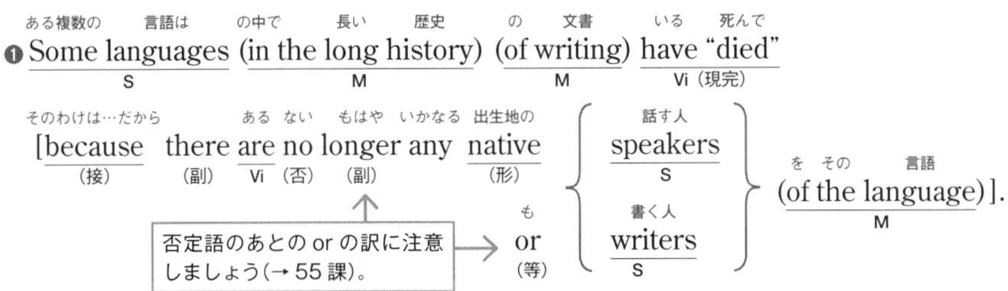

第 1 文は，主節の V は**現在完了**で because- 節が**現在時制**ですから，"A language dies." という事実が遠い遠い**過去から現在に至るまで**幾度となく起きているのです。

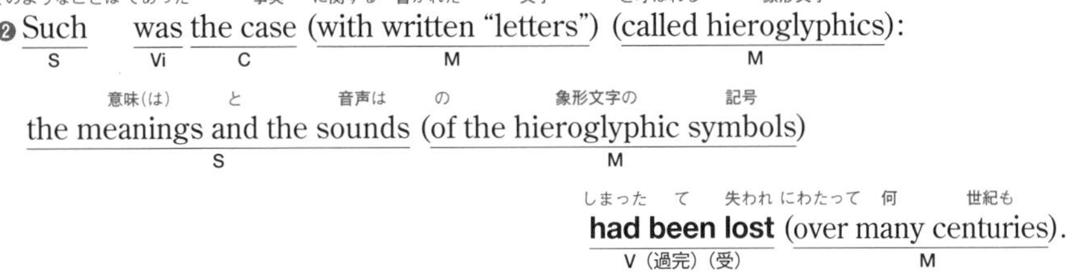

第 2 文で with 前 の O は letters なので，**called** が 過分 なのは明白です（→ 44 課）。such の内容は，第 1 文で示されていますから，まず第 2 文の written "letters" called hieroglyphics を**第 1 文**の "Some languages" の箇所に代入して内容をくみ取ります。ただし，述語動詞は現在完了ではなく，**第2文**の "Such was" を意識して過去時制（died）にし，because- 節の are は were にするところがミソです。そうすれば過去完了（had been lost）とすんなりつながります。**過去時制があっての過去完了**です。

《全文訳》 文書に関する長い歴史の中で，「死に絶え」ている言語もあるが，その訳 (わけ) は，もはやそういった言語を子どもの頃から話している人も書いて使う人もいないからなのだ。そのようなことが，象形文字と呼ばれる書き留められた文字の実情だった。つまり，象形文字に使われた記号の意味と音が，何世紀も経過して消滅してしまったのだ。

【語句】 **no longer** もはや～ない／ **native** 形 出生地の／ **such** 代 そのようなこと／ **be the case** 真実である／ **hieroglyphics** 名 象形文字／ **hieroglyphic** 形 象形文字の／ **symbol** 名 記号

59 例題 〈As you know〉のasは関係代名詞

●次の文の構造を検討し，和訳しなさい。

As you know, incandescent bulbs emit light by heating a metal filament inside them, so they need much electricity and become very hot.

（東京都立進学指導重点校）

such [as/ same] とセットの as は 関代

インド独立闘争の指導者，Mahatma Gandhi（マハトマ・ガンジー）の演説の一節から始めましょう。この演説は1942年8月8日に行われた国民会議の決議 “Quit India（インドから出ていけ）” の際になされたものです。「イギリスよ，インドから出ていけ！」の気持ちを2語で表したのです。“the same” の後続の語に注意して読みましょう。

There are people who ask me whether I am the same man that I was in 1920, or whether there has been any change in me. You are right in asking me that question.

Let me, however, hasten to assure you that I am the same Gandhi as I was in 1920. I have not changed in any fundamental respect.

第1文の “the same man [that I was in 1920]” の 関代 that（→28課）と，**第3文**の “the same Gandhi [as I was in 1920]” の 関代 as は互換性があります。ともに was の C になっています。**第3文**の〈assure (Vt) O_1O_2〉は「O_1 に O_2 を請け合う，保証する」の意味で that- 節が O_2。

［語句注］**whether** 接 ～かどうか（→19課）／ **be right in N**　Nの点で正しい／ **however** 副 しかしながら／〈**hasten (Vi) + to Ⓥ**〉～するほうへ急ぐ→急いで～する／ **fundamental** 形 基本的な，根本的な／ **respect** 名 点（**in any fundamental respect** は「いかなる根本的な点でも」が直訳）

和訳 私に対して，1920年と同じ人物なのか，あるいは，私の中で変化が起きたのか，と尋ねる人がいます。そういう質問をするのは，もっともです。しかしながら，さっそく明確にさせてください。間違いなく，私は1920年と同じガンジーです。私はいかなる点でも根本的に変わっておりません。

関代 as- 節は文頭・文中・文尾に位置

次は，**単独で as- 節が文頭・文中・文尾と自在に位置できるケース**を扱います。主節は，後ろにあっても英文法では「先行詞」と呼びます。

(a) As is usual with Tom, he got up early this morning.
(b) Time, as we know, heals troubles.
(c) Time heals troubles, as we know.

(a) では，As が is の S なのは明白です。**先行詞は後続の主節**です。As を無理に訳せば，「それは（→あとの内容だけど)」くらいです。**(b)** では as- 節が**文中**に潜り，**(c)** では as- 節が**文尾**に位置しています。

> **和訳** **(a)** トムにはよくあることだけど，今朝は早起きした。
> **(b)** 時は，私たちが知っていることだが／私たちが知っているように，悩みを癒してくれる。
> **(c)** 時は悩みを癒してくれる，私たちが知っていることだが。

次は 51 課で紹介したオバマ大統領による「カイロ演説」の先行部分です。文型に注意して読みましょう。

As the Koran tells us, "Be conscious of God and speak always the truth." That is what I will try to do today.

第１文の文頭の **As** は明らかに関係代名詞です。仮に，As は「(～する）ように」と訳せるから接続詞だと仮定すると，**"tell us"** の文型上の説明がつきません。〈tell O（人)〉「私たちを語る」では文型不成立で意味不明です。〈**tell O_1（人）O_2（事柄)**〉の文型でなければなりません。us が O_1, As が O_2 です。"Be conscious..." は Be (Vi) も speak (Vt) も原形で「命令」表現。**第２文**の文頭の That は, As の先行詞である "Be conscious ...the truth." のこと。what は［関代］で，do の O。

> ［語句注］**the Koran (the Holy Koran)** ［名］コーラン（イスラム教の聖典）／ **conscious** ［形］意識している／ **truth** ［名］真実

> **和訳** コーランの教えていることです，『神の存在を心にとめ，いつも真実を口にしなさい』と。そういうことを今日，私はしようと思っています。

例題 ANSWER

[**As** (それ, O(関代)) you (君たちが, S) know (を知っている, Vt)], incandescent bulbs (白熱(光を発する)(電)球, S) emit (を発する, Vt) light (光, O)

(by (によって) heating (を熱すること, (動名)(Vt)) a metal (金属の, M) filament (フィラメント, (O))) (inside them (の中にある それら, M)),

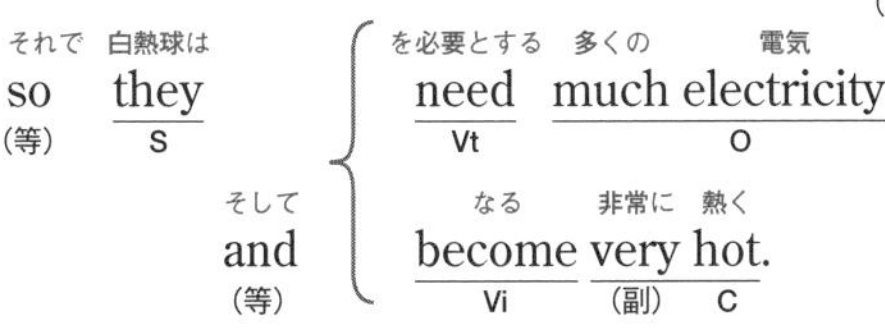

> **《全文訳》** 君たちが知っているように，白熱球は内部の金属製フィラメントを熱して光を発する。その結果，白熱球は電気が多量に要るし，かなり熱を持つのだ。
>
> 【語句】**incandescent** ［形］白熱光を発する／ **bulb** ［名］電球／ **emit** ［Vi］を発する／ **filament** ［名］フィラメント／ **electricity** ［名］電気

60 例題 仮定法過去は「仮に…なら～だろうに」の気持ち

●次の文の構造を検討し，和訳しなさい。

❶Tax is paid when a business provides goods or services to a customer. ❷The rates vary according to the kind of item which is being offered, although it is sometimes difficult to understand why items are taxed at different rates. ❸For example, if you **were to buy** chocolate covered biscuits, you **would pay** the standard tax rate of 20%, but if you **wanted** non-chocolate covered biscuits, the zero rate **would apply.** ❹Clothes and footwear which are for children are taxed at 0%, while clothes and footwear that are for adults are taxed at 20%. （大阪経済大）

遠目で見るのが〈仮定法過去〉「ありそう・なさそう」

英語では，話し手が事実を述べる際の「心の持ちよう，それを示す動詞の形」（＝法：Mood）に焦点を当て，それを**❶直説法**・**❷仮定法**・**❸命令法**の３つに分けます。

❶直説法　**直説法**は，**現実を直視して「あるがままに」「単刀直入に」**述べます。**未来**については「あり得ること」の思いが見られます。現在・未来ともに，述語動詞には，（助）動詞の現在形を使います。

► **I'll do it right now.**　今すぐやります。　**[直説法]**

❷仮定法　**仮定法過去**は，**現在の事実を「距離を置いて」「遠目で」**述べます。「仮に…だとすると，～でしょうね」の言い回しで，述語動詞として（助）動詞の過去形を当てます。「あり得る未来」から一歩心を引いて，「謙譲・控え目」の気持ちで仮定法過去を使用することがあります。

► **If I were you, I would do it right now.**　**[仮定法過去]**
私が君なら，すぐにやってしまうよ。

上の例文は従属節（条件節）のＳはＩなのに were（was も OK），主節は助動詞過去形。これが仮定法過去です。

❸命令法　命令法は，命令「～しなさい」・禁止「～してはいけない」などを意味し，通常Ｓを示しません。動詞には，原形を使います。

► **Do it right now.**　今すぐやりなさい。　**[命令法]**

例題 ANSWER

税金は る 払われ （～の）とき 企業が を提供する 商品 か サービス に 客

❶ Tax is paid [when a business provides goods or services (to a customer)].

S V（受） （接） S Vt O M

税率は 変わる に応じて 種類 から成る 品物 （それは）いる ようとして 提供され

❷ The rates vary (according to the kind) (of item) [which is being offered],

S Vi M M S(関代) V(進)(受)

もっとも～だが である 時には 困難(な) を理解すること

[although it is sometimes difficult (to understand

（接） S(形) Vi （副） C S（真）→（不）（Vt）

なぜ～か 品物に る 課税され 異なった 税率

[why items are taxed (at different rates)])].

(O)→(疑) S V（受） M

第３文の were to Ⓥ（52 課〈be ＋ to Ⓥ〉の仮定法過去「版」）は，「未来についての仮定」「未来の実現性の可能性が乏しい仮定」と紹介されますが，「謙譲・控えめ」でも使われます。

例えば ～ならば 人が ～とする を 買う チョコレートで 覆われた ビスケット

❸ (For example), [if you **were to buy** chocolate covered biscuits],

M （接） S Vt（仮過） O

人は だろう を払うことになる 標準 税 率 という 20％

you **would pay** the standard tax rate (of 20%),

S Vt（仮過） O M

しかし ～なら人が をほしければ のない チョコレート 覆われた ビスケット

but [if you **wanted** non-chocolate covered biscuits],

（等） （接） S Vt（仮過） O

ゼロの 税率が だろう 適用される

the zero rate **would apply**.

S Vi（仮過）

if- 節では wanted が仮定法過去，主節（＝帰結節）では would apply が仮定法過去です。

衣服 と 履き物は （それは） いる に適して 子ども る 課税され で ０％）

❹ Clothes and footwear [which are (for children)] are taxed (at 0 %),

S S(関代) Vi C V（受） M

が一方 衣服 と 履き物は （それは）いる に適して 大人 る 課税され で 20％

[while clothes and footwear [that are (for adults)] are taxed (at 20%)]].

（接） S S(関代) Vi C V（受） M

《全文訳》 税金は，企業が客に商品とかサービスを提供するときに，支払われる。税率は提供されようとしている品物の種類によって変わる。もっとも，時には，なぜ品物によって税率が違うのか理解しがたいことがある。たとえば，チョコレートのかかったビスケットを買うとすると，20%の標準税率で支払いをすることになる。だが，チョコレートのかかっていないビスケットを購入したいとすると，非課税になるだろう。子ども用の衣服と履き物は非課税だというのに，大人用だと 20%の課税がなされる。

【語句】**tax** 名 税金／**business** 名 企業／**provide** Vt を提供する／**goods** 名 商品／**service** 名 サービス，用役，物質的生産に関わらない労務で第三次産業に関わるもの／**customer** 名 客／**rate** 名 率／**vary** Vi 変化する／**according to N** Nにしたがって，よって／**item** 名 品物／**offer** Vt を提供する／**although** 接 ～だが，とはいえ～／**tax** Vt に課税する／**N (-)covered** Nで覆われた／**apply** Vi 適用される／**clothes** 名 衣服／**footwear** 名 履き物

Review Training

復習トレーニング

例題の英文 60 を復習しましょう。ここでは白文（解釈のポイントを示す太字なしの文）で掲載しています。以下に効果的な手順を挙げますのでチャレンジしてください！

❶ 例題で学んだことを思い出しながら，もう一度，自分で和訳します。でき上がった和訳は全訳例を見直して確認してください。
❷ 文構造や意味を理解したあとは，白文を何度も音読し，全文暗記を目指します。音声は，各例題英文ごとに，1 回めはナチュラル・スピード，2 回めはハイ・スピードで提供しています。音声だけで理解できるようになるまで繰り返し聞いてください。
❸ 最後は和訳を見て英文が書けるまで練習しましょう。

▶ 音声 

01 TR 1 本文：p.20

Time flies.

02 TR 2 本文：p.22

Some are wise and some are otherwise.

03 TR 3 本文：p.24

One child, one teacher, one textbook and one pen can change the world. Education is the only solution.

04 TR 4 本文：p26

I gave some presents to my sisters, and they gave me a very nice present back.

05 TR 5 本文：p.28

All work and no play makes Jack a dull boy.

06 TR 6 本文：p.30

You cannot learn about your dog's health from his nose. A better way is to look at his gums.

07 TR 7 本文：p.32

The first GPS satellite was sent into space in 1978 and seven years later eleven satellites were flying around the earth.

08 TR 8 本文：p.34

Richard and Elizabeth came to Kiyoyama by train and bus from Tokyo to experience real Japanese culture. Their first difficulty was at reception. After five minutes of trying to understand their names, the young receptionist gave up and went into a back office.

09 TR 9 本文：p.36

There are different kinds of World Heritage Sites. Some places have natural beauty and other places have important histories.

10 TR 10 本文：p.38

Pet owners should think about the environment such as parks, streets, mountains and rivers, and should not damage it.

11 TR 11 本文：p.40

Coubertin wanted to realize three things through sports. First, he wanted people in the world to make their body and mind strong. Second, he wanted them to become friends. Third, he wanted them to build a peaceful world.

12 TR 12 本文：p.42

Imagine yourself standing in the middle of an antique shop. Do you picture yourself surrounded by "junk" or by "treasures"? If you know something about antiques —— their period, their function, or their history —— then you see treasure in antique shops.

13 TR 13 本文：p.44

Today, plastic things have made our life very convenient, but they are not able to return to soil easily.

14 TR 14 本文：p.46

You can learn many things through communication at school and in your daily life. That's very important.

15 TR 15 本文：p.48

On my way home I passed the little shop again. He was there, and still working. He saw me, and to my surprise he waved and smiled. This was the first day of our friendship.

⑯ TR 16 本文：p.52

I met him first on a summer day in 1936. I ran into his poor little shop because the heels of my shoes needed to be repaired. It didn't seem a difficult job, so I waited while he did it.

⑰ TR 17 本文：p.54

Put a mirror in front of your dog. He may not look at it twice. He sees a dog in front of him, but he doesn't smell another dog. He can smell better than he can see, so he will believe his nose, not his eyes.

⑱ TR 18 本文：p.56

Long ago, people thought that their souls jumped out of their bodies when they sneezed. They said, "Bless you," because they wanted the souls to return to their bodies. Now we don't think so, but we still say, "Bless you."

⑲ TR 19 本文：p.58

Scientists believe that around 50 million years ago Antarctica was warm, that it was covered in rainforest, and that many different kinds of animals lived there.

⑳ TR 20 本文：p.60

When we go to the library, we read books, search for and share information and have a discussion with others.

㉑ TR 21 本文：p.62

When you pass through the door, look quickly behind you to see if anyone is following. If there is someone following, keep your hand on the door until the other person reaches it.

㉒ TR 22 本文：p.64

Many people say that blue, the color of the sky and the sea, calms them down. They also think that a blue pen is good for study and memory work. An experiment shows that people feel cool in blue light.

㉓ TR 23 本文：p.66

Malala never stopped her campaign for equal education. The next April, in Africa, a group against equal education kidnapped more than 250 girls.

Three months later, Malala stood up for those kidnapped girls. She said that the voices of these girls and their fathers and mothers were stronger than all the weapons in the world.

本文：p.68

Now I know if each of us has a sense of responsibility and gives our pets more attention, we can reduce the number of unhappy pets.

本文：p.70

Since the history of mankind began, we have worked very hard to make our lives better. We worked so hard that we damaged the environment without caring. Now the earth has many problems because of us.

本文：p.72

When Jane was seven, her mother borrowed a book from the library near their house. It was *The Story of Dr. Dolittle*. This book is about a doctor who can talk to animals and who travels to Africa. Jane liked the story so much that she read it three times before she returned it.

本文：p.74

When you talk with people from foreign countries, you can learn some ideas which are different from yours. That may change your view.

本文：p.76

Of course, in America, we're all wearing our shoes in class and eating hamburgers and other American food in a cafeteria. However, there are two customs that Japanese schools have and that American schools don't : *soji* and *nitchoku*.

本文：p.78

Japanese employees are known around the world for overworking. They work a lot of extra hours, which are often unpaid. Further, workers rarely take the full amount of vacation time to which they have a legal right.

30 TR 30
本文：p.80

Ancient writing often has a different look from what we are used to reading today, with odd punctuation, strange letters and outdated capitalization.

本文：p.82

There was a time when women social activists asked men to fight for women's rights. But this time, we will do it by ourselves. I'm not telling men to stop speaking for women's rights.

32 TR 32 本文：p.84

According to WHO, the amount of water each person needs in everyday life is about 50 L. Water is one of the most important things in our lives.

33 TR 33 本文：p.86

Language students often think they have a memory problem. They worry because they can't remember words. They think something is wrong with their brain. In fact, the problem is not their brain or their memory. The problem is the way they study.

34 TR 34 本文：p.88

How much do you know about your dog? Have you ever heard his many different barks? Why do dogs bark? Are they trying to copy people's voices? Wild dogs don't bark.

35 TR 35 本文：p.90

Japanese box lunches look beautiful and they are good for the health. I want to learn how to make them before I go back to America. I want to show them to my family in America.

36 TR 36 本文：p.92

A knight's first son had the right to become a knight as well as to receive his father's land. If a man was from the king's family or was the son of someone with a title, he had the chance to become a knight. A man could also become a knight if he was very brave in battle.

37 TR 37 本文：p.94

My friend Tony is a professional magician, and he worked at a restaurant in New York to show his magic each evening for the guests as they ate their dinners.

38 **TR 38** 本文：p.96

In the case of middle hypothermia, the shivering becomes stronger and breathing becomes slower. The body temperature is around 32 ° C. This temperature makes a person too sick and sleepy to clearly understand what is happening.

39 **TR 39** 本文：p.98

It is tough to live in Antarctica for a number of reasons. The biggest problem is that Antarctica is the coldest place on Earth, and about 98% is covered in ice.

40 **TR 40** 本文：p.100

What will theaters be like in the future? Anyway, they will still have to do what theaters have always done: provide a setting for people to watch actors performing live drama.

41 **TR 41** 本文：p.102

Our junior high school tennis days have just finished, but I learned a lot from Takuya through tennis. One thing is for sure. Trying something and making mistakes is better than doing nothing. I will have chances to find something new if I try.

42 **TR 42** 本文：p.104

People around the world have had problems with water in many rivers. Some countries take water from the same river. If one country uses too much water from the river, the other countries can't get enough water for their everyday lives. They fight to take the water. People living around the rivers have to share water but they are "rivals." A long time ago, the meaning of "rival" was a person disputing the water in a river.

43 **TR 43** 本文：p.106

A few years ago, a 43-year-old shopkeeper named Rajesh Kumar visited the construction site of a railway station in New Delhi. He saw many children who were playing at the site instead of studying at school. When Rajesh asked their parents why they were not sending them to school, they all said there were no schools in the area and nobody cared.

44 **TR 44** 本文：p.108

In Japan, people developed a special kind of theater for performing the ancient drama called *No*. The masked actors entered the plain, square stage across a structure like a little bridge. There was no scenery.

45 **TR 45** 本文：p.110

The most usual way of finding out how a person really feels is to invite them out somewhere away from the workplace, for example, going out for a cup of coffee. As the two of you relax together, you'll get to hear the real story. Off the record, of course.

46 **TR 46** 本文：p.112

In 1863, people from schools and clubs all over England met in a pub in London. They wanted to agree on the rules of football. For example, should running with the ball in their hands be allowed? After a lot of talking, the men who wanted to say yes to such a question walked out. They wanted to play rugby football.

47 **TR 47** 本文：p.114

Actually, many studies have shown that school children who eat breakfast have better memories and learn more than their classmates who don't. They can be more on time to class, too.

48 **TR 48** 本文：p.116

Why do we need money to buy things? Why does the economy sometimes do well or at other times not well? How do prices go up and down? You can answer all these questions if you just look at how money and the economy work.

49 **TR 49** 本文：p.118

In cultures that encourage individuality, as in Western Europe, Australia, New Zealand, and North America, emotional displays are often intense. People focus on their own goals and attitudes and express themselves accordingly. Watching a film of someone's hand being cut, Americans will grimace whether alone or with other viewers.

50 TR 50 本文：p.122

Companies that promote paid leave, whether short term or long term, are accepting the idea that time off work matters just as much as time at work. Old-fashioned Japanese companies that discourage time off should consider and respect the human needs of employees and their legal right to vacation. They should also consider the fact that relaxed and satisfied workers are more productive and efficient.

本文：p.124

It is said that colors can change how people feel. They say that "red" is a symbol of power and energy. If you have something red with you when you take today's interview, you will be positive and confident.

本文：p.126

It was not until the discovery of the Rosetta Stone that some clues to the Egyptian language became known.

本文：p.128

Today Jane is eighty, but she still travels almost 300 days a year. She talks to people about the power they have to help other people, animals and the environment. Some day you may have a chance to meet and talk to her.

本文：p.130

As people became richer, they began to throw away a lot of things. Now, we buy things and throw them away easily. If we want a change in our life, even desks or chairs which are not so old may be discarded and changed for new ones.

本文：p.132

Some events of shock or great unhappiness often bring about phobias. If a little girl is bitten by a dog, she may be afraid of dogs even when she grows up. Maybe she knows not all the dogs will bite her, but she cannot get away from this fear.

本文：p.134

Adult snakes don't take care of their babies. Snakes take care of themselves from day one. The African black mamba is one of the world's most dangerous snakes. A baby black mamba is as dangerous as an adult. It can catch and eat small animals as soon as it hatches.

本文：p.136

People who have Seasonal Affective Disorder (SAD) become very sad during the fall and winter. SAD seems to be much more common in some places than in others. For example, in the United States, less than 1 percent of the people in Florida, a southern state, have SAD, but 10-30 percent of the people in Alaska, a northern state, have it.

本文：p.138

Some languages in the long history of writing have "died" because there are no longer any native speakers or writers of the language. Such was the case with written "letters" called hieroglyphics : the meanings and the sounds of the hieroglyphic symbols had been lost over many centuries.

本文：p.140

As you know, incandescent bulbs emit light by heating a metal filament inside them, so they need much electricity and become very hot.

本文：p.142

Tax is paid when a business provides goods or services to a customer. The rates vary according to the kind of item which is being offered, although it is sometimes difficult to understand why items are taxed at different rates. For example, if you were to buy chocolate covered biscuits, you would pay the standard tax rate of 20%, but if you wanted non-chocolate covered biscuits, the zero rate would apply. Clothes and footwear which are for children are taxed at 0%, while clothes and footwear that are for adults are taxed at 20%.

第2部

演習問題60

第１部で学んだ60の例題と同じ解釈のポイントを含んだ問題を60題掲載しています。
学んだことを思い出しながら文の構造を検討し，和訳にチャレンジしてください。演習問題の解答・解説は別冊に掲載しています。
また，QRコードから演習問題の音声を提供しています。音読や暗記・暗唱に活用してください。

解答・解説 → 別冊：p.2

Even Homer sometimes nods.

（ことわざ）

02 演習

解答・解説 → 別冊：p.2

Some parts of Aichi and Gifu are famous for *yakimono*.

（愛知県公立高校入試）

【語句】❶ **even** 副 でさえ／ **nod** Vi 居眠りする，しくじる　❷ **famous** 形 有名な

解答・解説 → 別冊：p.3

Fruit flies like bananas.

（アメリカのジョーク）

---

04 演習

解答・解説 → 別冊：p.3

You cannot teach an old dog new tricks.

（ことわざ）

【語句】❸ **fruit fly** 名 ミバエ（果実を食べる害虫）　❹ **trick** 名 芸（当）

解答・解説 → 別冊：p.4

Trees and buildings are covered with a lot of lights. Beautiful illumination makes us happy.

（東京都立進学指導重点校）

06 演習

解答・解説 → 別冊：p.4

Rainforests are perhaps the most important places on the earth. However, we destroy thousands of square kilometers of rainforest every year.

（豊島岡女子学園高校）

【語句】❺ **illumination** 名 イルミネーション，照明／ **be covered with N** N で覆われている
❻ **rainforest** 名 熱帯雨林／ **perhaps** 副 おそらく／ **however** 副 しかしながら／ **destroy** Vt を破壊する／ **square kilometer** 平方キロメートル

解答・解説 → 別冊：p.5

The earth is called “a water planet.” There is a lot of water on the earth but we can’t use most of the water.

（栃木県公立高校入試）

08 演習

解答・解説 → 別冊：p.6

If you check a map on your smartphone, you will find where you are.

（東京都立進学指導重点校）

【語句】❼ **planet** 名 惑星／ **most** 代 大部分　❽ **check** Vt を調べる／ **smartphone** 名 スマートフォン／スマホ，多機能電話

解答・解説 → 別冊：p.6

There are many wonderful things in Yamanashi. We have Mt. Fuji, forests, beautiful lakes, and many kinds of fruit.

（山梨県公立高校入試）

10 演習

解答・解説 → 別冊：p.7

What happens when I tie a dog to a tree with a long rope? He will almost always move around the tree. Soon he will not be able to move.

（東京学芸大附属高校）

【語句】⑩ **tie** Vt をつなぐ（tie O to N　N につなぐ，tie O with N　N を使って［でつなぐ］）／ **almost** 副 ほとんど

解答・解説 → 別冊：p.8

A few seconds after you eat a chili pepper, your brain responds and produces special chemicals. These chemicals give you relief from the pain. They make you feel relaxed and happy.

（桐朋高校）

12 演習

解答・解説 → 別冊：p.9

When I started jogging, I felt comfortable because there was a cool wind and the sun was shining, and I heard the voices of birds singing in the trees. But ten minutes later, I became a little tired and wanted to stop running.

（北海道公立高校入試）

【語句】⓫ **second** 名 秒／**a chili pepper** トウガラシ／**brain** 名 脳／**respond** Vi 反応する／**produce** Vt を作る／**chemical** 名 化学物質／**relief** 名 除去／**pain** 名 苦痛／**relaxed** 形 落ち着いた　⓬ **jog** Vi ジョギングする／**comfortable** 形 心地よい

解答・解説 → 別冊：p.10

In fact, scientists have developed various new technologies to save electricity.

（東京都立進学指導重点校）

14 演習

解答・解説 → 別冊：p.10

If we have dreams and work hard, our dreams may come true in the future. And that may solve big problems and help many people.

（愛媛県公立高校入試）

【語句】⑬ **in fact** 実際／ **develop** Vt を開発する／ **various** 形 種々の／ **technology** 名 技術／ **save** Vt を節約する／ **electricity** 名 電気／ ⑭ **come** Vi **true**(C) 本当になる→実現する／ **solve** Vt を解決する

解答・解説 → 別冊：p.11

When I passed his shop, we waved to each other in a friendly greeting. I often went in to talk with him. He was a tall man, but bent from long years of work. He didn't have much hair, and it was gray.

（東京学芸大学附属高校）

---

16 演習

解答・解説 → 別冊：p.12

One day during my summer vacation, I visited my seventy-year-old grandfather and stayed at his house for three days. He is very active and healthy, so he looks young for his age.

（北海道公立高校入試）

【語句】⑮ **pass** Vt を通り過ぎる／ **wave** Vi 手を振る／ **each other** 代名詞句 めいめいの他人→お互い／ **friendly** 形 友情のこもった／ **greeting** 名 あいさつ ／ **bent** 形 腰が曲って

⑯ **active** 形 活発な／ **healthy** 形 健康な／ **for** 前 ～の割に

解答・解説 → 別冊：p.13

My grandmother is a famous teacher of traditional Japanese dance, *Nihon Buyou*. When I was five years old, I said to her, "I want to dance with you, grandma." She thought a little and said, "While we are practicing, I am not your grandmother but a teacher. Do you understand, Kaori?"

（栃木県公立高校入試）

18 演習

解答・解説 → 別冊：p.14

When I first visited a hot spring in this town, I enjoyed talking with some women there. They gave me some information about good places to see and good restaurants in our town.

（岡山朝日高校）

【語句】⑰ **traditional** 形 伝統的な／ **practice** Vi 練習する／ ⑱ **a hot spring** 温泉／ **information** 名 情報

解答・解説 → 別冊：p.15

I hope that I will make a lot of friends in other countries and write letters in other languages, too.

（神奈川県公立高校入試）

20 演習

解答・解説 → 別冊：p.15

Many children in Sub-Saharan Africa can't eat enough food because their families are poor.

（千葉県公立高校入試）

【語句】⑲ **language** 名 言語　⑳ **Sub-Saharan** 形 サハラ砂漠以南の

解答・解説 → 別冊：p.16

Once when I was unhappy about something, my Danish friend told me, "You're always thinking about the past or worrying about the future. Yesterday is finished. You should just be happy TODAY. You can never know what happens tomorrow."

（慶應義塾志木高校）

22 演習

解答・解説 → 別冊：p.17

If you have a half a glass of beer, do you say that it's half empty or it's half full? I think I'm positive and would say that it's half full.

（慶應義塾志木高校）

【語句】㉑ **unhappy** 形 心配な／ **Danish** 形 デンマークの／ **past** 名 過去／ **worry** Vi 心配する／ **finished** 形（物が）終わって　㉒ **half** 形 ／ 副 半分の［半分だけ］／ **empty** 形 空の／ **full** 形 満杯の／ **positive** 形 前向きの，楽観的な

解答・解説 → 別冊：p.18

In 2003 people estimated that the number of both cats and dogs in Japan was larger for the first time than the number of children.

（東京都立進学指導重点校）

24 演習

解答・解説 → 別冊：p.18

In fact, Noto is famous for its beautiful mountains and sea, so I think it will be a happy memory of your stay in Ishikawa.

（石川県公立高校入試）

【語句】㉓ **estimate** Vt ～だと推定する／ **both A and B** AもBも両方とも／ **for the first time** 初めて ㉔ **in fact** 実際に／ **memory** 名 思い出

解答・解説 → 別冊：p.19

The air of Venus is so thick that the pressure at the surface is about one hundred times that of Earth.

（ラ・サール高校）

26 演習

解答・解説 → 別冊：p.19

Left-handed children were punished until they began using their right hand like other children, but today people who are left-handed are no longer looked down on or considered abnormal.

（桐朋高校）

【語句】㉕ **air** [名] 大気／ **Venus** [名] 金星／ **thick** [形]（気体が）濃い／ **pressure** [名] 圧力／ **surface** [名] 表面／ **about** [副] 約／ **N**（数字）＋ **times** ～ N 倍（だけ）～ → ～の N 倍（→ 48・56 課）／ **that** [代]（～の）それ　㉖ **left-handed** [形] 左利きの／ **punish** [Vt] を罰する／ **like** [前] のように／ **no longer** もはや～ない／ **look down on O**　O を見下す（〈**look down on**〉で1つの [Vt] 扱い）／ **consider O C**　O を C と考える／ **abnormal** [形] 異常な

解答・解説 → 別冊：p.20

Now scientists and engineers are even making a car that is driven, and a plane that is flown, not by a person but by GPS.

（東京都立進学指導重点校）

28 演習

解答・解説 → 別冊：p.21

Scientists are developing new technology every day, and in ten or twenty years, there will be more jobs that robots can do for us. This will change our way of working greatly.

（神奈川県公立高校入試）

【語句】 ㉗ **engineer** 名 技師／ **drive** Vt を運転する／ **fly** Vt を飛ばす／ **GPS**（＝ **Global Positioning System**）全地球測位システム　㉘ **develop** Vt を開発する／ **technology** 名 技術／ **job** 名 職，仕事／ **working** 名 働くこと，労働／ **greatly** 副 大いに，はるかに

解答・解説 → 別冊：p.22

As we passed my girlfriend's house, which was a few doors down from ours, I noticed that the lights were still on in her living room.

（慶応義塾高校）

30 演習

解答・解説 → 別冊：p.22

As you can guess, the garbage situation in the Edo period was really different from what it is today. In the Edo period, it is said that there was little "garbage" because many things were used up.

（東京都立国際高校）

【語句】㉙ **door** 名 軒（ある戸口から目当ての戸口までの距離）／**down** 副 離れて／**on** 副（電気／ガスが）ついている／**living room** 居間　㉚ **guess** Vt（なんとなく）だと思う／**garbage** 名 ごみ／**situation** 名 事情／**period** 名 時代／**use** Vt ｜ **up** 副 を使い切る

解答・解説 → 別冊：p.24

Some days the weather is good. Some days the weather is bad. Still, there are days when the weather seems to change from hour to hour.

（巣鴨高校）

32 演習

解答・解説 → 別冊：p.25

Mr. Brown: That sounds great, Takuya. Your future will be bright. Yuki, how about you? Do you have anything you want to be in the future?

（岐阜県公立高校入試）

【語句】㉛ **weather** 名 天気／ **still** 副 それでも／ **from hour to hour** 刻一刻と／ **seem to** Ⓥ ～する［～であるように思われる］ ㉜ **sound C**（読み聞きして）C に思われる／ **bright** 形 明るい

解答・解説 → 別冊：p.26

Capsaicin is the reason chilies are spicy. Experts say this strange chemical is also the reason chilies are growing in popularity.

（桐朋高校）

34 演習

解答・解説 → 別冊：p.27

To think about the environment is to think about the world, isn't it?

（東京都立進学指導重点校）

【語句】㉝ **capsaicin** 名 カプサイシン（唐辛子の果実の辛味成分）／ **reason** 名 理由，根拠／ **chili** 名（香辛料の）チリ／ **spicy** 形 香辛料の利いた，薬味の利いた／ **expert** 名 専門家／ **chemical** 名 科学物質／ **grow in N**　**N の**点で増大する→ N が高まる／ **popularity** 名 人気，評判

㉞ **think about O**　O のことを考える／ **environment** 名 環境

解答・解説 → 別冊：p.27

Goals always teach us what to do and help us to do our best. Now I want to make a goal for my future.

（山梨県公立高校入試）

36 演習

解答・解説 → 別冊：p.28

Do you smile every day? Smiling is a small thing in our life. But sometimes it is very important. It has the power to change you. It also has the power to change the people around you. So, let's smile.

（新潟県公立高校入試）

【語句】㉟ **do one's best** 最善を尽くす（**best** は 名 ）／ **help O to** Ⓥ Oが〜するのを助ける［手伝う］
㊱ **power** 名 能力／ **let's** Ⓥ 〜しよう

解答・解説 → 別冊：p.29

Gold is difficult to find. It costs a lot to separate gold from other elements. These factors explain why gold is so valuable. Though gold is so expensive, people have always wanted gold for a variety of uses.

（中央大杉並高校）

38 演習

解答・解説 → 別冊：p.30

A long time ago, a young and poor farmer, John, and his mother lived in a village. Although they worked hard and took good care of the flock of sheep, they could never have enough money to buy their own sheep. McLay, the owner of the farm, didn't pay the farmers all they earned. Nobody in the village liked him.

（筑波大附属高校）

【語句】㊲ **cost** Vt （費用）がかかる／ **separate(Vt)** を分離する／ **element** 名 要素／ **factor** 名 要因／ **valuable** 形 価値が高い／ **expensive** 形 高価な 〈**though** 接 **SVX**〉「～だけれども」／ **variety** 名 さまざま，種々なもののとりまぜ／ **a variety (of N)**「さまざまなN」（of → 8課）／ **use** 名 使い道，用途　㊳ [**although** 接 **SVX**] ～だけれども／ **take care of N** Nを世話する／ **good** 形 十分な／ **flock** 名 群／ **sheep** 名 羊（単複同形）／ **owner** 名 所有者／ **farm** 名 農場／ **earn** Vt （金・報酬）を得る

解答・解説 → 別冊：p.32

Wool is good to wear in windy and wet weather because it dries faster than other fabrics. It's important to remember that everyone reacts differently, even under the same conditions.

（慶應義塾女子高校）

40 演習
解答・解説 → 別冊：p.33

For the economy to run smoothly, companies have to provide a lot of their products, and people need to want to buy them, too.

（洛南高校）

【語句】㊴ **wool** 名 毛織物／ **windy** 形（天候が）風の強い／ **wet** 形 雨の／ **dry** Vi 乾く／ **fabric** 名 織物／ **react** Vi 反応する／ **differently** 副 異なって ㊵ **economy** 名 経済／ **run** Vi 機能する／ **smoothly** 副 円滑に／ **company** 名 会社／ **provide** Vt を提供する／ **product** 名 製品

解答・解説 → 別冊：p.34

People often look up at the night sky and dream of visiting faraway places. The Soviet Union sent the first artificial satellite into space in 1957. Since then, many countries have tried hard to develop space technologies.

（関西学院高等部）

42 演習

解答・解説 → 別冊：p.35

Africa has a lot of beautiful places. It also has many great cultures. People living there are trying hard to make their countries better. I really hope that Africa will become a better place to live because Africa is my father's home.

（千葉県公立高校入試）

【語句】 41 **look up at N** Nを見上げる／ **faraway** 形 遠方の／ **The Soviet Union**（→ 13 課）／ **artificial satellite** 人工衛星／ **space** 名 宇宙　42 **culture** 名 文化／ **home** 名 故郷，母国，故国

解答・解説 → 別冊：p.36

A long time ago in China, there lived a poor boy called Liang. He had no family, so he earned some money by doing small jobs for other people in his village, such as cutting wood and taking care of cows. His life was difficult, but Liang was so generous that he always wanted to help people who needed it.

（大阪教育大学附属高校）

44 演習

解答・解説 → 別冊：p.37

Do you know about *soroban*? It is a Japanese tool for calculating. Some people say a tool used in China was brought to our country and became *soroban*. It is difficult to say when people in Japan began to use this tool.

（大阪府公立高校入試）

【語句】㊸ **small** 形 ちょっとした／ **difficult** 形 窮迫した，（生活が）苦しい／ **generous** 形 寛大な
㊹ **know about N** N を（見聞きして）知っている／ **tool** 名 道具／ **calculate** Vi 計算する

解答・解説 → 別冊：p.38

An insect that likes mustard would hate the taste and smell of squash. Here a question arises. Do insects just fly around, checking the air and following smells to find the right plant? That might be part of the answer, but some scientists think there's more to it.

（岡山理科大）

解答・解説 → 別冊：p40

If people wanted to put on a play with scenery, they had to have a different kind of building. In the early years of the 17th century a kind of play called a masque was popular. This had a lot of scene changes, with clouds floating across the stage and gods flying past in chariots.

（お茶の水女子大付属高校）

【語句】㊺ **insect** 名 昆虫／ **mustard** 名 カラシナ（アブラナ科植物で，実からからし粉が取れる）／ **hate** Vt をひどく嫌う／ **taste** 名 味／ **smell** 名 におい／ **squash** 名 カボチャ／ **arise** Vi 起こる，生じる／ **around** 副（周りを）回って／ **check** Vt を確かめる／ **right** 形 適切な／ **plant** 名 植物／〈**There's N (to it).**〉it には N がある（to は付属・関与を示す） ㊻ **put on a play** 劇を上演する／ **scenery** 名 舞台背景，舞台装置／ **masque** 名 仮面劇（16-17 世紀に英国の宮廷で流行した一種のミュージカル／ **cloud** 名 雲／ **float** Vi 浮かぶ，漂う／ **across** 前 を横切って／ **past** 副 通り過ぎて／ **chariot** 名 二輪馬車

解答・解説 → 別冊：p.41

Now, do you really know the basic traffic rules for bicycle safety? Do you really know what is against the traffic rules, and what isn't? I'd like to ask you some questions about the rules.

（神奈川県公立高校入試）

48 演習

解答・解説 → 別冊：p.42

In Japan, it's okay to pick your nose in public, but not blow your nose. In America it is the opposite; you can blow your nose in public, but you can't pick it.

（洛南高校）

【語句】 ㊼ **now** 副 ところで／ **basic** 形 基本的な／ **traffic** 名 交通／ **bicycle safety** 自転車の安全走行／ **against** 前 （規則など）に反して　㊽ **okay**（**OK**）形 受け入れられる／ **pick one's nose** 鼻をほじる／ **in public** 人前で／ **blow one's nose** 鼻をかむ／ **opposite** 名 正反対（の人･事･物）

解答・解説 → 別冊：p.43

In contrast, Japanese viewers tend to hide their emotions when in the presence of strangers. Asians try to avoid displaying negative or arrogant emotions that might cause confusion to the communal feeling within their close-knit groups.

（神戸学院大）

解答・解説 → 別冊：p.44

One value in Japan is that everyone should be more or less the same, equal. This is reflected in the extremely common *tatemae* that parents have no desire for their children to go to a good private school.

（灘高校）

【語句】㊾ **in contrast**（それと）対照的に／ **tend to** Ⓥ　～する傾向がある／ **hide** Vt を隠す／ **emotion** 名 感情／ **in the presence of N**　N の面前で，N のいるところで／ **stranger** 名 知らない人／ **Asian** 名 アジア人／ **avoid**（→ 41 課）／ **display** Vt（感情など）をはっきりと表す／ **negative** 形 不賛成の／ **arrogant** 形 横柄な，傲慢な／ **cause** Vt を引き起こす，の原因になる／ **confusion** 名 混乱／ **communal** 形 共同社会の／ **within** 前 の内部に／ **close-knit** 形（人間関係などが）緊密に結びついた

㊿ **value** 名 価値，重要性／ **more or less** およそ／ **the same** 同じ／ **equal** 形 平等な／ **reflect** Vt を反映する／ **extremely** 副 極めて，とても／ **common** 形 一般的な／ **tatemae**「建前」／ **desire** 名 欲望，願望／ **private school** 私立学校

解答・解説 → 別冊：p.45

As companies are becoming more global, they are looking for new ways to sell their products all over the world. It is true that because of global communication, the world is becoming smaller today.

（市川高校）

52 演習

解答・解説 → 別冊：p.46

Experts say it is chilies' capsaicin, more than their taste, that makes them popular. Scientists say dogs, monkeys, and even rats will not eat chilies. Because of the strong taste, the animals believe they are poisonous.

（桐朋高校）

【語句】51 **look for N**　Nを探す／**all over the world**　世界中で／**because of N**　Nのおかげで
52 **A more than B = more A than B = A rather than B**／**taste** 名 味／**popular** 形 人気のある／**poisonous** 形 毒のある

解答・解説 → 別冊：p.47

Many people worry about memory loss. It is normal to lose memory as you get older. In fact, memory loss can begin when someone is in their twenties. But how much of your memory do you have to lose, and how quickly does it have to happen?

（大阪学院大）

54 演習

解答・解説 → 別冊：p.48

As students, each of us has to think about when and how we should use smartphones and use them with good manners. By doing so, we can become adults who can use smartphones in a good way.

（沖縄県公立高校入試）

【語句】 53 **worry** Vi 心配する／ **memory loss** 記憶を失くすこと／ **normal** 形 普通の／ **in fact** いや実際は／ **be in one's twenties** 20 代である／ **happen** Vi 起こる

54 **smartphone** 名 スマートフォン，スマホ（多機能携帯電話）／ **manner** 名 方法

TR 88

解答・解説 → 別冊：p.49

People should never forget to check the weather report before going out. There is nothing more important than this to prepare for cold weather. Other factors are not always so clear.

（慶応義塾女子高校）

56 演習

解答・解説 → 別冊：p.50

Money is a symbol of something of value that we own, and then we can exchange it for things that we need or want. The idea of using money or some other things of value to buy things is almost as old as human history itself.

（洛南高校）

【語句】 ㊺ **check** Vt を確認する，確かめる／ **weather report** 天気予報／ **prepare for N**「Nに備える」／ **factor** 名 要因／ **clear** 形 明らかな ㊻ **symbol** 名 象徴，シンボル／ **of value** 価値のある／ **own** Vt を所有する／ **exchange O for** OをNと交換する／ **oneself** 代 再帰代名詞 〜自身

解答・解説 → 別冊：p.51

Japan has tried to help other countries by giving information and technology to make water conditions in the world better. For example, the Tokyo Metropolitan Government has supported many countries.

（東京都立進学重視型単位制）

58 演習

解答・解説 → 別冊：p.52

A representative study found that fourth- and fifth-grade students who ran around and otherwise exercised vigorously for at least 10 minutes before a mathematics test scored higher than children who had sat quietly before the exam.

（甲南大）

【語句】 ㊼ **information** 名 情報／**technology** 名 技術／**condition** 名 事情，状況／**the Tokyo Metropolitan Government**　東京都　㊽ **representative** 形 代表的な／**study** 名 研究／**find** V ［**that SVX**］～と発見する／**fifth-grade**　５年生／**otherwise** 副 別のやり方で（→２課）／**exercise** Vi 運動をする／**vigorously** 副 元気よく，活発に／**at least** 少なくとも／**score** Vi （試験などで）…の成績を取る［得る］／**high** 副 高く

解答・解説 → 別冊：p.53

As you know, Hokkaido is very popular among tourists and we can expect many people will come to Hokkaido from other parts of Japan and other countries every year. This is good for agriculture in Hokkaido. If tourists enjoy delicious products made in Hokkaido, they'll buy and take them home.

（北海道公立高校入試）

---

60 演習

解答・解説 → 別冊：p.54

An often quoted English proverb tells us that there is nothing certain in life but death and taxes. Paying taxes is not much fun for anybody but, without taxes, roads could not be built, schools could not be opened, nobody would take away our rubbish and many other services that we take for granted would not exist.

（大阪経済大）

【語句】 ㊾ **among** 前（～の）間で／ **tourist** 名 旅行者／ **expect [that SVX]** （～）だろうと思う／ **agriculture** 名 農業　㊿ **quote** Vt を引用する／ **proverb** 名 ことわざ，格言／ **certain** 形 確実な・避けられない／ **but** 前（～）を除いて (=**except**)／ **tax** 名 税金／ **fun** 名（**C** として）面白い人／もの／ **without** （仮定法で）～がなければ／ **take away O** 　O を片付ける，を持って行く／ **rubbish** 名 ごみ／ **service(s)** 名（公共）サービス［事業］／ **take O for granted**（→ 12 課）

●（　　）は本書の解説で用いた独自の用語

日本語さくいん

い

か

き

く

け

●青い字は例題解説でスピーチを取り上げた人物名

英語さくいん

桑原 信淑（くわはら のぶよし）

東京外国語大学英米語学科卒業。都立高校教諭，県立高校教諭を経て，私立中高一貫校の教諭となる。長年，難関大学を目指す受験生の指導にあたり，その実力がつく講義には定評がある。代々木ゼミナール，駿台予備学校，河合塾，Z 会東大マスターコースなど，予備校での指導経験も豊富。著書に『英文解釈の技術 100（新装改訂版）』『基礎英文解釈の技術 100（新装改訂版）』（共著／桐原書店），『入門英文解釈の技術 70』がある。

●英文校閲　Karl Matsumoto

●大学入試スーパーゼミ　徹底攻略
超入門英文解釈の技術60 音声オンライン提供版

2018 年 10 月 31 日　初　版第 1 刷発行
2024 年 3 月 30 日　音声オンライン提供版第 1 刷発行

著　者	桑原 信淑
発行人	門間 正哉
発行所	株式会社 桐原書店 〒 114-0001 東京都北区東十条3-10-36 TEL：03-5302-7010（販売） www.kirihara.co.jp
装丁	市川 さつき（ISSHIKI）
本文レイアウト・DTP	川野 有佐（ISSHIKI）
イラスト	小松 聖二
印刷・製本	図書印刷株式会社

ISBN978-4-342-21014-3
Printed in Japan

大学受験 スーパーゼミ 徹底攻略・きっちりわかる

超入門
英文解釈の技術60

桑原信淑 著

音声オンライン提供版

演習問題60／解答・解説書

K 桐原書店

大学受験スーパーゼミ
徹底攻略
きっちりわかる

超入門
英文解釈の技術60

桑原信淑　著

音声オンライン提供版

演習問題60／解答・解説書

桐原書店

問題：本冊→ p.154

01 演習

Even Homer sometimes nods.

“Homer” は文頭でもないのに大文字なので，固有名詞とわかる。sometimes はおなじみの「ときどき，時には」の意味の副詞。そうすると -s の付いた nods が V と判明する。Even は副詞で，「〜でさえ」の意味では動詞だけでなく（代）名詞も修飾する。発話の際は，even 自体に強勢（←強勢の位置は「 ´ 」で示される）が置かれることはない。原則として強調したい語の直前に even が置かれて，強勢は強調したい語に置かれる。この文では Hómer（ホーマー：紀元前 8 世紀頃の古代ギリシャの詩人）のように第 1 音節に強勢を置いて発音する。

Even Homer sometimes nods.
（副） S （副） Vi

《全文訳》 ホメロスでさえ時には居眠りをする／弘法も筆の誤り。（弘法とは弘法大師のことで，空海の名でも知られる。書道の大家でもあった）

問題：本冊→ p.154

02 演習

Some parts of Aichi and Gifu are famous for *yakimono*.

前置詞句を（　　）でくくる（→ 6 課）。“be famous for N” は「N で有名である」。

Some parts (of Aichi and Gifu) are famous (for *yakimono*).
S M Vi C M

《全文訳》 愛知と岐阜には，地域によって，焼き物で有名なところがある。

問題：本冊→ p.155

03 演習 Fruit flies like bananas.

構造理解・論理的思考力が試される英文である。flies を Vi と考えると, like は 前「～のように」にしかならない。前置詞と見なして前置詞句 “like bananas” を削除する（→6課）と，“Fruit flies”「果物は飛ぶ（!?）」（→×，非常識）になる。よって like は 前 ではなく Vt。

Fruit flies like bananas.
S Vt O

《全文訳》 ミバエはバナナが好物だ。

問題：本冊→ p.155

04 演習 You cannot teach an old dog new tricks.

teach（Vt）に続く主要素が dog ／ tricks。

You cannot teach an old dog new tricks.
S Vt O_1 O_2

You は「（話者も含めた）一般の人」で, 訳出しないほうがよい。この文はことわざ。

《全文訳》 老犬に新しい芸を仕込むことはできない（古い考えにとらわれている人に新しいことを教え込むのは無理な話だ）。

問題：本冊→ p.156

Trees and buildings are covered with a lot of lights. Beautiful illumination makes us happy.

O と C の間には SP 関係があるので，第２文の us と happy の間には “We are happy.” が成立する。この文は**無生物主語の文**なので，S を副詞的に O を主語のように訳すと，日本語らしくなる。

►第１文

Trees and buildings are covered (with a lot of lights).
S / V（受） / M

►第２文

Beautiful illumination makes us happy.
S / Vt / O / C

第１文の covered は cover（Vt）の 過分 。受動態の文である。

第２文の訳は，「美しい照明が私たちを幸せにしてくれる→美しい照明によって私たちは幸せになる」。

《全文訳》 木々と建物はたくさんの光を浴びている。美しい照明によって，私たちは幸せな気持ちになる。

問題：本冊→ p.156

Rainforests are perhaps the most important places on the earth. However, we destroy thousands of square kilometers of rainforest every year.

►第１文

Rainforests are perhaps the most important places (on the earth).
S / Vi / （副） / C / M

►第２文

However, we destroy thousands (of square kilometers)
（副） S Vt O M1

(of rainforest) (every year).
M2 M3

第２文の前置詞句 M_1 は thousands を，M_2 は kilometers を修飾する。2つの **of** は「**構成・内容**」を表す（→8課）。

《全文訳》 おそらく，熱帯雨林は地球上で最も重要な場所だろう。なのに，私たちは毎年，何千平方キロメートルもの熱帯雨林を破壊している。

問題：本冊→ p.157

07 演習

The earth is called "a water planet." There is a lot of water on the earth but we can't use most of the water.

解説

►第１文

The earth is called "a water planet."
S V（受） C

►第２文

There is a lot of water (on the earth) but we can't use most
（副） Vi S M （等） S Vt O

(of the water).
M

第１文の "a water planet." で，冠詞が a なのは「水を有する惑星は地球だけではない」ということ。a ～≒ one of the ～（e）s[複数形]

第２文の（on the earth）は is を修飾（→9課），（of the water）は most を修飾。on「～の表面に」。2つめの water の前の冠詞が **the** になっているのは，**既出の表現の繰り返し**であるため。つまり，「（地球にある）たくさんの水」を意味している。

《全文訳》 地球は，『水の惑星』と呼ばれている。地球にはたくさんの水があるが，その大部分は利用できない。

問題：本冊→ p.157

If you check a map on your smartphone, you will find where you are.

[If you check a map (on your smartphone)], you will find
（接） S Vt O M S Vt

[where you are].
（疑） S Vi

《全文訳》 スマートフォンで地図を調べれば，自分がどこにいるかがわかるでしょう。

問題：本冊→ p.158

There are many wonderful things in Yamanashi. We have Mt. Fuji, forests, beautiful lakes, and many kinds of fruit.

►第１文

There are many wonderful things (in Yamanashi).
（副） Vi S M

►第２文

We have Mt. Fuji, forests, beautiful lakes, and many kinds (of fruit).
S Vt O

第２文は（of fruit）は kinds を修飾（→ 8 課），「果物からなる多種→果物が多種（ある）」。

《全文訳》 山梨には，すばらしいものがたくさんある。当地には，富士山，森，美しい湖，そして多種にわたる果物がある。

問題：本冊→ p.158

What happens when I tie a dog to a tree with a long rope? He will almost always move around the tree. Soon he will not be able to move.

►第1文

What happens [when I tie a dog (to a tree) (with a long rope)]?

S Vi (接) S Vt O M M

►第2文

He will almost always move (around the tree).

S (助) (副) (副) Vi M

►第3文

Soon he will not be able to move.

(副) S Vi

第1文で happens と現在時制を使用しているので，**will** は「**習性**（～なものだ）」を表すと解するのがよい。

第3文 "be able to Ⓥ"（→ 10・36 課）

《全文訳》 私が犬をロープで木につなぐと，どうなるか。犬は，いつもと言っていいほど木の周りをぐるぐる回る。すぐに動けなくなる。

問題：本冊→ p.159

A few seconds after you eat a chili pepper, your brain responds and produces special chemicals. These chemicals give you relief from the pain. They make you feel relaxed and happy.

►第1文

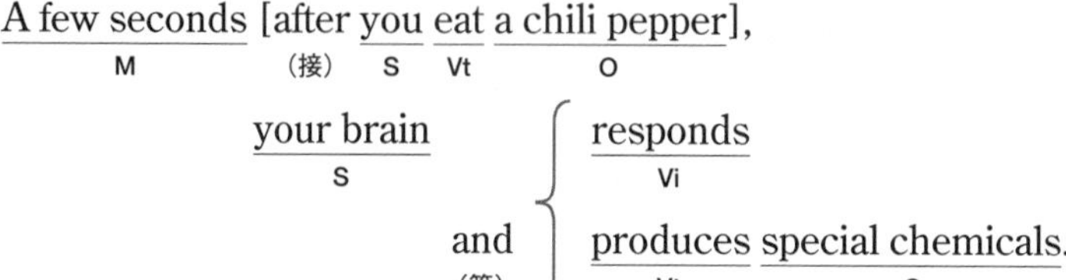

A few seconds [after you eat a chili pepper],
M (接) S Vt O
your brain
S
responds
Vi
and
(等)
produces special chemicals.
Vt O

►第2文

These chemicals give you relief (from the pain).
S Vt O_1 O_2 M

►第3文

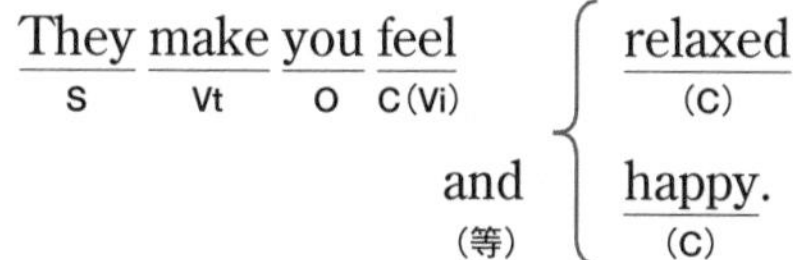

第２文の“from ...”の前置詞句はreliefを修飾。直訳は「痛みからの除去(を与える)」。

第３文 **make** は，「～させる」の使役動詞。**feel** 以降が C（補語）だが，feel 自身が２つの形容詞を C にしている。

《全文訳》 トウガラシを食べた数秒後に，脳が反応して特殊な化学物質を分泌する。こういった化学物質によって痛みがなくなる。その働きにより気分が落ち着き，気持ちが楽になる。

問題：本冊→ p.159

12
演習

When I started jogging, I felt comfortable because there was a cool wind and the sun was shining, and I heard the voices of birds singing in the trees. But ten minutes later, I became a little tired and wanted to stop running.

解説

►第 1 文

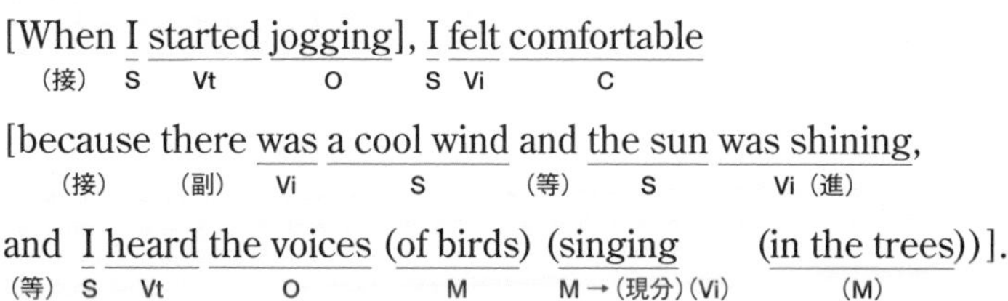
[When I started jogging], I felt comfortable
(接) S Vt O S Vi C
[because there was a cool wind and the sun was shining,
(接) (副) Vi S (等) S Vi (進)
and I heard the voices (of birds) (singing (in the trees))].
(等) S Vt O M M→(現分)(Vi) (M)

第 1 文の 接 because の支配範囲は，trees まで。カンマと意味の流れの両面から決定する。**構造で迷うときは意味で決定**する。When- 節と because- 節は副詞節で，主節はともに “I felt comfortable”。**singing が C なのか形容詞的 M なのかを判断**する。“Birds were singing.” は成立するが “Voices were singing.” は（×）。よって “I heard ... trees” は〈SVOC〉ではなく，〈SVO〉。singing は birds を修飾する**現在分詞**（→ 7・42 課）。

►第２文

But (ten minutes) later, I { became (a little) tired / and wanted (to stop running). }
(等) M (副) S — became: Vi, (a little): M, tired: C
and: (等) — wanted: Vt, (to stop: O →(不)(Vt), running: (O)(動名)

第２文の “ten minutes” は later 副 を修飾。〈want to Ⓥ〉（→ 34 課），jogging / running は**動名詞**（→ 41 課）。

《全文訳》 私がジョギングを始めたとき，気持ちがよかった，そのわけは，涼しい風が吹き，日が照っていて，さらに木々でさえずる鳥の声が聞こえてきたから。でも，10 分後には，少し疲れてきて，走るのをやめたくなった。

問題：本冊→ p.160

13 演習

In fact, scientists have developed various new technologies to save electricity.

(In fact), scientists have developed various new technologies
M S Vt（現完） O

(to save electricity).
M →（不）(Vt) (O)

“to save electricity” は不定詞の副詞的用法（→ 13 課）。

《全文訳》 実際，科学者は電気を節約するために，さまざまな新しい技術を開発してきている。

問題：本冊→ p.160

14 演習

If we have dreams and work hard, our dreams may come true in the future. And that may solve big problems and help many people.

►第 1 文

[If we { have dreams / and work hard], } our dreams may come true (in the future).
（接） S { Vt O / （等） Vi （副） } S Vi C M

►第2文

And that may { solve big problems / and help many people.
S （助） { Vt O / （等） Vt O

第 1 文の and は，have と work をつないでいる。

第２文の And は第 1 文と文 “That may...people.” をつなぎ，that は第 1 文の内容を受けている。and がつなぐのは solve と help で，助動詞 may（→ 10 課）が共通語。

《全文訳》 夢を持って懸命に努力すれば，私たちの夢は将来かなえられるかもしれない。そして，それによって大きな問題が解決され，多くの人の役に立つかもしれない。

問題：本冊→ p.161

When I passed his shop, we waved to each other in a friendly greeting. I often went in to talk with him. He was a tall man, but bent from long years of work. He didn't have much hair, and it was gray.

►第１文

[When I passed his shop], we waved (to each other)
（接） S Vt O S Vi M

(in a friendly greeting).
M

►第２文

I often went in (to talk (with him)).
S （副） Vi （副）（不）（Vi） M

►第３文

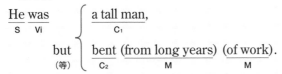

He was a tall man,
S Vi C_1

but bent (from long years) (of work).
（等） C_2 M M

►第４文

He didn't have much hair, and it was gray.
S Vt O （等） S Vi C

第１文の前toのOは代名詞句の“each other”。前inは，無理に訳せば「（～する）のに」。和訳は「…あいさつをするのに（互いに対して）手を振った」「（互いに対して）手を振って…あいさつをした」と収めればよい。

第２文の不定詞は，目的を表す副詞的用法（→ 37 課）。in副は「（店の）中へ」の意味。

第３文の“a tall man”（名詞群）と bent（形容詞）は，C（補語）としての共通点がある。from は「～で・から」のように原因を示す。**of** は「**構成・内容**」の of（→ 8 課）。

第４文の and の前後は等位節。it = his hair。〈not ～ much ...〉で部分否定（→ 55 課）を形成する。

《全文訳》 私が彼の店を通り過ぎる際に，私たちは互いに手を振って親しくあいさつを交わした。私はよく，彼と話をしようと店内に入った。彼は背の高い人だったが，長年にわたって仕事をしたので腰が曲がっていた。彼は，髪が豊富とは言えなかったし，白髪だった

問題：本冊→ p.161

16 演習

One day during my summer vacation, I visited my seventy-year-old grandfather and stayed at his house for three days. He is very active and healthy, so he looks young for his age.

解説

►第 1 文

(One day)[M] (during my summer vacation)[M],

I[S] { visited[Vt] my seventy-year-old grandfather[O]
and（等） stayed[Vi] (at his house)[M] (for three days)[M].

►第 2 文

{ He[S] is[Vi] very（副） { active,[C] / and（等） healthy[C]
so（等） he[S] looks[Vi] young[C] (for his age)[M].

第 1 文の "seventy-year-old" は，old を中心とした**形容詞的な語群**（複合語）で，各語を hyphen（ハイフン）でつなぎ，year は単数形。"visited and stayed" と押さえる。

第 2 文では so が前後の等位節を連結している。

《全文訳》 夏休み中ある日のこと，私は 70 歳になる祖父のもとを訪ね，3 日間泊まった。彼はとても活発かつ健康なので，年齢よりも若く見える。

問題：本冊→ p.162

My grandmother is a famous teacher of traditional Japanese dance, *Nihon Buyou*. When I was five years old, I said to her, "I want to dance with you, grandma." She thought a little and said, "While we are practicing, I am not your grandmother but a teacher. Do you understand, Kaori?"

►第１文

My grandmother is a famous teacher
S Vi C

(of traditional Japanese dance), *Nihon Buyou*.
M (H) (A)

►第２文

[When I was five years old], I said (to her),
(接) S Vi C S Vt M

"I want (to dance (with you)), grandma."
O → S Vt O (不) (Vi) M (呼びかけ)

►第３文・第４文

She thought a little
S Vi M

and said, "[While we are practicing], I am not your grandmother but
(等) Vt O → (接) S Vi (進) S Vi (否) (C) (等)

a teacher. Do you understand, Kaori?"
C (助) S Vi (呼びかけ)

第１文は "traditional Japanese dance" (H) 主要語に対して, *Nihon Buyou* は (A) **同格語** (→ 50 課) になっている。

第２文の "to dance with you" は, want の O になっている不定詞 (→ 34 課)。with は文脈から「～から／のもとで」の意味。

第３文では, not と but がセットになっている。

《全文訳》 私の祖母は,「日本舞踊」という伝統的な日本の踊りの有名な師匠だ。私が５歳のとき, 私は,「おばあちゃん, おばあちゃんから踊りを教わりたいの」と言った。彼女は少し考えて,「２人がお稽古(けいこ)をしている間はね, おばあちゃんは, おばあちゃんじゃなくてお師匠さんなのよ。かおり, わかるかな」と言った。

問題：本冊→ p.162

When I first visited a hot spring in this town, I enjoyed talking with some women there. They gave me some information about good places to see and good restaurants in our town.

►第１文

[When I first visited a hot spring (in this town)], I enjoyed talking
(接) S (副) Vt O M S Vt O

(with some women) there.
M (副)

►第２文

They gave me some information
S Vt O_1 O_2

(about { good places (to see) (不)(Vt) and (等) good restaurants) } (in our town)).
M→ M

第１文はカンマがあるのでWhen-節の支配範囲がわかりやすい。talkingは動名詞（→ 41課）でenjoyedのO。with-句はtalkingを修飾している。

第２文のabout以下はinformationを修飾する。前 aboutのOはplacesとrestaurants。不定詞to seeはplacesを修飾する形容詞的用法（→ 36課）。(in our town）はplacesとrestaurantsを修飾する。

《全文訳》 私は初めてこの町の温泉に行ったときに，そこに居合わせた女性何人かと話をして楽しかった。彼女たちは，こちらの町の観光名所と，よい食事どころの情報を教えてくれた。

問題：本冊→ p.163

I hope that I will make a lot of friends in other countries and write letters in other languages, too.

I hope [that I will make a lot of friends (in other countries)
S Vt O→(接) S (助) Vt O M

and write letters (in other languages), too].
(等) Vt O M (副)

that 以下は，hope（Vt）の O。and は 2 つの原形 make と write をつないでおり，助 will が共通語。

《全文訳》 僕は，他の国の多くの人と友だちになり，また，他の言語で手紙が書けるといいな，と思う。

問題：本冊→ p.163

Many children in Sub-Saharan Africa can't eat enough food because their families are poor.

Many children (in Sub-Saharan Africa) can't eat enough food
S M Vt O

[because their families are poor].
(接) S Vi C

because- 節は副詞節。

《全文訳》 サハラ砂漠以南のアフリカの多くの子どもは，家庭が貧しいがために満足な食事が取れない。

Once when I was unhappy about something, my Danish friend told me, “You're always thinking about the past or worrying about the future. Yesterday is finished. You should just be happy TODAY. You can never know what happens tomorrow.”

►第1文

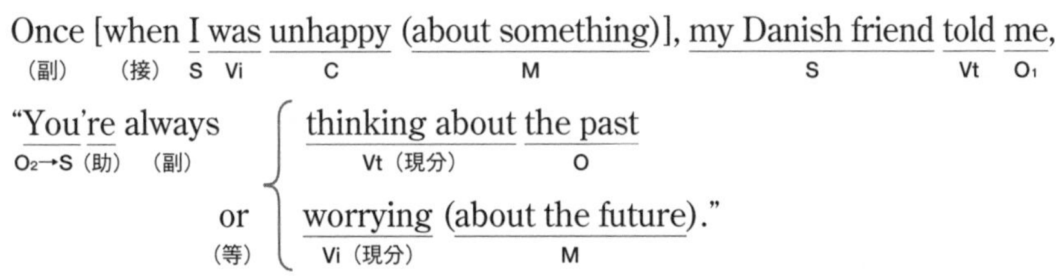

Once [when I was unhappy (about something)], my Danish friend told me,
（副） （接） S Vi C M S Vt O_1

“You're always { thinking about the past / or worrying (about the future).”
O_2→S（助）（副） Vt（現分） O / （等） Vi（現分） M

第1文の “I was unhappy about something” は，「何かについて心配だ→何か心配なことがある」。“You're always thinking...worrying...” は〈助動詞の be + Ving（現在分詞）〉で進行形（→ 7 課）。文脈上，このタイプの進行形は「〜してばかりいる」と非難・困惑・称賛などの感情を表す。

►第2文・第3文

Yesterday is finished. You should just be happy TODAY.
S Vi C S Vi C （副）

►第4文

You can never know [what happens tomorrow].”
S Vt（否） O → S Vi （副）

第3文 just = only。today が強調されているので，just が修飾するのは TODAY。
第4文の **what- 節**は，文の流れから**間接疑問**と捉えたい（→ 40 課・例題解説）。

《全文訳》 以前，私が何か心配なことがあったとき，デンマークの友人が話してくれた。「君はいつだって過去のことを考えていたり，先のことを心配してばかりいる。昨日は終わっているんだ。君は，まず今日が幸せでなくちゃ。明日どうなるか，わかりゃしないんだから」とね。

問題：本冊→ p.164

If you have a half a glass of beer, do you say that it's half empty or it's half full? I think I'm positive and would say that it's half full.

►第１文

[If you have a half a glass (of beer)],
(接) S Vt O M

do you say [that it 's half empty
(助) S Vt O→(接) S Vi (副) C

or (that) it 's half full]?
(等) (接) S Vi (副) C

第１文の that- 節を削除すると意味不明なので，**that- 節は名詞節**。it = the glass of beer。

►第２文

I think [(that) I 'm positive]
S Vt O→(接) S Vi S

and would say [that it 's half full].
(等) Vt（仮過） O→(接) S Vi (副) C

第２文 think のあとに that を置いてみる（→ 24 課）。would は「控えめ」な気持ちを示す**仮定法過去**（→ 60 課）。

《全文訳》 グラス半分のビールを手にしたら，あなたは「ビールが半分なくなっている」と言いますか，それとも「なみなみと半分入っている」と言いますか。私は自分のことを，楽観的だと思っているし，「なみなみと半分入っている」と言うでしょうね。

問題：本冊→ p.165

23 演習

In 2003 people estimated that the number of both cats and dogs in Japan was larger for the first time than the number of children.

解説

(In 2003) people estimated [that the number
M S Vt O→(接) S

(of both cats and dogs) (in Japan)
M M

was larger (for the first time) [than the number (of children) (was)]].
Vi C M (接) S M Vi

was を「～である」と訳すこと。比較級については本冊 57 課で確認する。

《全文訳》 2003 年に人々は，日本の犬と猫の両方を合わせた数は初めて子どもの数を上回っていると推定した。

問題：本冊→ p.165

24 演習

In fact, Noto is famous for its beautiful mountains and sea, so I think it will be a happy memory of your stay in Ishikawa.

解説

(In fact), Noto is famous (for its beautiful { mountains and sea),
M S Vi C M→ and (等)

so I think [( ) it will be a happy memory (of your stay) (in Ishikawa)].
(等) S Vt ↑ S Vi C M M

↑ここに that

( ) 内に that を置いてみる。"in Ishikawa" が修飾するのは stay。

《全文訳》 実際，能登は海と山が美しいことで有名だ。それで，私は，そこがあなたにとって石川に滞在したときの楽しい思い出になると思う。

問題：本冊→ p.166

The air of Venus is so thick that the pressure at the surface is about one hundred times that of Earth.

The air (of Venus) is so thick [that the pressure (at the surface) is (about one hundred times) that (of Earth)].

The air: S / (of Venus): M / is: Vi / so: (副) / thick: C / that: (接) / the pressure: S / (at the surface): M / is: Vi / (about one hundred times): M / that: C / (of Earth): M

so を見たら，that- 節を期待する。that ＝ the pressure (at the surface)

《全文訳》 金星の大気は濃くて，表面の気圧が地球の表面における気圧の約100倍だ。

問題：本冊→ p.166

Left-handed children were punished until they began using their right hand like other children, but today people who are left-handed are no longer looked down on or considered abnormal.

Left-handed children were punished

Left-handed children: S / were punished: V (受)

[until they began using their right hand (like other children)],

until: (接) / they: S / began: Vt / using: O (動名) (Vt) / their right hand: (O) / (like other children): M

but today people [who are left-handed]

but: (等) / today: (副) / people: S / who: S (関代) / are: Vi / left-handed: C

are (no longer) { looked down on / or considered abnormal.

are: V (受)→(助) / (no longer): (否) / looked: (過分) / down: (副) / on: (前) / or: (等) / considered: (過分) / abnormal: C

"using ... children" は began の O で，using は use (Vt) の動名詞（→ 41 課）。like 前 は「～のように」の意味で，like- 句は using を修飾する。否定語と or が連なっているときの和訳に注意。〈not A or B〉は「**A でも B でも～ない**」と訳す（→ 55 課）。

《全文訳》 左利きの子どもは，ほかの子どもと同様に右手を使いだすまで，罰を与えられた。だが今日では，もはや左利きの人々がさげすまれることも，異常だと思われることもない。

問題：本冊→ p.167

Now scientists and engineers are even making a car that is driven, and a plane that is flown, not by a person but by GPS.

Now scientists and engineers are even making
（副） S Vt（進）

{ a car [that is driven, / and a plane [that is flown, } not (by a person) but (by GPS)]].

- a car: O（先）; [that: （関代）S; is driven,: V（受）; (by a person): M
- and: （等）; a plane: O; [that: （関代）S; is flown,: V（受）; but: （等）; (by GPS): M

even 副 は直後の語（句）を修飾するが，文脈・強勢で判断することも必要。「作りさえする」ではピント外れなので，「車及び飛行機までも／さえも」と理解する。〈not A but B〉を見落とさないことと，but で結ばれた2つの by- 句が “is driven” と “is flown”（受動態→ 7・43 課）を修飾しているのに気づいた人は，できる人！

《全文訳》 現在，科学者と技師は，人間ではなく GPS が操作する車および飛行機までも制作中だ。

問題：本冊→ p.167

28
演習

Scientists are developing new technology every day, and in ten or twenty years, there will be more jobs that robots can do for us. This will change our way of working greatly.

解説

►第 1 文

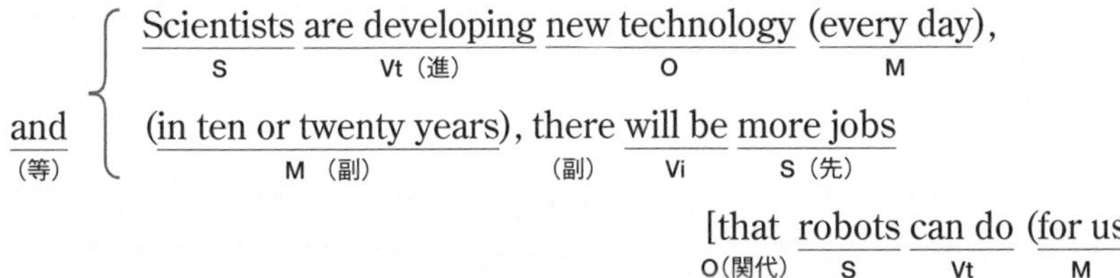
Scientists are developing new technology (every day),
S Vt（進） O M
and (in ten or twenty years), there will be more jobs
（等） M（副） （副） Vi S（先）
[that robots can do (for us)].
O（関代） S Vt M

第 1 文の (in ten or twenty years) の前 in は「(現在からの) 時間の経過」を表すもので「今から…後に」を意味する。there は「存在予告」(→ 9 課)。**for**前は「〜に代わって」の意味 (→ 4 課)。

►第2文

This will change our way (of working) greatly.
S Vt O M (副)

第2文の This は前文を受けている。「これによって…」と副詞的な言い回しで訳すと，日本語らしくなる。

《全文訳》 科学者は日々新しい技術を開発しており，10 あるいは 20 年後にはロボットが私たちに代わってする仕事が増えるだろう。これによって，私たちの働き方は大いに変わるだろう。

問題：本冊→ p.168

As we passed my girlfriend's house, which was a few doors down from ours, I noticed that the lights were still on in her living room.

[As we passed my girlfriend's house],
（接） S Vt O（先）

[which was (a few doors) down (from ours)],
（関代）S Vi M （副） M

As は「**時**」を示す（→ 54 課）。**was** は「**存在**」を示す（→ 8 課）。**which- 節は情報追加の「継続用法」**。"a few doors" は名詞群（→ 6 課）で「数軒だけ」を意味し，副詞的に down を修飾している。"from ours" は down を修飾する副詞的な前置詞句。ours ＝ our house

I noticed [that the lights were still on (in her living room)].
S Vt O →（接） S Vi （副） C M

on は副詞で C（補語）になっている。C になる副詞はほかに，down・in・off・over などがある。例 Prices are down / up.「物価が下がっている／上がっている」

《全文訳》 私はガールフレンドの家 —— その家は我が家の数軒先だったが —— を通り過ぎるときに，彼女の居間に明かりがまだついているのに気づいた。

問題：本冊→ p.168

30 演習

As you can guess, the garbage situation in the Edo period was really different from what it is today. In the Edo period, it is said that there was little "garbage" because many things were used up.

▶ 第 1 文

[As you can guess], the garbage situation (in the Edo period)
（関代）O S Vt S M

was really different (from [what it is today]).
Vi （副） C M → C S Vi （副）

As は関係代名詞（→ 59 課）で，“can guess” の O。先行詞は，後出の主節（the garbage ...）。

“what it is today” の **it の実体**を突きとめよう。what が is の C なので，from を境に対称形を想定して上下に並べると…

the garbage situation	was	different
it	is	（what ?）

it = the garbage situation と判明する。

what の**内蔵先行詞**は，29 課の例文 **(d)** と同じ流儀で把握すればよい。先行していて離れた , かつ意味の点で適切な名詞的表現は，“the garbage situation”。

what it is today → the garbage(ごみ) situation(事情) [that(そう) it(それが) is(である) today(今日)]
（内蔵先行詞）　C　S　Vi　M

和訳は「今日それがそうであるごみ事情」→「今日のごみ事情」と収める。

► 第２文

(In the Edo period), it is said [that there was little “garbage”
M　S（形）　V（受）　（接）（副）　Vi　S

[because many things were used up]].
（接）　S　V（受）

副詞（句／節）が（主）節から外置されることがある。“In the Edo period” は過去を示す内容なので, that- 節の中に位置するほうがわかりやすい。it は形式主語（→ 51 課）。「a ナシの little」は「少ししかない」のニュアンス。

《全文訳》 思ってのとおり，江戸期のごみ事情は，今日のごみ事情とはずいぶん異なっていた。江戸時代は多くの物を使い切ったので，ごみが少ししかなかった，と言われている。

問題：本冊→ p.169

31
演習

Some days the weather is good. Some days the weather is bad. Still, there are days when the weather seems to change from hour to hour.

解説

►第１・２文

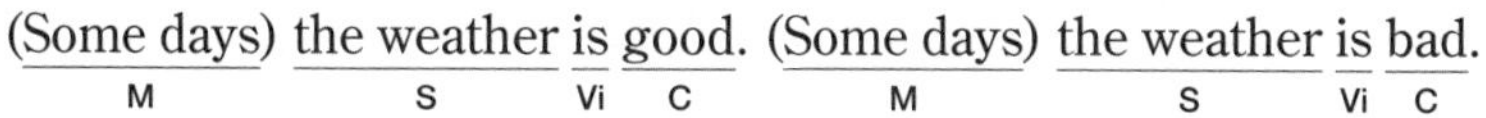
(Some days) the weather is good. (Some days) the weather is bad.
M S Vi C M S Vi C

第１・２文の “Some days” は副詞的。本書２課の例題を参考に “Some～, some...” と見なす。「日によっては天気が…→ 天気が…の日もあれば，～の日もある」

►第３文

Still, there are days [when the weather seems (to change (from hour to hour))].

（副）（副） Vi S（先）（関副） S Vi （不）(Vi) M

第３文の “seem to Ⓥ” について，K 先生は「動詞的語群」と考えた。「天気が…ように思える日がある→日によっては天気が…ように思える」

《全文訳》 天気がよい日もあれば，悪い日もある。それでも，日によっては，天気が刻一刻変化するように思える。

問題：本冊→ p.169

Mr. Brown : That sounds great, Takuya. Your future will be bright. Yuki, how about you? Do you have anything you want to be in the future?

タクヤが自分の将来の抱負を語った。その後にブラウンさんの言葉。That はタクヤの語った抱負を受けている。

Mr. Brown: That (S) sounds (Vi) great (C), Takuya. Your future (S) will be (Vi) bright (C).

Yuki, how (疑) (about you) (M)?

"How about～?"「～はどう？」は便利な表現。

Do (助) you (S) have (Vt) anything (O) [that (関代)(C) you (S) want (Vt) (to be (O →(不)(Vi)) (in the future) (M))]?

anything と you の間に「つなぎの詞（ことば）」がないので，that を置く。be の C がないので，that を be の C に仕立てると，不定詞部分の文型が完成する。

「何か〈(それ) に君がなりたい〉→〈君がなりたい〉もの」。また，something を使うと "Yes" という返事を期待することになるので，ここではあえて anything で問いかけている。

《全文訳》 それは，すばらしいと思うよ，タクヤ。君の将来は，明るいだろう。ユキ，君はどう？　将来なりたいものはあるかい？

問題：本冊→ p.170

Capsaicin is the reason chilies are spicy. Experts say this strange chemical is also the reason chilies are growing in popularity.

► 第 1 文

Capsaicin is the reason [(that) chilies are spicy].
S Vi C （関副） S Vi C

第 1 文で補った that は，that を含めないで文型が完成しているので 関副 。ここでは why と交換可能。文脈から，「理由」を「原因」と読み替える。直訳は「カプサイシンは，チリがピリッとする理由だ」。

► 第 2 文

Experts say [(that) this strange chemical is also the reason [(that) chilies are growing (in popularity)]].
S Vt （接） S Vi （副） C 関副 S Vi（進） M

第 2 文の say（Vt）の直後に補う that は 接 （→ 22・23 課）。reason の直後に補った that は第 1 文の that と同様，関副 。

《全文訳》 カプサイシンが原因でチリの香辛料が効いている。専門家によれば，この不思議な化学物質は，チリの人気が上がってきている原因にもなっている。

問題：本冊→ p.170

34 演習

To think about the environment is to think about the world, isn't it?

解説

(To think about the environment) is (to think about the world), isn't it?
S→ (不)(Vt) (O) Vi C→(不)(Vt) (O) Vi(否)

不定詞がS・Cになっている。文末の"isn't it?"は「念押し」「確認」の付加疑問。

《全文訳》 環境を考えるのは，世界を考えることになるのではないかな。

問題：本冊→ p.171

35 演習

Goals always teach us what to do and help us to do our best. Now I want to make a goal for my future.

解説

►第1文

Goals always { teach us (what to do) and help us (to do our best).
S (副) Vt O_1 O_2→(疑)(不)(Vt) (等) Vt O C→(不)(Vt) (O)

►第2文

Now I want (to make a goal (for my future)).
(副) S Vt O→(不)(Vt) (O) M

第1文では，〈疑問詞＋不定詞〉を押さえる。〈help O (to) Ⓥ〉は〈VOC〉の文型。

《全文訳》 いつも，私たちは目標によって何をしたらよいかを学び，最善を尽くすよう促される。さて，私はと言えば，将来の目標を立てたいのです。

問題：本冊→ p.171

Do you smile every day? Smiling is a small thing in our life. But sometimes it is very important. It has the power to change you. It also has the power to change the people around you. So, let's smile.

►第２文

Smiling is a small thing (in our life).
S（動名詞） Vi C M

Smiling は動名詞（→ 41 課）。

►第３文

But sometimes it is very important.
（等） （副） S Vi C

►第４文

It has the power (to change you).
S Vt O M→ （不）(Vt) (O)

►第５文

It also has the power (to change the people (around you)).
S （副） Vt O M→（不）(Vt) (O) (M)

第３文　it = smiling

第４文の不定詞は，直前の power を修飾している。「変える能力がある → 変えることができる」

第５文の不定詞は power を，“around you” は people を修飾している。

《全文訳》 あなたたちは，毎日ほほ笑みますか。ほほ笑みは，私たちの生活の中ではささいなことだ。しかし，ほほえみがとても重要なことがある。それはあなたたちを変えることができる。それはまた，周囲の人々を変えることができる。じゃあ，にっこりしよう。

問題：本冊→ p.171

Gold is difficult to find. It costs a lot to separate gold from other elements. These factors explain why gold is so valuable. Though gold is so expensive, people have always wanted gold for a variety of uses.

►第１文

Gold is difficult (to find).
S Vi C (不) (Vt)

►第２文

It costs a lot (to separate gold (from other elements)).
S（形） Vt O S（真）→（Vt） (O) (M)

第１文の不定詞は difficult を修飾している。「見つけることの点で（難しい）→見つけるのに／が（難しい）」。

第２文の It は形式主語（→ 39 課）。

►第３文

These factors explain [why gold is so valuable].
S Vt O →（疑） S Vi（副） C

►第４文

[Though gold is so expensive], people have always wanted gold (for a variety) (of uses).
（接） S Vi（副） C S Vt（現完） O M M

第３文の "These factors" とは，前の第１文・第２文を指す。**why- 節**は**間接疑問**（→ 21 課）。

第４文の so は文脈上 very の意味。

《全文訳》 金は発見するのが大変だ。金をほかの要素から分離するのには，かなりの費用がかかる。こういった要因で，金が非常に高価な説明がつく。金はかなり高額だが，人々はこれまでいつでもさまざまな理由で金をほしがった。

問題：本冊→ p.172

A long time ago, a young and poor farmer, John, and his mother lived in a village. Although they worked hard and took good care of the flock of sheep, they could never have enough money to buy their own sheep. McLay, the owner of the farm, didn't pay the farmers all they earned. Nobody in the village liked him.

►第１文

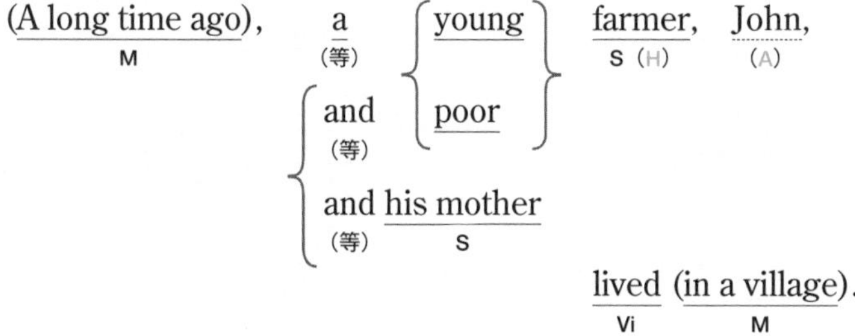

第１文 (H)・(A) は，同格に関する略号（→ 50 課）。文の内容から farmer の訳は「農場経営者」ではなく，「農場労働者，小作農（= farmhand）」のほうが文脈に合う。

►第２文

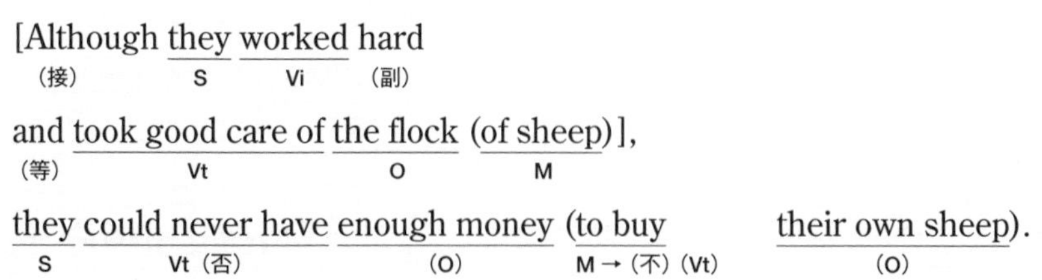

第２文では，不定詞が enough を，enough が money を修飾している（→ 38 課）。

第3文

McLay, the owner (of the farm),
S (H) (A) M

didn't pay the farmers all [(that) they earned].
Vt O_1 O_2 (関代)O S Vt

第３文の all 以下を〈NSV〉（→ 32 課）と見抜くこと。all の直後に that を置く。すると that は earned の O を演じる。didn't と all が連動して「部分否定」を形成する（→ 55 課）。

►第４文

Nobody (in the village) liked him.
S M Vt O

《全文訳》 昔，ジョンという，若く貧しい農場労働者とその母親が，ある村に住んでいた。一所懸命働いて羊の群れをよく世話したけれども，２人は自分たちの羊が買えるだけのお金を手にすることは全然できなかった。農場主のマクレイは，農場労働者に彼らが稼ぎ出すお金を全額支払うというわけではなかった。村の人で彼を好きな者はいなかった。

問題：本冊→ p.173

Wool is good to wear in windy and wet weather because it dries faster than other fabrics. It's important to remember that everyone reacts differently, even under the same conditions.

▶第1文

Wool (S) is (Vi) good (C) (to wear (M→(不)(Vt)) (in (M→) {windy and(等) wet} weather)) [because(接) it(S) dries(Vi) faster(副)(比) [than(接) other fabrics(S) (do)(助)]].

第1文の Wool（S）と wear（Vt）の間には，意味上 "wear（Vt）+ wool（O）" の関係がある。

▶第2文

It (S(形)) 's (Vi) important (C) (to remember (S(真)→(不)(Vt)) [that((O)→(接)) everyone(S) reacts(Vi) differently(副), even(副) (under the same conditions)(M)]).

第2文の even は，後続の副詞的な前置詞句を修飾する。

《全文訳》 毛織物は，ほかの織物より乾くのが速いので，風が強い雨天時に着用するのに適している。人は，みな同じ状況であっても反応の仕方が違うということを，心に留めておくことが重要だ。

問題：本冊→ p.173

40
演習

For the economy to run smoothly, companies have to provide a lot of their products, and people need to want to buy them, too.

解説

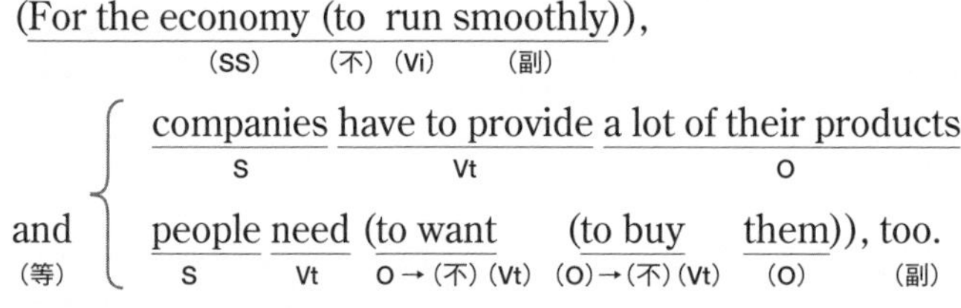
(For the economy (to run smoothly)),
(SS) (不) (Vi) (副)
companies have to provide a lot of their products,
S Vt O
and people need (to want (to buy them)), too.
(等) S Vt O→(不) (Vt) (O)→(不) (Vt) (O) (副)

〈For A to Ⓥ〉のあとに〈SVX〉が続いているので，この to Ⓥは名詞的でも形容詞的でもない**不定詞と即断**できる。副詞的な不定詞が economy を〈SS〉にして，2つの等位節の述語動詞 V を中心に修飾している。目的を表す不定詞である。全文訳では，people と too を文脈に沿うように手を加えた訳にしてある。

《全文訳》 経済が円滑に機能するためには，会社が自社製品を大量に売らなくてはならないだけでなく，消費者がその製品に対する購買意欲を持つ必要がある。

問題：本冊→ p.174

41
演習

People often look up at the night sky and dream of visiting faraway places. The Soviet Union sent the first artificial satellite into space in 1957. Since then, many countries have tried hard to develop space technologies.

解説

►第１文

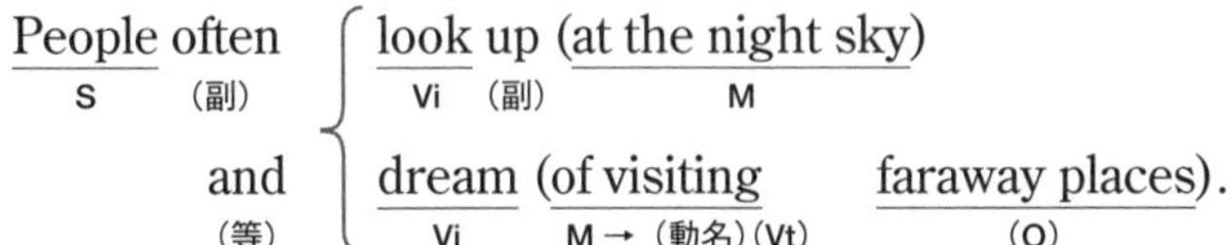
People often
S (副)
look up (at the night sky)
Vi (副) M
and
(等)
dream (of visiting faraway places).
Vi M→（動名）(Vt) (O)

►第２文

The Soviet Union sent the first artificial satellite (into space) (in 1957).
S Vt O M M

►第３文

(Since then), many countries have tried hard (to develop space technologies).
M S Vt（現完）（副） O→（不）(Vt) (O)

第１文の visiting は 前 of の O。

第３文の then は since 前 の O で名詞に転用されている。hard に邪魔されて〈try to Ⓥ〉が〈Vt + O〉であるのを見落とさないこと（→ 34 課）。

《全文訳》 人々は，空を見上げてはるか遠いところに行くことを夢見る。ソヴィエト連邦は，1957 年に最初の人工衛星を宇宙に送り込んだ。その時以来，多くの国が懸命に宇宙技術の開発の努力を重ねてきた。

問題：本冊→ p.174

Africa has a lot of beautiful places. It also has many great cultures. People living there are trying hard to make their countries better. I really hope that Africa will become a better place to live because Africa is my father's home.

►第３文

People (living there) are trying hard
S M→ (現分) (Vi) Vt (進) (副)

(to make their countries better).
O→(不) (Vt) (O) (C)

"living there" は削除でき，分詞構文のようにカンマもないので形容詞的 Ving と考える。ただし，Ving の前にカンマがあるからといって分詞構文とは限らない。あくまでも**意味の流れで判断**しなければならない（→ 45 課例文 **(b)**）。〈**make O C**〉の文型（→ 5 課）を楽にキャッチしよう。

►第４文

I really hope [that Africa will become a better place (to live)]
S (副) Vt O→(接) S Vi C M→(不) (Vi)

[because Africa is my father's home].
(接) S Vi C

"to live" が place を後ろから修飾する場合，普通 "live in" としない。

《全文訳》 アフリカには美しいところがたくさんある。そこにはまた偉大な文化が多い。アフリカの住民は自国をよりよくしようと懸命に努力している。私は，アフリカがもっと住みよいところになるといいなと，本当に思っている。なぜって，アフリカは父の母国だから。

問題：本冊→ p.175

43 演習

A long time ago in China, there lived a poor boy called Liang. He had no family, so he earned some money by doing small jobs for other people in his village, such as cutting wood and taking care of cows. His life was difficult, but Liang was so generous that he always wanted to help people who needed it.

解説

►第１文

(A long time ago) (in China), there lived a poor boy (called Liang).
M / M / (副) / Vi / S / M →(過分)(Vt) (C)

第１文は "..., there lived in China S...." の形も可能。「存在構文」の there（→ 9 課）。was ではなく lived が使われていることにも気を留めよう。

►第２文

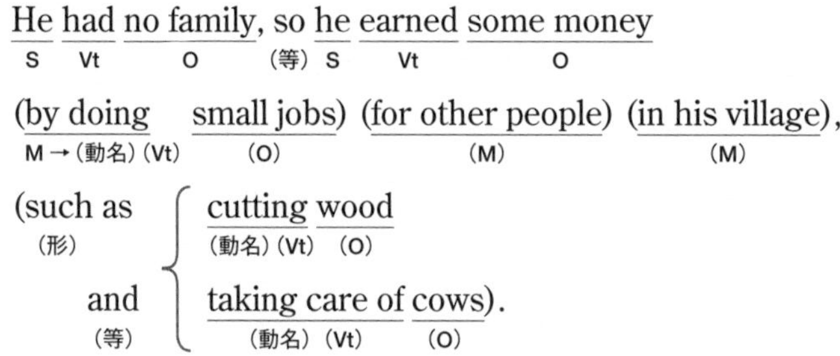
He had no family, so he earned some money
S Vt O (等) S Vt O
(by doing small jobs) (for other people) (in his village),
M →(動名)(Vt) (O) (M) (M)
(such as cutting wood
(形) (動名)(Vt) (O)
and taking care of cows).
(等) (動名)(Vt) (O)

第２文の for- 句は doing を，in- 句は people を修飾する。問題は such 以下。such は形容詞で，as とセットで〈**such A as B**〉〈**A such as B**〉のように用い，"A like B."（like は前）で「B のような A」という意味である。ここでは such 以降が修飾するのは jobs しかない。和訳は「木を切り…のような仕事をすることによって金を稼いだ」だが，by 以下が長いので全文訳は一工夫した。

►第３文

His life was difficult,
S Vi C

but Liang was so generous
(等) S Vi (副) C

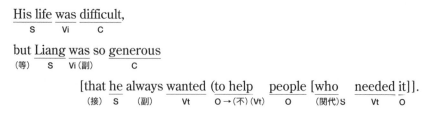

[that he always wanted (to help people [who needed it]].
(接) S (副) Vt O →(不)(Vt) O (関代)S Vt O

第３文の that は等位接続詞ではなく，that 自体に「ので」という意味はない（→ 25 課）。it と交換可能な語（句）は見当たらないので文脈でくみ取るしかない。「人々が必要とする」のは「(彼の／彼による）援助」。

《全文訳》 昔，中国に，リアンという名の貧しい若者がいた。彼には家族がいなかったので，なにがしかの金を稼ぐのに村人のために木を切るとか牛の世話のようなちょっとした仕事をした。彼の生活は苦しかったが，リアンは思いやりがあり，援助の必要な人にはいつだって手を差し伸べたいという思いでいるほどだった。

問題：本冊→ p.175

44 演習

Do you know about *soroban*? It is a Japanese tool for calculating. Some people say a tool used in China was brought to our country and became *soroban*. It is difficult to say when people in Japan began to use this tool.

解説

►第１文

Do you know about *soroban*?
(助) S Ⓥt O

►第２文

It is a Japanese tool (for calculating).
S Vi C M

第１文　*soroban*「算盤（そろばん）」

第２文　It= *soroban*。“calculate ＋ ing” → Ving（動名詞→ 41 課）で for は前。

►第３文

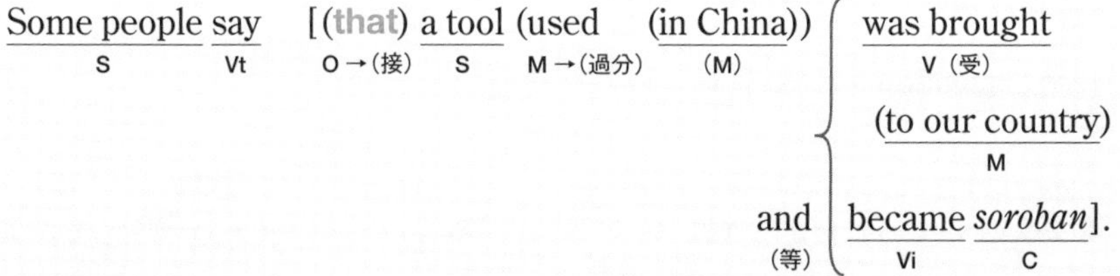

Some people say [(that) a tool (used (in China)) was brought (to our country) and became *soroban*].
S Vt O →（接） S M →（過分） (M) V（受） M (等) Vi C

第３文は say の直後に that を置く（→ 24 課）。was が目に入ったら迷わず “was

brought" が V と決定する。used について「背理法」を適用するまでもない。used は過分と決める，別名「受動分詞」。

▶第4文

It is difficult (to say [when people (in Japan) began (to use this tool)]).

It = S(形), is = Vi, difficult = C, to say = S(真)→(不)(Vt), when = O→(疑), people = S, in Japan = M, began = Vt, to use = O→(不)(Vt), this tool = (O)

《全文訳》 そろばんを知っていますか。それは日本の計算道具だ。中国で作られた道具が我が国に持ち込まれ，そろばんになったという人もいる。日本の人々がいつこの道具を使い始めたのかを言葉にするのは困難だ。

問題：本冊→ p.176

45 演習

An insect that likes mustard would hate the taste and smell of squash. Here a question arises. Do insects just fly around, checking the air and following smells to find the right plant? That might be part of the answer, but some scientists think there's more to it.

▶第1文

An insect [that likes mustard] would hate the {taste and smell} (of squash).

An insect = S, that = (関代)S, likes = Vt, mustard = O, would hate = Vt, taste = (O), and = (等), smell = (O)

▶第2文

Here a question arises.

Here = (副), a question = S, arises = Vi

第 1 文の **would** は**仮定法過去**（→ 60 課）で，「断言」を避け「控えめ・推量」を表す。

▶第３文

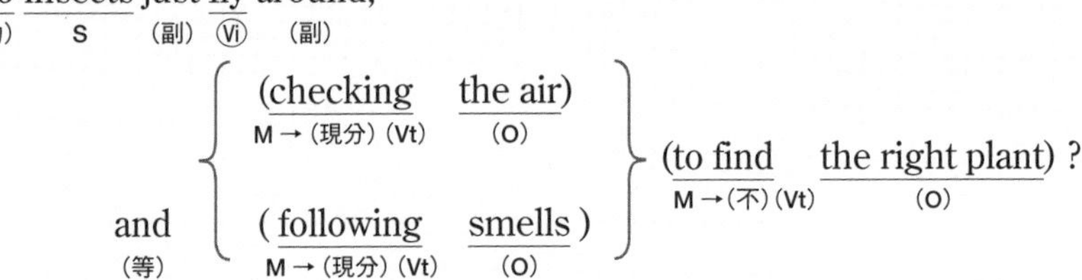

第３文の checking と following は言わずと知れた「分詞構文（動詞修飾のVing)」で，原形の fly を修飾している。訳出は，fly からあとに流すほうが，耳触りがよい。

▶第４文

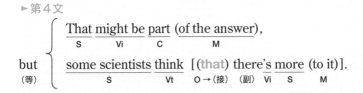

That might be part (of the answer),
S Vi C M

but some scientists think [(that) there's more (to it)].
(等) S Vt O→(接) (副) Vi S M

第４文の “may ～ but ...” は，「確かに～かもしれないが…」と流す感じで訳すとよい。**might** は**仮定法過去**で「**控えめな推量**」を表す。「かもしれないだろう」としておけばよい。“Some ～ ” (→２課例文)。

以下，That, more, it が指す内容を吟味する。

❶ **That** について第３文から相当する部分を抽出すると，以下のようになる。

That → checking the air and following smells to find the right plant

２つの Ving を動名詞へと変質させる。

❷ more → more meaning（意味，意義）

it → their flying around（“they fly around” の fly を動名詞にした表現）

《全文訳》 カラシナの好きな昆虫は，カボチャの味とにおいをひどく嫌がるだろう。ここで，疑問が１つ浮上する。昆虫は飛び回って，お目当ての植物を見つける目的で空気を確認したりにおいを追ったりする，だけなのか。空気の確認などをして目当ての植物にありつくことは解答の一部かもしれないだろうが，飛び回るのにはもっと多くの意味があると考える科学者もいる。

問題：本冊→ p.176

If people wanted to put on a play with scenery, they had to have a different kind of building. In the early years of the 17th century a kind of play called a masque was popular. This had a lot of scene changes, with clouds floating across the stage and gods flying past in chariots.

►第 1 文

[If people wanted (to put on a play (with scenery))],
(接) S Vt O→(不)(Vt) O M

they had to have a different kind (of building).
S Vt O M

►第 2 文

(In the early years) (of the 17th century)
M M

a kind (of play) (called a masque) was popular.
S M M→（過分）（Vt） （C） Vi C

第 1 文 **with** の英和辞典での意味は「(〜) のある，付いている」。

第 2 文 の **of** は 8 課参照。called は C を伴った過分と判断する（→ 44 課）。

►第 3 文

This had a lot of scene changes,
S Vt O

(with clouds floating (across the stage)
M→（前） O P（現分） M

and gods flying past (in chariots)).
（等） O P （副） M

This は "This kind of...masque" と読み替えるとよい。with 以下がこの課のハイライト。**同時展開の with** と決める。

《全文訳》 人々が舞台背景の備わった劇を演じたい場合，異なる種類の建物が必要だった。17 世紀初期の年代に，仮面劇と称する一種の劇に人気があった。この種の劇では，雲が舞台に広がったかと思うと神様が 2 輪馬車に乗って飛び去ったりして，場面が何度も変わった。

問題：本冊→ p.177

Now, do you really know the basic traffic rules for bicycle safety? Do you really know what is against the traffic rules, and what isn't? I'd like to ask you some questions about the rules.

解説

►第1文

Now, do you really know the basic traffic rules (for bicycle safety)?
(副) (助) S (副) Ⓥt O M

►第2文

Do you really know [what is (against the traffic rules)],
(助) S (副) Ⓥt O →(疑)S Vi C

and [what is n't (?)].
(等) O →(疑)S Vi (否) C

►第3文

I 'd like (to ask you some questions (about the rules)).
S Vt O →(不)(Vt) O_1 O_2 M

第１文の for- 句は，rules を修飾する。

第２文は上の図解どおり，is と isn't を上下に並べると，切り捨てられている表現が一目瞭然である。

第３文の about で始まる前置詞句は，questions を修飾する。

《全文訳》 ところで，君たちは自転車が安全に走行するための基本的な交通規則を本当に知っているかい？　本当にどんなことが交通規則違反で，どんなことが違反じゃないか知っているかい？　私は君たちに，交通規則に関わる質問をしたいのだが。

問題：本冊→ p.177

In Japan, it's okay to pick your nose in public, but not blow your nose. In America it is the opposite; you can blow your nose in public, but you can't pick it.

►第 1 文

(In Japan), it 's okay (to pick your nose (in public)),
M S(形) Vi C S(真)→ (不)(Vt) (O) (M)

but not (blow your nose (?)).
(等) (否) (不)(Vt) (O) (M)

第 1 文では，but に先行する語で not が否定する語，blow に対応する語を察知すると，切り捨てられた "but it's not okay to blow your nose "in public" が姿を現す。

►第 2 文

(In America) it is the opposite; you can blow your nose (in public),
M S Vi C S Vt O M

but you can't pick it.
(等) S Vt O

第 2 文では，**it** は前文の内容を指し，簡略すれば「鼻に関する行動」だが，「事情・状況の **it**」くらいに捉えてよい。

《全文訳》 日本では，人前で鼻をほじるのは問題にされないが，鼻をかむのはやめたほうがよい。アメリカでは，事がまるっきり逆である。人前で鼻をかんでもよいが，鼻をほじくるのは許されないのだ。

In contrast, Japanese viewers tend to hide their emotions when in the presence of strangers. Asians try to avoid displaying negative or arrogant emotions that might cause confusion to the communal feeling within their close-knit groups.

解説

本冊 49 課の例題に続く英文であることを踏まえるとわかりやすい。

►第 1 文

(In contrast), Japanese viewers tend (to hide their emotions [when (they are) (in the presence) (of strangers)]).

(In contrast) M, Japanese viewers S, tend Vi, to (不) hide (Vt), their emotions (O), when (接), they S, are Vi, (in the presence) M, (of strangers) M

第 1 文では副詞節での〈S + be〉の切り捨て。are は「存在」(→ 8 課)。なお，31 課の演習問題に登場する seem と同様に，tend のあとの不定詞の用法を考えないのが賢明である。

►第2文

Asians try (to avoid displaying {negative or arrogant} emotions [that might cause confusion (to the communal feeling) (within their close-knit groups)]).

Asians S, try Vt, to avoid O→(不)(Vt), displaying O (動名), negative / or (等) / arrogant, emotions (O), that (関代)S, might cause Vt (仮過), confusion O, (to the communal feeling) M, (within their close-knit groups) M

第 2 文では avoid の O が動名詞 displaying でその O が emotions。might は 45 課の演習問題（→ p.38）で使われている **would** と同様に，「**控えめな推量**」の**仮定法過去**で「～かもしれないような→～しかねない」くらいに処理する。

《全文訳》 それと対照的に，日本人の観客は，知らない人の前では感情を表に出さない向きがある。アジアの人々は，拒否の感情とか，いつだって自分が正しいという気持ちを抑えようとする。それはそういった感情がもとで人間関係が緊密な集団内に見られる共通の感情に，混乱を招きかねないからだ。

問題：本冊→ p.178

One value in Japan is that everyone should be more or less the same, equal. This is reflected in the extremely common *tatemae* that parents have no desire for their children to go to a good private school.

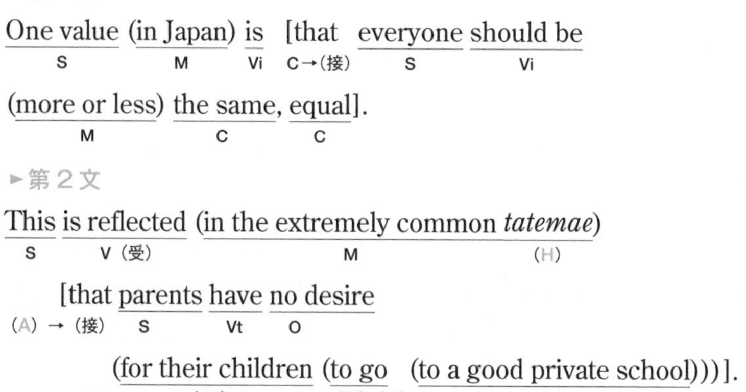

►第1文
One value (in Japan) is [that everyone should be
S M Vi C→(接) S Vi
(more or less) the same, equal].
M C C
►第2文
This is reflected (in the extremely common tatemae)
S V(受) M (H)
[that parents have no desire
(A) → (接) S Vt O
(for their children (to go (to a good private school)))].
M → (SS) (不)(Vi) M

第1文の全体構造は〈SVC〉（C = that- 節）である（→ 22 課）。

第2文の This は前文の内容を指している。that- 節は "*tatemae*" に対する**同格節**で，言い換え，内容の説明をしている。全文訳では「～という」なる訳語を避けてみた。不定詞の意味上の主語は "their children" で，for 以下全体が desire を修飾している。

《全文訳》 日本で1つ重要視されるのは，人はみな，おおよそ同じで平等であるべきだ，ということである。このことは，親は子どもがよい学校に行くよう望んではいない，とする，きわめて一般的な「建前（たてまえ）」に反映されている。

問題：本冊→ p.179

As companies are becoming more global, they are looking for new ways to sell their products all over the world. It is true that because of global communication, the world is becoming smaller today.

►第 1 文

[As companies are becoming more global], they are looking for new ways (to sell their products (all over the world)).

(接) companies: S / are becoming: Vi / more global: C（比）/ they: S / are looking for: Vt（進）/ new ways: O / to sell: M →（不）(Vt) / their products: (O) / all over the world: (M)

第 1 文の 接 **As** は文脈から**理由**を示す（→ 54 課）。不定詞は ways を修飾。ways 以降の逐語訳は「世界中で自分たちの製品を売る方法」である。

►第2文

It is true [that (because of global communication), the world is becoming smaller today].

It: S（形）/ is: Vi / true: C / that: S(真)→(接) / because of global communication: M / the world: S / is becoming: Vi（進）/ smaller: C（比）/ today:（副）

第 2 文は典型的な形式主語構文。直訳は「地球規模の意思疎通のおかげで…世界が…狭くなってきているのは事実だ」となる。

《全文訳》 会社は地球的規模で拡大してきているので，世界中で自社製品の新たな販売方法を模索している最中だ。事実，意思疎通が地球規模なので，世界は今日，狭くなってきている。

問題：本冊→ p.179

Experts say it is chilies' capsaicin, more than their taste, that makes them popular. Scientists say dogs, monkeys, and even rats will not eat chilies. Because of the strong taste, the animals believe they are poisonous.

第1～3文とも，基本構造は本冊 24 課の文〈S_1V(X) ＋〈S_2V(X)〉である。

► 第1文

Experts (S) say (Vt) [(that) (O→(接)) it is chilies' capsaicin (S), (more than their taste) (M), that makes (Vt) them (O) popular (C)].

第1文は，that-節中に **"it is", that** が確認できる。it の指す表現がないことと，that のあとに S が見当たらないので，**文型が不成立**であることに着目する。

► 第2文

Scientists (S) say (Vt) [(that) (O→(接)) dogs, monkeys, and even rats (S) will not eat (Vt) chilies (O)].

第2文の **will** は，「**習性**」を表すと解する。

► 第3文

(Because of the strong taste) (M), the animals (S) believe (Vt) [(that) (O→(接)) they (S) are (Vi) poisonous (C)].

第3文は，第2文の that-節に含まれる内容である。

《全文訳》 専門家の話では，チリの人気はその味というよりはむしろ（辛み成分の）カプサイシンによる。科学者によれば，犬，サル，そしてネズミでさえもチリを食べない。味が強烈なために，そういった動物は，チリが毒だと信じている。

問題：本冊→ p.180

Many people worry about memory loss. It is normal to lose memory as you get older. In fact, memory loss can begin when someone is in their twenties. But how much of your memory do you have to lose, and how quickly does it have to happen?

►第１文

Many people worry (about memory loss).
S Vi M

►第２文

It is normal (to lose memory [as you get older]).
S(形) Vi C S(真)→(不)(Vt) (O) (接) S Vi C(比)

►第３文

(In fact), memory loss can begin [when someone is (in their twenties)].
M S Vi M→(接) S Vi C

第２文の "lose memory" において lose を名詞に変えると，"memory loss" "loss of memory" になる。接 **as** は「～につれて」（→ 54 課）。

►第４文

But how much (of your memory) do you have (to lose),
(等) (疑)(代) M (助) S Vt M→(不)(Vt)

and how quickly does it have to happen?
(等) (疑)(副) (助) S Vi

第４文前半（and の前）の have と〈to Ⓥ〉は，直接つながって「（～する）必要がある」と解すると意味の流れが悪い。直訳は「（記憶のうち）どれほどの量を失うべくして持っているのか」。

後半の "have to happen" の have と〈to Ⓥ〉は，直接つながっている，と見るのが自然である。it は，"your memory loss" と捉えてよい。なお，文全体の意味の流れから，ここでの "have to Ⓥ" は「決まって／必然的に～する」の気持ちである。

《全文訳》 記憶が戻らないと言って心配する人が多い。年齢を重ねるにつれてもの忘れをするのは，よくある。いや実際，人は 20 代になると，もの忘れが始まることがある。だが，自分の記憶のどれほどが戻らなくなり，また，いつから必ず記憶が戻らなくなるというのか。

問題：本冊→ p.180

As students, each of us has to think about when and how we should use smartphones and use them with good manners. By doing so, we can become adults who can use smartphones in a good way.

▶第１文

(As students)[M], each[S] (of us)[M] has to { think about[Ⓥt] { [when[O→(疑)] and[(等)] how[(疑)]} we[S] should[(助)] use[Ⓥt] smartphones][O] } and[(等)] use[Ⓥt] them[O] (with good manners)[M].

第１文の has のあとの to は，think と２つめの use の共通語。

▶第２文

(By doing[M→(動名)(Vt)] so[(O)]), we[S] can become[Vi] adults[C（先）] [who[(関代)S] can use[Vt] smartphones[O] (in a good way)[M]].

第２文の so の品詞は副詞だが，“do so” の形で do の用法の１つ，代動詞 do の O になる。なお代動詞 do は，助動詞に属する。“do so” 自体は前文の〈動詞 + X〉に相当する。したがって，“do so” → “thinking about ... and using them ... manners” と解する。

《全文訳》 生徒として，私たち一人一人は，いつ・どのようにスマホを使うべきかを考えてスマホをマナーよく使う必要がある。そうすることで，私たちはスマホを適切に使える大人になることができる。

問題：本冊→ p.181

People should never forget to check the weather report before going out. There is nothing more important than this to prepare for cold weather. Other factors are not always so clear.

►第１文

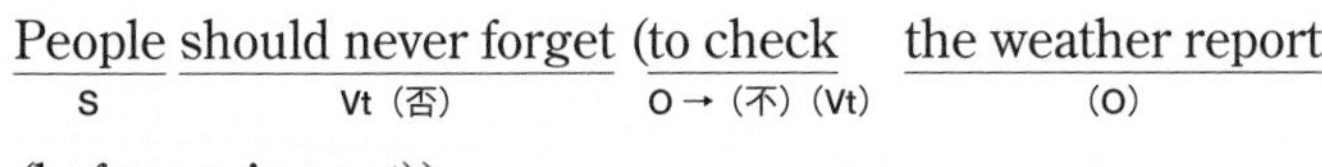

People should never forget (to check the weather report (before going out)).

S / Vt（否） / O →（不）（Vt） / （O） / M（動名）（Vi）

第１文の "**forget to Ⓥ**" については，「〜するのを忘れない」「忘れないで〜する」と訳せばよい。

►第２文

There is nothing more important (than this) (to prepare (for cold weather)).

（副） Vi S P（比） M / M →（不）（Vi） （M）

第２文の不定詞が修飾するのは important。「〜に備える上で（重要）」とつなげればよい。

►第３文

Other factors are not always so clear.

S / Vi（否） / （副） / （副） / C

第３文の not と always が連動して，**部分否定**を構成している。

《全文訳》 人々は，外出前に必ず天気予報を確認するべきだ。寒い陽気に備えて，これほど重要なことはない。ほかの要因は，それほど常に明らかだとは限らない。

問題：本冊→ p.181

56
演習

Money is a symbol of something of value that we own, and then we can exchange it for things that we need or want. The idea of using money or some other things of value to buy things is almost as old as human history itself.

解説

►第１文

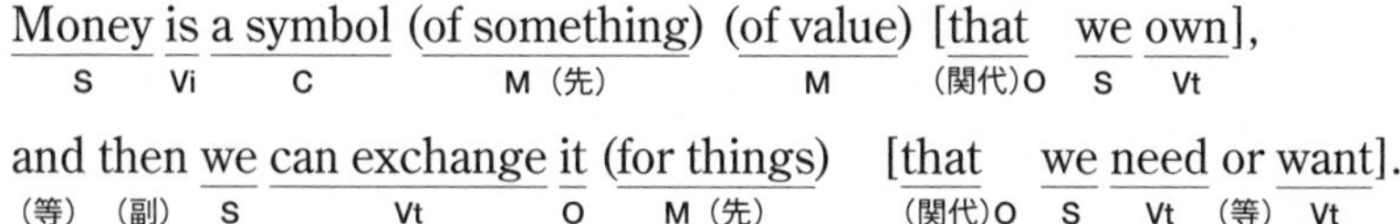
Money is a symbol (of something) (of value) [that we own],
S Vi C M（先） M （関代）O S Vt
and then we can exchange it (for things) [that we need or want].
（等）（副） S Vt O M（先） （関代）O S Vt （等） Vt

第１文の "of value" と関係詞節は something を修飾する。

►第２文

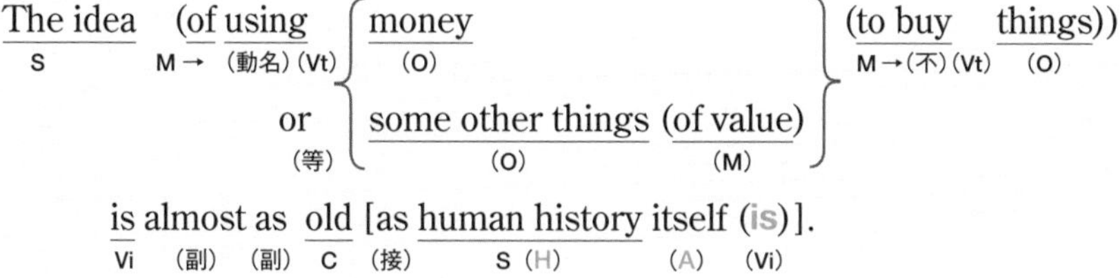
The idea (of using money / or some other things (of value)) (to buy things))
S M→（動名）(Vt) (O) （等） (O) (M) M→(不)(Vt) (O)
is almost as old [as human history itself (is)].
Vi （副） （副） C （接） S（H） (A) (Vi)

第２文では "The idea of using" に注目。〈N_1 of N_2〉において〈N_1 is N_2〉，ないしは〈N_2 is N_1〉が成立するとき，N_2 は N_1 の「言い換え」と考えて of を「同格関係の of」とする。「N_1 すなわち N_2」「N_2 という N_1」と処理する。**"idea of Ving"** で「**〜するという考え**」と訳せばよい。全文訳はちょっと「ひねり」を入れた。

itself は，再帰代名詞の強調用法であり，S / C / O である（代）名詞を引き立たせる副詞の役をする。

《全文訳》 お金は，私たちが所有する価値あるものを象徴する。だから私たちはお金を自分が必要とする，またはほしいと思う品々と交換する。物品を購入するのに，お金だとかほかの貴重品を使おうと考えるのは，人類史そのものとほぼ同程度の時を経てなされてきたことである。

問題：本冊→ p.182

Japan has tried to help other countries by giving information and technology to make water conditions in the world better. For example, the Tokyo Metropolitan Government has supported many countries.

►第 1 文

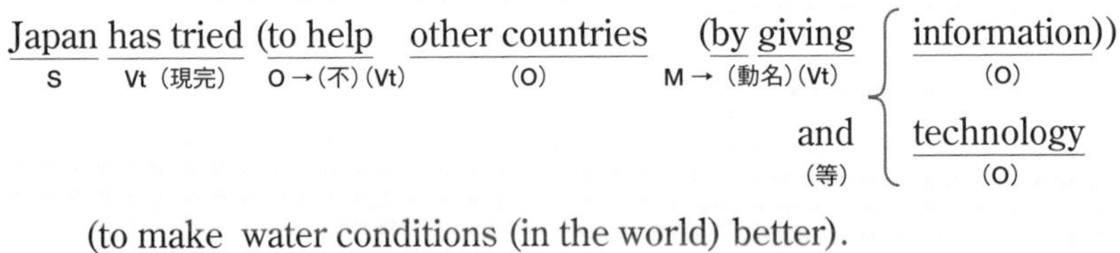

(to make water conditions (in the world) better).
M → (不)(Vt) (O) (M) (C)

第 1 文の "to make water conditions in the world better" は，(has) tried を修飾する。

►第 2 文

(For example), the Tokyo Metropolitan Government has supported many countries.
M S Vt（現完） O

《全文訳》 日本は，世界の水事情の改善を目的として，情報・技術を提供して他国の援助に努めてきた。例えば，東京都は多くの国々を援助してきている。

問題：本冊→ p.182

A representative study found that fourth- and fifth-grade students who ran around and otherwise exercised vigorously for at least 10 minutes before a mathematics test scored higher than children who had sat quietly before the exam.

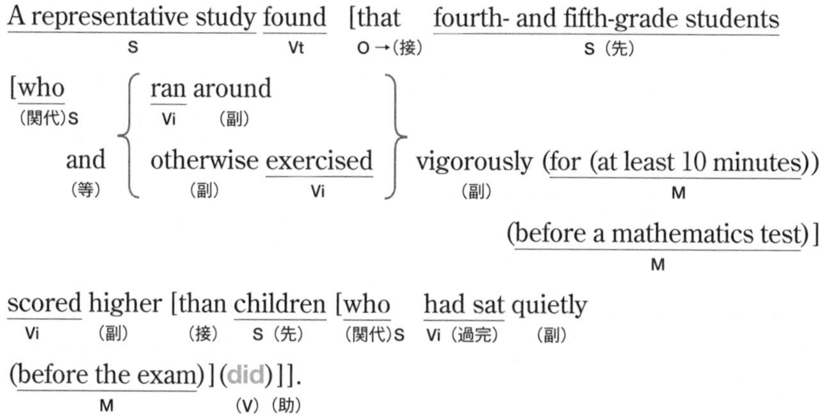

文尾に加えた did は助動詞で,「代動詞」として機能する。"**had sat ... exam**" が先に起きた「**遠い過去**」, **scored** が「**近い過去**」である。

《全文訳》 ある代表的な研究によって，数学の試験前，少なくとも 10 分間，元気に走り回るか，ほかの運動をした 4・5 年生は，試験前に静かに座っていた子どもたちと比べて得点が高いと判明した。

問題：本冊→ p.183

As you know, Hokkaido is very popular among tourists and we can expect many people will come to Hokkaido from other parts of Japan and other countries every year. This is good for agriculture in Hokkaido. If tourists enjoy delicious products made in Hokkaido, they'll buy and take them home.

解説

►第１文

[As（関代）O you S know Vt],

and（等）{ Hokkaido S is Vi very popular C (among tourists) M
we S can expect Vt [(that)（接）many people S will come (Vi) (to Hokkaido) M (from other parts) M (of Japan and other countries) M (every year) M].

第１文の know は通常 Vt と考えること。**As が know の O になっている** 関代 と決定する。先行詞は，後続の２つの等位節。「…のことだが」「…するとおり，ように」と訳出すればよい。

►第２文

This S is Vi good C (for agriculture) M (in Hokkaido) M.

第２文の This が受けるのは，前文の２つの等位節である。

►第３文

[If（接）tourists S enjoy Vt delicious products O (made M→（過分）(in Hokkaido) (M))],

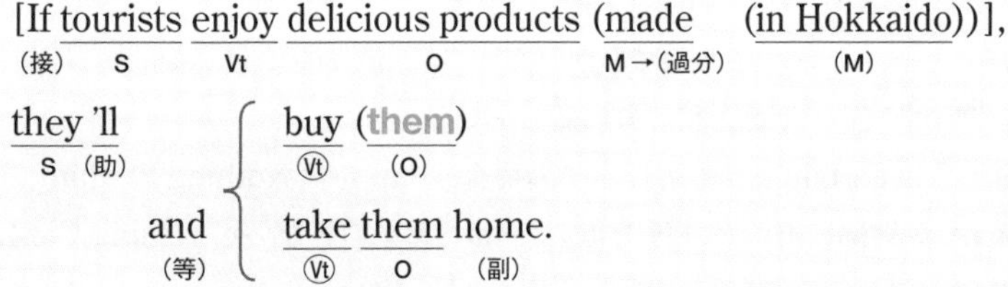

they S 'll（助）{ buy Ⓥt (them) (O)
and（等）take Ⓥt them O home（副）.

第３文 made 以下は products を修飾している（→43･44課）。home は名詞ではない。仮に "take O_1O_2" に適用しても，"take home" が成立しない，つまり home は O になれない。**ここでの home は副詞**である。

> **《全文訳》** ご存じのとおり，北海道は旅行者の間でとても人気があり，私たちは他県や海外から多くの人が北海道に毎年やって来ると考えてよい。これは，北海道の農業にとって結構なことだ。もし，旅行客が北海道のおいしい製品の味がわかれば，その人たちは道産（北海道のみやげ）を買って持ち帰るだろう。

問題：本冊→ p.183

60 演習

An often quoted English proverb tells us that there is nothing certain in life but death and taxes. Paying taxes is not much fun for anybody but, without taxes, roads could not be built, schools could not be opened, nobody would take away our rubbish and many other services that we take for granted would not exist.

解説

►第１文

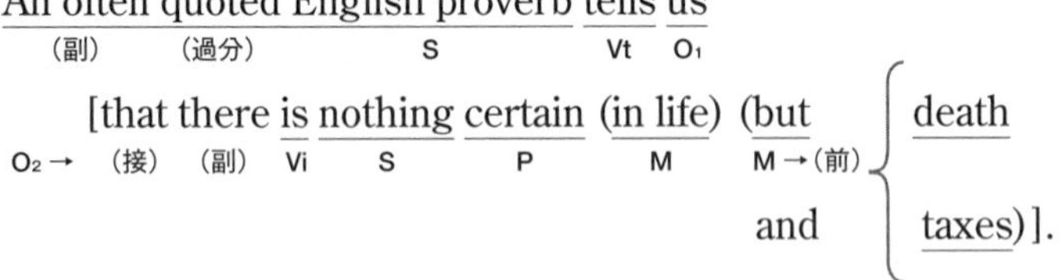

An often quoted English proverb tells us
(副) (過分) S Vt O1
[that there is nothing certain (in life) (but death and taxes)].
O2 → (接) (副) Vi S P M M →(前)

第１文の that- 節内は，〈**There is S P.**〉構文（→21課）。"Nothing is certain ... but N." は，55課・例文 (d) を踏まえる。直訳は「Nothing（ゼロ／無＋ thing：物）は…だ，…N 以外に確かだ→ N 以外に…確かなものはない」だが，一歩進めて「**N だけが…確かだ**」と訳すと日本語としてわかりやすい。but の品詞は，接続詞（等・接）・前・副・関代・名・Vt が英和辞典に載っている。

"Nothing but N is certain ...." も可能。この場合，but- 句は Nothing の -thing を中心に修飾するが，深層部に迫ると，「N を除いた no（ゼロの／ない）＋ thing（物），N を除いた（物）が no（←ゼロの／ない）→ Only N」ということ。

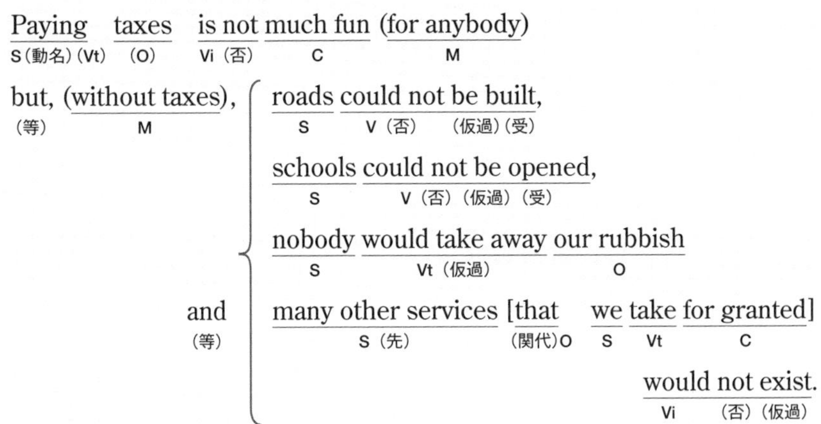

第２文：**fun は名詞**。“Paying ... is not much fun.” をわかりやすく訳す。
“I don't like this cake very much.” を「このケーキ，あまり好きじゃないな」と訳すように。

“**without N**” は仮定法過去の文／節で条件を示す。“take for granted” の和訳については本冊 12 課を参照のこと。

《全文訳》 よく引用される英語のことわざに，「人生で確かなのは死と税金だけだ」がある。税金を払うのは誰にとってもあまり愉快なものではないが，税金なしには，道路建設も，学校を開くこともできないだろうし，市民のごみを持って行ってくれる人がいなくなるだろうし，普段気にも留めないようなほかの多くの公的な事業もなくなってしまうだろうに。

超入門
英文解釈の技術60

桐原書店